Consulting Administration and Case Management

상담행정과 사례관리

| 김정남 · 남정현 · 유지원 공저 |

학지사

머리말

급속한 사회발달로 인해 불안, 우울 등 심리적인 어려움을 겪는 사람들이 늘어나면서 상담에 대한 관심이 높아지고 있다. 사람들이 심리적인 어려움을 겪게 될 때에 속마음을 털어놓고 이야기할 대상이 없어 어려움이 더 커지기도 한다. 물론 심리적인 문제가 심각할 경우 정신과를 찾기도 하지만 아직은 정신과에 대한 인식이 좋지 않아서 치료받기를 주저하는 경우도 많다. 그래도 심리적 부담이 비교적 덜한 곳이 심리상담센터이고, 그래서인지 심리상담센터를 찾는 사람들이 점차 늘고 있다. 또한 국가에서도 사회적 서비스 투자사업의 일환으로 바우처 사업 제도를 도입하여 시행하고 있다. 상담관련 바우처에는 아동청소년 심리 지원, 발달재활서비스, 부모코칭 프로그램, 특수교육 대상 아동치료 지원, 입양아동 심리치료비 지원 등이 있다.

이러한 사회적 추세에 맞추어서 주변에서 쉽게 찾아볼 수 있을 정도로 심리상담센터가 많이 생기고 있다. 그런데 심리상담센터라고 해서 심리상담을 잘하는 것만 가지고 운영될 수는 없다. 심리상담센터에서는 상담의 효과적인 개입과 관리를 위해 상담자들이 따라야 할 절차, 상담에서 지켜야 할 윤리, 사례관리 그리고 그 밖의 상담근무와 관련되는 사항들에 대한 구체적인 규정을 알고 이에 따라 상담센터를 운영하는 것이 필요하다. 따라서 심리상담센터의 운영과 행정에 필요한 안내서가 필요하다.

또한 대학에서도 좋은 상담자를 양성하기 위해서는 상담의 이론과 실제에 대한 학습뿐만 아니라 상담행정에 대해서도 가르쳐야 한다. 상담현장에서는 상담자라고 해서 상담만 하는 것이 아니라 행정 업무를 겸하게 되는 경우가 많아서 행정 업무를 잘할 수 있어야 한다. 상담자가 되려는 사람들은 상담과 관련한 공부는 열심히 하려고 하지만 상담행정과 관련된 것에 대한 관심은 없는 경우가 많다. 그래서인지 상담현장에서 상담자들이 상담행정 업무에 대한 어려움을 많이 호소하기도 한다. 따라서 상담행정에 대한 이해와 업무 처리 능력을 기를 필요가 있다. 그렇지만 대학에서 막상 상담행정을 가르치려고 해도 마땅한 교재를 찾기가 힘든 현실이다.

이에 센터 운영상의 어려움을 직접 경험한 저자들이 그간 상담센터를 운영하면서 만들거나 수집한 자료들을 모아서 책으로 출판하고자 한다. 이 책이 상담센터를 운영하고 있는 사람들과 상담센터를 운영하고자 하는 사람들, 그리고 상담자로서 상담행정에 대한 실무 능력을 갖추려고 하는 사람들에게 도움이 되었으면 한다.

이 책에서는 상담행정에 대한 기초적인 이해와 효과적인 상담센터 운영 및 관리, 상담진행의 실제와 상담윤리 및 법률에 관한 내용을 실제 중심으로 소개하고자 한다. 비록 내용의 구성이나 질에서 다소 미약한 부분이 있지만, 심리상담센터에서 사례관리와 상담행정을 하는 데 조금이나마 도움이 되었으면 좋겠다.

2018년 1월

저자 일동

차례

제3부 상담진행의 실제

제4부 상담윤리 및 법률

제1부

상담행정의 이해

제1장

상담행정의 기초

1. 상담행정의 개념과 필요성

1) 상담행정의 개념

상담행정이란 아직 생소한 개념이다. 상담학의 정체성(identity)을 정립하는 데 상당한 시간이 걸렸듯이 상담행정의 정체성을 정립하는 일은 쉽지 않은 일이다. 상담행정이란 상담에 관한 행정일 수도 있고, 상담을 위한 행정일 수도 있다. 이는 어떤 관점을 취하느냐에 따라 다양하게 달라질 수 있을 것이다. 나아가 어떤 상담이론이나 목표 및 가치를 지향하느냐에 따라 서로 다른 상담행정역량이 요구될 것이며, 상담사가 근무하는 환경에 따라 상담행정의 개념적 정의와 요구역량이 달라질 것이다(차명호 외, 2014).

상담행정과 관련하여 가장 밀접한 행정학 분야는 교육행정과 사회복지행정인데 이를 토대로 상담행정의 정의를 도출해 보고자 한다. 이는 상담과 마찬가지로 인간을 대상으로 서비스를 제공하며, 성장과 발전에 관심이 있다는 점에서 가장 밀접하게 살펴볼 수 있는 학문 분야이기 때문이다.

먼저 교육행정에 관하여 법률용어를 근거로 살펴보면 다음과 같다. 교육행정이란 국가 또는 지방자치단체가 교육의 목적을 달성하기 위하여 행하는 행정을 말한다. 교육은 본래 국가 고유의 사업은 아니었으나, 현대국가에 있어서는 가장 중요한 국가사업의 하나가 되어, 교육행정은 행정 중에서도 중요한 내부행정의 일부를 차지하게 되었다. 「헌법」은 교육의 자주성 · 전문성 및 정치적 중립성의 보장을 선언하고(「헌법」 제31조 4항), 「교육기본법」은 '국가와 지방자치단체는 교육의 자주성과 전문성을 보장하여야 하며, 지역 실정에 맞는 교육을 실시하기 위한 시책을 수립 · 실시하여야 한다.'고 규정하여(제5조 1항) 교육행정의 내용을 정하고 있다.

교육행정의 내용은 교육의 목적을 달성하기 위하여 필요한 조건, 즉 교육행정조직 · 교육시설 · 교직원에 관한 제도를 확립하는 것이다. 교육행정의 주체는 국가 또는 지방자치단체이며, 교육행정의 민주화 지방분권화의 경향에 따라 국가사무였던 것이 광범위하게 지방자치단체에 이양되어 있다. 교육행정기관은 국가의 중앙기관으로서 교육부장관이 있고, 지방자치단체의 기관으로서 특별시 · 광역시 · 도와 시 · 군에 교육위원회 및 교육청이 있다(법률용어사전, 2015).

또 다른 사전적 의미로 교육행정은 사회적 활동으로서 교육에 관하여 그 목표 달성을 위한 협동적 · 조직적 단체 행동을 조성하는 작용이다. 즉, 교육행정이란 교육활동의 목표를 설정하고, 그 목표 달성에 필요한 인적(人的) · 물적(物的) 조건을 정비 · 확립하고 목표 달성을 위한 활동을 지도 · 감독하는 것을 말한다. 교육행정이란 개념은 광의적으로 학교나 지방공공단체나 국가를 막론하고 광범하게 쓸 수 있으나, 협의적으로 국가의 통치 작용과 관련시켜서 국가나 지방공공단체에 한하여 사용하고, 학교를 단위로 하는 학교행정 또는 학교 관리와 구별하는 경우도 있다. 따라서 협의의 교육행정은 국가 등의 기관이 교육활동에 대한 목표 설정과 이를 달성하기 위한 관리 및 평가를 포함하는 일련의 행위를 말한다(인터넷 네이버 검색, 위키백과사전, 2013. 05. 13).

사회복지행정에 대한 정의는 일반적으로 다음과 같이 제시되고 있다. 사회복지행정의 개념은 협의의 개념과 광의의 개념으로 나누어 볼 수 있다. 먼저, 협의의 관점으로 사회복지행정이란 요보호대상자를 주요 고객으로 하는 사회복지시설의 행정이라는 입장이다. 요보호대상자에 대한 행정은 시설보호와 거택보호로 구분되는데 일반적으로 시설보호가 주된 내용을 이루고 있다(인터넷 네이버 검색, 위키백과사전, 2013. 04. 15).

두 번째로, 광의의 개념의 사회복지란 개인이나 집단이 행복하게 살 수 있도록 인간생활의 사회관계에서 나타난 사회문제에 대응하는 사회적 시책이다. 또한 제도의 조직적 체계라는 개념에 입각하여 살핀 사회복지행정이란 이러한 사회복지의 목표를 달성하기 위하여 사회복지정책의 형성 및 구체화를 위한 행동이라는 개념이다.

따라서 교육행정 혹은 사회복지행정 등은 각 전문 영역에 대한 목표를 달성하기 위한 제반 행정 요소를 내포하는 것을 알 수 있고, 상담행정의 개념 또한 상담과 행정이라는 두 관점에서 살펴보고 이를 토대로 접합 개념을 도출해야 할 것이다.

상담은 다양한 이론적 정의가 있지만, 공통적인 요인을 찾는다면 인간을 대상으로 하며, 심리적 및 인간적 지식을 바탕으로 전문적 조력을 제공하는 학문이라고 규정할 수 있다. 인간을 대상으로 한다는 것은 상담서비스 제공의 수혜자가 사회 구성원이며, 개인적 목적과 사회적 목적을 구현하기 위한 활동임을 의미한다. 심리적 및 인간적 지식을 바탕으로 한다는 것은 상담서비스의 주된 초점이 물리적 서비스나 혜택을 제공하는 것이 아니라 심리적 성장이나 성숙을 촉진함에 있다는 의미이다(차명호 외, 2014).

한편, 행정의 사전적 의미는 “법 아래에서 국가 목적을 실현하기 위해 행하는 능동적이고 적극적인 활동(Daum 국가사전)”이다. 국가적 차원에서는 법에 따라 이루어지는 국가통치활동으로, 정부의 정책과 계획을 실현하는 모든 정무(政務)를 포함하는 개념이다. 그러나 보다 광의적이고 일반적인 의미의 행정은 조직적 협동행위 또는 공동목표를 달성하기 위한 협동적 단체행동으로 정의한다(한공우, 임창원, 2008). 이들에 의한 행정이란 “경영 관리라는 말과 동일시되며 공공행정 · 기업행정 · 학교행정 · 병원행정 등에 적용되고 모든 종류의 조직에서 공동목표를 달성하기 위한 협동적 단체행위를 이룩하게 하는 작용”이 된다.

상담행정은 아직 선행연구나 저술이 거의 없는 상태이나 차명호 외(2014)의 상담행정에 대한 정의를 살펴보면 다음과 같다.

상담행정은 책무성 있는 상담서비스를 제공하기 위한 사회적 · 공공적 · 조직적 활동으로, 여기에는 상담목표, 인적 · 물적 조건의 구비, 계획과 집행 및 평가 등을 포함하는 일련의 활동을 말한다. 이 요소를 부연 설명하면 다음과 같다.

첫째, 상담행정이 사회적이라고 하는 것은 상담의 목적 · 조직 · 내용 · 방법 등이 사회적으로 규정되며 사회적 현상과 밀접한 관계를 가지고 있다는 것이다. 예를 들어, 상담의 목적이 개인의 자아실현을 위한 것이라고 하더라도 이는 사회적 타인의 권리나 권한 등을 침해하지 않는 범위 내에서 이루어져야 한다는 것이다. 따라서 상담행정은 사회적 활동이라는 특성을 지니게 된다.

둘째, 상담행정이 공공적이라 함은 상담서비스가 공적인 이슈가 되고 이에 따라 다수가 서비스 혜택을 누릴 수 있도록 해야 한다는 의미이다. 이를 위하여 상담시설을 구축하고 확충하며 상담내용 및 프로그램을 다양화하고 서비스를 제공하는 상담사의 충원 및 전문화를 추진하고 상담재원의 안정적 확보 및 지원 등에 노력을 기울여야 한다는 것이다.

셋째, 상담행정이 조직적이라 함은 상담서비스가 개인적 혹은 임의적으로 제공되는 것이 아니라 상담계획과 시스템에 따라서 제공되어야 함을 의미한다. 여기에는 상담자의 직제 및 위상, 복무 윤리, 서비스 제공의 한계에 대한 이해, 상담서비스에 대한 평가 등을 포함한다.

2) 상담행정의 필요성

대부분의 사람들은 상담자의 주 업무에 대해서 효과적 상담수행, 내담자의 돌봄과 상담활성화 등이라고 생각한다. 하지만 실제 상담자들의 일상을 들여다보면, 상담자의 주요 업무는 행정임을 부인할 수 없고, 상담자의 주 업무를 분석해 보면 <표 1-1>에서 보듯이 행정이 많은 부분을 차지함을 알 수 있다.

<표 1-1> 전문상담교사 직무활동 비율표

직무활동		내용
개인상담		주당 2~4사례, 사례당 5~6회기, 회기당 40~50분
집단 상담	소규모 집단상담	주당 1~3집단, 회당 40~50분
	학급단위 집단교육 프로그램	주당 1회, 다섯 개 학급 이내, 회당 40분
심리평가		주당 10건 이상, 사례당 30분 이내
자문		30분 이내의 교사/부모 대상 자문활동
교육 및 연수		년 3회 이내의 연수 교육 참여
행정 업무	상담환경	상담실 구축, 심리검사 구비, 관련 책자 구비
	홍보	학생, 교사, 학부모 대상 연간 상담실 운영 및 프로그램 소개
	사례관리 및 평가	사례관리, 년 4회 이내의 사례평가
	사업평가 및 슈퍼비전	개인 및 집단 프로그램 효과성 검증, 자문회의 및 개인상담사례 지도감독 교육
	지역사회 네트워크	연계체계 구축, 자원 활용

자료: 이기학 외(2011). 전문상담교사 운영 및 활동 매뉴얼. 교육부.

상담자는 상담을 활성화해 가는 데 있어서 상담자의 주 업무는 상담이라고 규정하는 근본적 속성 때문에 여러 가지 문제를 만나게 된다.

차명호 외(2014)의 상담행정에 대한 문제를 살펴보면 다음과 같다.

첫 번째로, 인식상의 문제이다. 상담자들은 학교에 다닐 때부터 내담자의 중요성과 내담자를 위한 활동이 상담이라는 인식을 형성하기 때문에 실제 상담현장에서 일을 할 때, 행정적 절차나 공문 작성, 성과 보고 및 주변 게이트 키퍼와의 네트워크 형성 등에는 무관심한 경우가 많다. 이 경우, 상담을 아무리 잘한다고 하더라도 자신의 가치와 내담자의 중요성을 모르는 주변 사람과 조직에 대한 원망을 갖게 되는 경우가 많다. 나아가 주변 사람들의 협력을 구하지 못하여 홀로 '내담자만 바라보고 사는 상담자'가 되거나, 관계자들의 협조를 전혀 이끌어 내지 못하는 경우도 많다.

두 번째로, 절차상의 문제가 있다. 상담하는 것만이 상담자의 활동이라고 생각하면 상담정책이 어떻게 형성되고 이 과정에 자신이 어떻게 기여할 수 있으며 예산 확보와 집행을 어떻게 할 것인지, 자신이 상담센터를 운영한다면 무엇을 준비해야 하는지 등에 대해 완전히 문외한으로 출발하게 되는 경우가 많다. 결국 상담센터를 개원하는 경우 어떤 식으로 시작해야 할 것인지에 대해 준비가 되어 있지 않을 때도 있고, 개원을 한다고 하더라도 제대로 운영을 하지 못할 때도 많다. 나아가 기관에 소속된 경우, 자신은 열심히 일한다고 생각함에도 불구하고 조직의 운영에는 전혀 기여하지 못하는 경우도 발생한다.

세 번째로, 네트워크 형성의 문제이다. 상담이 활성화되기 위해서는 상담철학과 상담정책이 있어야 한다. 이것이 없을 경우, 상담자들은 타 기관이나 부서 혹은 단체와 어떤 형태로 협조를 하고 의뢰하는지 상호 업무협약을 할 수 있는지에 대해서 판단할 준거가 없게 된다. 예를 들어, Wee센터에서 청소년상담복지센터와 협력하여 효과적인 상담서비스를 제공하고자 기획할 때 상담행정이 없는 경우 어떤 업무에 사각지대가 있는지, 업무 중복 영역은 무엇인지를 파악할 수 없기 때문에 형식상의 업무협약 체결로 끝나기가 쉽다. 결국 외부기관과의 협력을 통하여 한 차원 높은 상담서비스를 제공하여 상담을 활성화한다거나 발전시켜 나가는 데에는 도움을 주지 못할 수 있다.

네 번째는, 상담업무 영역의 문제이다. 상담행정이 없는 경우, 상담의 업무 영역이 무엇인지 그 영역과 내용에 대한 규정을 설정할 수 없다. 즉, 연간 계획이나 직무에 따른 업무 수행이 아니라 필요하면 무엇이든 해야 한다는 '허드레 일꾼'이나 모든 일을 잘해야 하는 '슈퍼맨'이 되어야 하는 경우가 발생한다. 왜냐하면 고유 업무 영역이 무엇인지를 규정해 주는 상담행정이 없기 때문이다.

마지막으로, 전문성의 문제가 있다. 상담자들이 상담행정을 모르거나 관심을 기울이지 않을 경우, 어떤 역량을 갖춘 사람이 상담자가 되어야 하며 상담서비스를 통하여 달성해야 할 성취 기준의 설정, 기준에 따른 정책 달성 정도 평가 및 검증 등에 대하여 관여할 수가 없다. 이 경우에는 상담과 관련 없는 유사한 형태의 서비스를 제공하고 이를 상담이라고 간주하거나 효과적이었다고 주장해도 이에 대응할 아무런 도구가 없게 된다.

이상으로 상담에서 행정이 중요한 이유를 살펴보았다. 행정은 원래 'ad(to)= minister(serve)'로 어원적으로 볼 때 '봉사'라는 말에서 나왔다(전용환, 2004). 이에 따르면 행정은 지원활동 혹은 봉사활동이다. 따라서 상담행정은 단순히 상담 외에 부가되는 어떤 업무가 아니다. 행정을 위한 행정이거나 행정을 위한 상담이 아니라는 것이다. 오히려 상담행정은 상담의 목표 수행이 가능하도록 지원하는 제반 활동 혹은 봉사활동을 포함하는 행위하고 할 수 있다. 이제는 상담학에 행정의 개념을 도입하여 상담을 절차적으로, 법적으로, 재정적으로 지원하며, 그리고 효과적 상담과 성과를 창출할 수 있는 시스템과 지원활동에 관심을 쏟을 때이다(차명호 외, 2014).

2. 상담행정의 원리

상담행정은 상담서비스를 계획하고 배치하며 평가하는 등의 활동을 조정할 수 있는 기본 원리가 필요하며, 이는 상담의 분야가 다양해지고 서비스의 형태가 복잡해졌기 때문이다.

상담행정의 원리를 살펴보기 위해 먼저 교육행정의 원리를 살펴보면, 목표 차원의 원리와 실천 차원의 원리로 나누고 전자에 민주성의 원리와 타당성의 원리를, 후자에는 자율성과 효율성의 원리를 제시하고 있다. 그의 원리를 상담에 응용하면 다음과 같이 제시할 수 있다(정태범, 1999).

첫째, 민주성의 원리로 상담정책의 수립은 모든 계층의 다양한 의견들이 적절하게 반영되어야 함을 의미한다. 예를 들어, 교육부에서 Wee센터를 설치하는 경우 상이한 지역의 교육적 현황, 교육공동체의 요구, 우선순위의 결정 등에 대하여 다양한 의견들이 표현되고, 그 결과가 정책에 공정하게 반영될 수 있도록 해야 한다. 이와 같이 상담행정은 민주성의 원리하에 운영되어야 한다.

둘째, 타당성의 원리는 상담정책과 목표를 달성하기 위해서 다양한 요인들이 적절히 작용할 수 있도록 조정 및 통합해야 한다는 것이다. 예를 들어, 상담서비스를 제공하는 경우 적절한 규모의 상담실 확보, 전문성을 갖춘 상담사 채용 등을 통하여 효율적인 상담활동이 가능하도록 해야 한다는 것이다.

셋째, 자율성의 원리는 상담 혹은 상담서비스 관련 기관 및 단체들이 자율적으로 활동할 수 있도록 행정이 이루어져야 한다는 것이다. 즉, 상담관련 기관 및 단체는 각자 고유한 상담문화와 역량을 가지고 있을 수 있다. 따라서 이들이 그 역량을 최대한 발휘할 수 있도록 일정한 범위 내에서는 독자적으로 업무를 수행할 수 있어야 한다.

넷째, 효율성의 원리는 상담의 투입 변인 대비 산출의 효과를 최대화하는 것을 의미한다. 이는 인적·물적은 물론이고 재정 및 시간 변인 등을 포함하는 것으로, 불필요하거나 과다하게 이들 자원을 소비해서는 안 된다는 것이다. 상담이 공공적 특성을 지닌다면 보다 효율적인 행정을 통하여 더 많은 사람에게 서비스 혜택이 돌아가도록 해야 할 것이다.

이상에서 상담행정의 원리로 민주성, 타당성, 자율성, 효율성을 살펴보았다. 결국 상담행정의 기본 원리는 민주적으로 절차를 거쳐 상담의 정책 및 목표를 설정하고, 이를 적절하게 달성할 수 있도록 자원 및 조건을 확보하고 자율적 업무 수행을 통하여 상담서비스 수혜자들의 성장과 발달을 지원하는 것이라고 할 수 있다.

3. 상담행정의 기능

상담행정의 기능에 대하여 정태범(1998)은 로아들 캠벨이 제시한 행정의 기능을 바탕으로 교육정책의 기능은 교육정책 실현 기능, 교육과정 편성 기능, 교육조건 정비 기능, 교육활동 추진 기능, 교육성과 확인 기능으로 제시하고 있다. 이를 상담에 적용하면 상담정책을 현실에서 어떻게 구현할 것인가를 다루는 상담정책 실현 기능, 내담자의 성장을 지원하기 위한 교육과정 개발 등을 포함한 상담교육과정 편성 기능, 실질적인 상담이 효과적으로 실현될 수 있도록 지원하는 상담활동 정비 기능, 실제 상담활동을 촉진하는 상담활동 추진 기능, 상담책무성을 확인하는 상담성과 확인 기능, 상담에 대한 국민의 인식 등을 다루는 상담홍보 기능 등으로 구분할 수 있다. 이러한 기능을 구체적으로 알아보기 위해 차명호 외(2014)의 상담행정 기능을 살펴보면 다음과 같다.

1) 상담정책 실현 기능

상담행정은 국가나 관련 기관 차원에서 실시하는 상담정책을 실현하는 기능을 가지고 있다. 즉 상담정책은 상담행정의 목표와 방향, 기본 가치를 제공하며 상담행정은 상담정책 수립에 필요한 정보를 제공하고 전문적 지식과 경험을 바탕으로 자문 및 조언을 한다. 따라서 상담행정은 상담정책 실현 기능을 하게 된다.

2) 상담교육과정 편성 기능

상담교육과정 편성 기능은 상담에 대한 시대적 · 사회적 · 국가적 요구나 상담의 발전 방향 및 정책을 토대로 내담자의 발달과 성숙을 촉진할 수 있도록 교육과정을 편성하는 것을 말한다. 이를 바탕으로 상담자의 전문 능력을 육성하고 내담자의 혜택이 최대화될 수 있도록 운영 계획을 수립하게 된다.

3) 상담활동 정비 기능

상담활동이 효율적으로 진행되기 위해서는 이를 뒷받침하는 인적 및 물적 조건이 구비되어야 한다. 그렇지 않다면 상담활동은 원하는 수준의 목적을 달성하는 데 어려움을 겪을 수 있다. 따라서 상담조건 정비 기능은 상담활동을 효과적 · 효율적으로 수행할 수 있도록 필요한 인적 · 물적 · 재정적 자원을 확보하는 것뿐만 아니라, 확보된 자원을 유기적으로 배치 · 활용하는 것을 포함한다.

4) 상담활동 추진 기능

이는 상담활동이 계획대로 추진되고 있는지를 살펴보는 것으로, 정책에서 계획된 대로 상담이 진행되고 있는지, 상담자가 효과적으로 상담관계를 형성하는지, 적절한 상담기법과 전략 및 도구를 사용하고 있는지, 상담사들이 윤리적으로 행동하고 있는지를 살피는 등의 활동을 포함한다.

상담행정기관은 행정 내부의 상담활동도 하지만, 실제 상담이 제대로 진행되고 있는가를 살펴서 감독 및 통제하는 기능도 수행하게 된다. 또한 개별기관이나 사례에 대한 컨설팅과 슈퍼비전 등이 포함된다.

5) 상담성과 확인 기능

상담활동의 결과는 상담평가를 통해서 그 성과를 알 수 있다. 이는 상담정책의 달성 정도라고 하는 거시적 성과뿐만 아니라 개별 내담자들의 성장과 발달, 문제해결의 정도와 역량 강화 정도 등을 포함하게 된다.

6) 홍보의 기능

상담자의 권익을 보호받기 위한 홍보 기능이 있어야 한다. 상담자가 어떻게 전문적인 서비스를 국민에게 하고 있는지와 할 수 있는지에 대한 홍보의 기능이 필요하다. 상담의 홍보 기능은 상담에 대한 긍정적인 효과를 기대할 수 있게 된다. 또한 상담자는 자신의 전문 기술이 홍보되는 만큼 자신의 전문성에 대한 역량 강화에 심혈을 기울이게 된다.

참고문헌

김종철(2002). 교육행정학신강. 서울: 한국학술정보.

이기학 외(2011). 전문상담교사 운영 및 활동 매뉴얼. 서울: 교육부.

전용환(2004). 교육행정론. 서울: 교육과학사.

정태범(1998). 교육행정학: 기초와 발전. 서울: 양서원.

정태범(1999). 교육정책분석론. 서울: 원미사.

차명호 외(2014). 상담행정의 이론과 실제. 서울: 만남과 치유.

한공우, 임창원(2008). 교육행정 및 교육경영. 서울: 태영출판사.

현암사편집부(2015). 법률용어사전. 서울: 현암사.

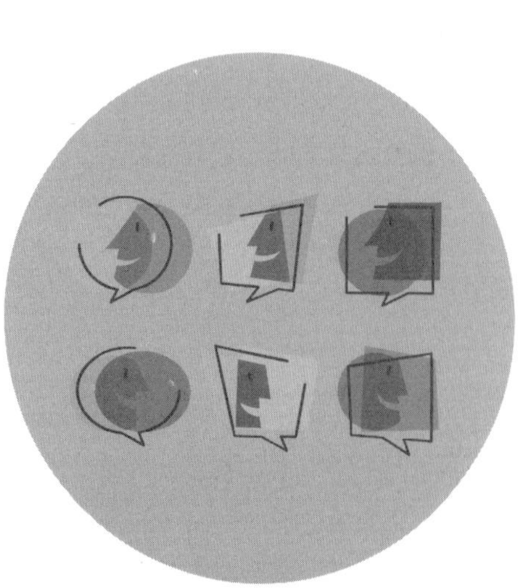

제2장

상담정책과 의사결정

1. 상담정책 수립 및 결정 과정

상담정책 형성에 대하여 알아보면, 어떤 사회문제가 정부의 관심을 받아 정책의제로 등장하게 될 때까지의 과정을 말한다. 정책 결정이란 공적인 것으로 부각된 사회적 문제의 일반적 방향을 정하는 것이다. 정책 결정 과정이란 어떤 정책의제의 제기에서부터 형성, 채택, 집행, 평가를 거쳐 정책이 종결될 때까지 일어나는 일련의 과정을 말한다(정태범, 1999; 차명호 외, 2014에서 재인용). 이를 그림으로 제시하면 다음과 같다.

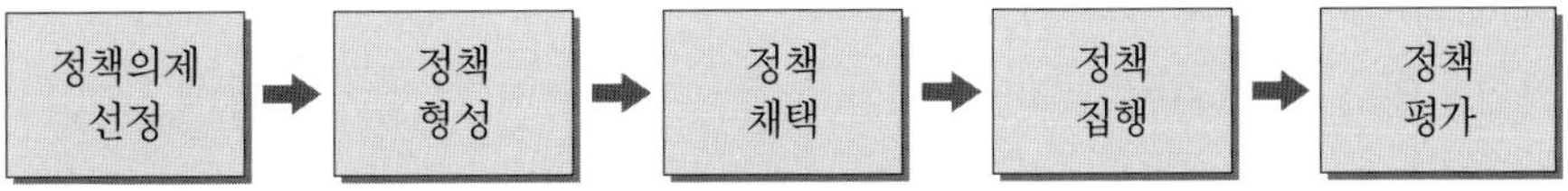

[그림 2-1] 정책 결정 과정

자료: 차명호 외(2014). 상담행정의 이론과 실제. 만남과 치유.

다음에서는 상담정책의 형성과 결정 과정에 대한 모형을 각 단계별로 구체적으로 살펴보고자 한다. 특히, 예시를 통하여 각 단계의 특성을 이해할 수 있도록 할 것이다. 여기서는 학교 → 교육청 → 지역사회의 긴밀한 협력으로 위기상황에 노출된 학생에 대한 다중의 촘촘하고 종합적인 안전망을 구축·운영함으로써 학교부적응 학생 해소 및 인적자원의 유실을 방지하는 것을 목적으로 추진하고 있는 Wee프로젝트 사업 추진 과정에 대한 정책 분석을 사례로 하여 제시하고자 한다.

1) 상담정책의제 형성 단계

상담과 관련된 문제가 이슈화되어 정부의 관심을 받아 의제로 등장하게 될 때까지의 과정을 상담정책의제 형성 과정이라고 말한다. 정태범(1999)은 Cobb 등의 정책의제 형성 이론과 안해균 등의 교육정책의제 형성 과정을 기반으로 교육정책의제 형성 과정을 다음과 같이 제시하고 있다(차명호 외, 2014에서 재인용).

문제 제기	→	구체화	→	확산	→	조직화

[그림 2-2] 교육정책의제 형성 과정

자료: 차명호 외(2014). 상담행정의 이론과 실제. 만남과 치유.

이러한 절차는 상담정책에도 적용할 수 있는 바, 상담정책의제 형성 과정을 단계별로 설명하면 다음과 같다.

(1) 문제 제기(issue)

상담영역에서 나타나는 모든 문제가 정책의 의제로 되는 것은 아니다. 그러나 어떤 문제든 일단 언어적으로 표현하여 문제화하는 일이 필요하다. “위기학생이 증가하고 있는데, 이를 돌볼 전문기관이 없다.” “자격증을 갖춘 상담자가 필요하다.” “상담사의 신분이 불안하다.” 등은 모두 문제 제기에 속하는 것이다. 문제의 제기는 정부의 내부 또는 외부에서 할 수 있다.

(2) 구체화(specification)

일단 제기된 상담문제는 여러 가지 이해관계를 가진 당사자들의 관여를 통해 보다 구체적으로 논제화하는 것이 필요하다. 예를 들어, 위기학생을 돌볼 수 있는 전문기관이 없다는 문제 제기의 경우, 전문기관의 부재에 따라 여러 기관이 비효율적으로 사업을 떠맡거나 통합되지 않은 서비스를 제공한다는 문제가 구체적으로 드러날 수 있다.

다른 문제의 예를 들어 보면, "상담이 인기가 있다."라는 이유로 무자격자에게 상담사 자격을 남발하고 있다는 문제가 제기되었다고 가정하자. 이때 나타날 수 있는 문제는 전문적으로 활동하는 상담기관에 대한 부정적 평가, 유사기관들의 편승, 상담전문가 자격 기준에 대한 논란, 적절한 상담사 육성 과정 이슈 등이다. 이 경우에 상담전문가 및 대학 관계자, 상담전공자, 이해관계자 등은 토론회나 좌담회 등을 통하여 상담자 자격 기준과 관련한 핵심 문제가 무엇인지, 왜 상담전문성이 확보되어야 하는가에 대한 논의와 어떤 신규 규정이나 제도가 필요한지를 명확히 해야 될 필요가 있다.

(3) 확산(issue fighting)

대중매체를 통해서 더 많은 관련 집단들이 관여하게 되어 논제가 공공의제로 발전하게 된다. 언론의 기사화, 신문 지상 및 방송에의 노출, 각종 학회지나 전문지의 기고, 논평 및 담화문의 발표 등의 방법을 통하여 더 많은 집단이 관심을 가지고 참여하도록 해야 한다. 이 단계를 확산이라고 한다.

(4) 조직화(agenda)

상담정책의제가 되기 위해서는 관심 있는 사람들의 입장을 대변해 줄 수 있는 조직이 필요하다. 이런 조직의 활동을 통해 공공의제가 정부 내로 진입하게 되면 정부의 상담정책의제로 형성된다. 예를 들어, 범죄에 대한 심리적인 처치들, 트라우

마가 있는 조직에의 개입 등을 위해서 상담관련 전문 학회 및 협회 등이 모여서 국회에 제안을 하고 국회 내에 뜻을 같이하는 국회의원들과 연구포럼을 형성한다. 이 연구포럼에서 공동대표를 두고 이들이 정부와의 정책 형성 과정에 대표로 활동하도록 지원할 수 있다. 지역단위에서 활동하는 경우에는 지역의 유관단체와 협력 관계를 형성하고 대표단을 선출하여 공동의 목소리(agenda)를 지방자치단체(지자체 및 교육청 등), 의회에 전달하여 정책화할 수 있다.

2) 상담정책 형성 단계

정책 형성은 하나의 독자적인 정책으로 만들어지는 과정이다. 이는 제기된 문제에 대한 대안을 형성하는 것으로서 문제 해결을 위한 대안을 어떻게 개발하며, 누가 참여할 것인가 등을 검토하는 과정이다. 예를 들어, 학교폭력의 경우 교육부에서 각 분야의 전문가들을 초빙하고 이들을 대상으로 학교폭력대책위원회를 구성한 다음, 학교폭력에 대한 장 · 단기적 대책을 마련하고 실행을 누가 할 것인지에 대해서 논의하는 것이다.

3) 상담정책 채택 단계

상담정책 채택 단계는 정부가 상담정책 목표를 달성하기 위하여 제기된 정책 대안 중에서 하나를 의식적으로 선택하는 과정이라고 할 수 있다. 이것은 위기학생 지원을 위해 다양하게 제시된 대안을 공식적으로 채택하며, 어떤 내용으로 지원할 것인지를 결정하는 단계이다.

앞에서 언급한 학교폭력을 예로 들면, 학교폭력 근절을 위하여 필요한 조치로 학부모 교육, 학생자치 교육, 경쟁적 학교 문화 변화, 또래 관계의 변화, 인성 교육, 상호 대인 관계 향상 훈련, 교사의 학생지도역량 강화, 교 · 사범대의 교과과정 변화 등이 다양한 대안으로 나타날 수 있다. 이때 정책 채택이라는 것은 이런 대안들 가운데 시급하고 필요로 하며 효과적이라고 생각되는 대안을 의도적으로 선택하는 것이다. 가령, 교사의 생활지도역량이 가장 중요하다고 판단되면 '초중등 교원의 상담역량 강화를 위한 대책'이 정책으로 채택될 것이다.

4) 상담정책 집행 단계

정책 집행 단계는 이미 결정된 정책을 실행에 옮겨서 정책의 효과를 거두는 의도된 활동을 말한다. 정책 집행을 위한 기본 계획을 수립하고, 필요한 예산, 인력, 시설 등과 같은 자원을 공식적으로 확보하여 정책 목표를 달성하는 일련의 과정이다.

학교폭력 예방을 위한 교사 상담역량 강화 대책의 경우, 각 시도교육청과 협의하여 특교 등 예산을 확보하여 기본계획을 시달하면 각 기관에서는 구체적인 연수계획을 수립하여 실행하는 단계이다.

5) 상담정책 평가 단계

상담정책 평가 단계는 사전에 설정된 준거에 따라 정책의 집행 정도 혹은 결과를 파악하는 것이다. 예를 들어, '정책의 목표가 얼마나 잘 충족되었는가?' '정책의 변경이나 철회에 대한 요구가 있는가?' 등을 검토하는 것이다. 이것은 정책 결정 후의 단계로서 문제 해결이나 정책 조정 내지 권고의 단계이다.

학교폭력 예방을 위한 교사 연수 계획을 예로 들면, 연수 참여 인원, 연수 만족도, 상담역량 향상 정도, 학교폭력 발생 빈도, 학교폭력 이해도 등에서 어떤 변화가 일어났는지를 평가하고 정책 효과를 높이기 위해서 어떤 후속조치가 필요한가를 찾는 단계이다.

6) 상담정책 결정 참여자

상담정책을 합리적으로 결정하기 위해서는 상담정책과 관련 있는 인사들의 광범위한 참여가 필요하다. 정책 결정에는 이해관계가 얽혀 있는 관련되는 많은 인사들이 있다. 상담정책의 결정에 영향을 주는 요인은, (1) 정책 결정자, (2) 국회와 정당, (3) 관련 단체, (4) 언론, (5) 연구기관과 학자, (6) 국민과 학부모 등이다(정태범, 1999).

(1) 정책 결정자

상담정책의 경우에는 대통령, 국무총리, 교육부장관, 보건복지부장관, 여성가족부장관, 법무부장관, 국방부장관 등의 영향력이 절대적이다. 정책 결정자들은 성장 배경에 따라 철학, 가치관, 사고 형태에 따른 신념체계와 가정과 사회 및 문화 속에 살아온 행동양식에 따른 경험체계를 가지고 있다. 예를 들어, 대통령은 상담관련 공약을 통해 자신이 구상하고 있는 상담정책을 실현하고 노력한다. 자신의 철학을 구현할 수 있는 인물을 국무총리, 교육부장관으로 발탁하여 상담정책을 수립하여 집행하게 한다.

(2) 국회와 정당

대의정치에서 정당과 국회는 상담정책의제 결정에 지대한 영향을 미친다. 정당은 그들의 이념에 따라 민의를 수렴하여 국회를 통하여 정책에 반영한다. 국회는 볍률안의 의결, 예산안의 심의 확정, 긴급 현안 질의, 국정감사 등을 통하여 각종 정책을 결정한다.

국회의 기능은 여당이 행정부의 정책을 국회활동을 통하여 합법화하거나 법률안을 통과시키고 정국을 안정화하는 역할을 한다. 최근의 사회문제로 국민적인 관심사를 받고 있는 학교폭력, 성폭력 문제 등을 해결하기 위해 특별위원회를 구성하여 정부의 정책을 따지고 대책 마련을 요구한다. 특히, 여당은 수시로 당정협의회를 개최하여 정부가 국민의 요구를 반영한 정책을 수립하여 집행하도록 독려하고 있다. 이러한 입장에서 국회와 정당은 상담정책 형성에 직접적인 영향을 끼친다고 볼 수 있다.

(3) 관련 단체

관련 단체는 그들의 요구사항을 실현시키기 위하여 우선 개별적 접촉을 통하거나, 인간적 유대를 통하거나 혹은 공식적 회합을 통하여 그들의 요구사항을 전달하는 경우가 많다. 그리고 그들은 이러한 방식으로 요구사항이 관철될 수 없다고 판단되는 경우에 진정서, 건의서 등의 방식으로 문서화하여 공식적으로 전달하는 경우도 있다. 또한 신문에 성명을 발표하거나 집회 등 실력 행사도 불사한다. 2013년도 교원정원 가배정 결과 비교과 교사(보건, 사서, 영양, 상담교사 등) 증원이 거의 없는 것으로 나타나자 이들 영역의 임용고시생 등을 중심으로 1인 시위, 성명서, 집회, 국회의원 면담 등을 통해 그들의 주장을 관철하기 위해 다양한 활동을 전개하였다.

(4) 언론

대중매체로서 신문과 방송은 정보 전달과 비판의 기능을 통하여 정책 결정에 영향을 미친다. 특히, 신문, 라디오, TV, 잡지 등의 매스컴은 정책 결정의 내용과 그 과정을 시청자에게 전달하여 정책 결정에 영향을 미친다. 최근 인터넷의 발달로 인터넷 언론, 팟캐스트, SNS 등을 통한 매체도 정책 결정에 큰 영향을 미친다. 이외에도 신문과 방송은 다른 기관에서 일어나고 있는 일을 전달해 줌으로써 행정기관 간의 횡적 조정에 도움을 줄 뿐만 아니라 정책 결정 과정에서 다른 기관의 관련 정보를 이용할 수 있게 해 준다.

(5) 연구기관과 학자

일반적으로 국민의 정신건강이나 청소년의 심리적 문제에 관한 고도의 전문화되고 조직화된 정보가 교육부나 복지부 등에 집중되어 있다고 볼 수 있다. 그러나 정책 결정자의 업무 과중이나 행정 관행 등으로 인하여 그러한 정보를 정확하게 해석하고 공정하고 합리적으로 판단하는 데 미흡할 수 있다. 따라서 상담정책 문제를 전문적으로 연구하는 기관이나 단체 및 학자의 역할이 필요하다. 이들은 상담정책에 관한 합리적 결정을 내리는 데 필요한 지식, 정보, 자료를 제공하기 때문이다. 그들은 이러한 방식으로 정책 결정에 참여하고 있는 셈이다.

위기학생에 대해 학교, 교육청, 지역사회가 연계하여 지원하고 있는 Wee프로젝트 사업의 경우 한국교육개발원 Wee프로젝트 특임센터에 위탁하여 정책 연구, 종사자 연수 및 컨설팅, 각종 자료 개발, 시스템 운영 및 홍보 등의 사업을 수행하고 있다. Wee프로젝트 사업의 성과 및 문제점, 개선 방안 등의 정책 연구를 통해 학교 상담정책 결정에 일정한 영향을 미치고 있다고 볼 수 있다.

(6) 국민과 학부모

정책 결정자는 여론화된 교육의 요구를 규명하고 적절한 결정을 내려야 한다. 국민 내지 학부모는 정책 결정에 영향을 주기도 하지만 영향을 받기도 하기 때문이다. 정책 결정자는 여론에 민감하게 반응함으로써 국민과 보다 밀착된 정책을 수립할 수 있게 되기도 한다. 서울, 경기도 교육청에서 도입하여 추진하고 있는 무상급식 도입, 반값 등록금 요구는 정치권 및 시민단체 등에서 요구한 정책이지만 국민 및 학부모의 강력한 지지로 인하여 교육정책으로 채택되어 이의 실현을 위하여 다양한 정책을 추진하고 있다.

참고문헌

정태범(1999). 교육정책분석론. 서울: 원미사.
차명호 외(2014). 상담행정의 이론과 실제. 서울: 만남과 치유.

제2부

상담센터 운영과 관리

제3장

상담센터 운영과 관리

상담센터는 내방하는 사람들에게 상담서비스를 제공해 주는 곳이다. 즉, 개인상담, 집단상담, 심리검사, 자문활동 등을 통해 내담자를 돕는 활동을 계획하고 실행하는 곳이 상담센터인 것이다. 또한 내방한 사람들과 관련된 연구를 수행하며, 각종 상담관련 연수 및 교육활동의 시범을 보여 주는 곳이기도 하다. 상담센터가 이러한 역할을 원활하게 수행하기 위해서는 상담센터에 맞는 조직과 환경을 갖추고, 각종 상담관련 업무 내용을 정확하게 파악하는 것이 중요하다.

먼저 상담센터에서 일반적으로 진행되는 심리상담은 다음과 같은 절차를 거쳐 진행된다. 첫째, 내담자가 방문을 하면 안내 데스크에서 상담안내를 한다. 상담안내란 상담을 신청할 수 있도록 내담자에게 응대하고, 상담진행 절차를 설명하며, 상담신청서를 작성하도록 돕는 역할을 하는 것이다. 둘째, 접수상담을 진행하는 것으로 내담자의 주 호소문제를 파악하고, 내담자 정보를 수집하고, 내담자의 문제수준을 평가하며, 상담방법을 안내하고, 상담자를 배정하는 것이다. 셋째, 경우에 따라 내담자에게 필요한 추가적인 도움을 제공하기 위하여 연계한 유관기관과 협의하여 의뢰하고, 사후 관리를 한다. 넷째, 내담자가 상담에 가지고 온 문제를 바탕으로 효과적인 변화를 일으키기 위해 상담을 구조화하고, 관계를 형성하며, 사례개념화를 진행하고, 상담목표 및 전략을 세우며, 상담을 진행하고 종결하는 심리상담을 진행한다. 다섯째, 검사가 필요한 경우 내담자의 문제를 심층적으로 평가하고, 내담자를 객관적으로 이해하기 위하여 적절한 심리검사를 선정, 실시, 평가하고 해석 상담을 할 수 있다. 여섯째, 필요한 경우 내담자와 관련이 있는 부모나 배우자 등을 상담에 참여시켜 상담하기도 한다. 일곱째, 필요한 경우 심리상담의 자문을 실시하여 좀 더 효과적인 심리상담이 진행될 수 있도록 한다. 여덟째, 내담자 보호와 상담자료의 안전한 관리, 상담현황을 파악하기 위하여 관련 법규에 맞게 개인정보를 보호하고 적절한 상담기록을 관리하는 자료 관리를 한다. 이 밖에도 집단상담 프로그램을 운영, 위기상담, 심리상담 교육, 상담자 훈련을 실시하는 역할을 하게 된다.

이 장에서는 상담센터의 운영을 위해 상담센터의 조직과 환경, 그리고 상담센터의 다양한 기능에 따른 업무 진행 절차 및 고려사항에 대해 알아보고자 한다.

1. 상담센터의 조직 및 환경

1) 상담센터의 조직

상담센터에는 상담센터 업무의 전체적인 운영을 관리하고 지도·감독하는 역할을 담당하고 운영을 책임지는 센터장이 있다. 센터장은 상담전문역량뿐만 아니라 인사 관리, 홍보 마케팅 등 센터 운영을 위한 전반적인 경영 능력을 갖추고 있어야 한다. 센터장 다음으로 상담실장과 전문상담원들이 있는데, 이들은 내방하는 내담자들에게 전문적인 상담서비스를 직접적이거나 간접적으로 제공하는 역할을 담당한다. 그리고 센터의 행정 업무를 담당하는 행정원이 있다. 상담센터 체계는 기관의 재정적, 환경적 구성에 따라 다소 다를 수 있으며, 팀의 규모에도 다소 차이가 있다. 또한 상담센터는 운영위원 및 자문위원을 두어, 센터의 운영 관리뿐만 아니라 법률적, 의료적 자문을 구할 수 있다. 의료적 자문은 상담센터에서 상담할 수 없는 내담자가 내방하여 의료기관에 의뢰해야 할 경우 자문의사를 두거나 의료전문기관에 연계한다. 법률적 자문은 가정폭력, 성폭력, 아동학대 등의 상담의뢰가 있을 경우 법률에 대한 정보 제공과 안내를 위하여 자문기구 및 자문위원을 두고 있다. 이외에도 상담센터 조직 구성원들의 상담교육 및 연수활동을 위해 상담자문을 구할 수 있는 위원을 둘 수 있다. 또한 상담센터 운영을 계획하고 관리하기 위한 운영위원을 두고 있기도 한다. 그 외에도 학교 및 지역사회의 여러 단체와 조직적으로 연계하여 상담센터를 활성화시키고 있다.

2) 상담센터의 환경

상담센터가 어떤 위치에 어떤 구조로, 어떤 시설과 장비 및 비품을 비치하고 있는가는 효율적인 상담활동을 전개하는 데 직접적으로 영향을 줄 만큼 중요하다. 기관마다 차이가 있지만 비교적 기본적인 부분에 대해 소개하고자 한다.

(1) 상담센터의 위치

- 내담자가 편리하게 찾아올 수 있는 곳
- 상담센터 내부는 방음이 잘 되어 있어 내담자들이 마음을 스스로 열고 상담에 몰두할 수 있는, 안전하고 아늑하며 쾌적한 분위기를 자아내는 곳
- 상담센터 내부에는 기본적인 책상과 의자가 있는 경우와 탁자와 소파로 구성된 곳도 있다. 안락한 느낌의 소도구, 자료집 정도 등이 있어야 하지만 불필요한 사물이 있는 것은 좋지 않다. 이 밖에도 상담센터의 위치 선정을 위해 고려해야 할 조건은, 첫째, 내방하는 내담자들이 쉽게 출입할 있는 곳이어야 한다. 둘째, 자료를 보관하고 수집할 수 있는 곳과 인접해 있어야 한다. 셋째, 음악활동, 체육활동 등 소음이 있는 곳으로부터 떨어진 곳이어야 한다. 넷째, 상담활동뿐만 아니라 교육활동에도 용이한 곳이어야 한다.

(2) 상담센터의 구조

- 이상적인 상담센터는 개인, 집단, 심리검사, 행정실, 대기실 등을 보유하는 것이지만 현재로는 개인상담실, 집단상담실, 행정실 및 서류보관실 등으로만 확보되어 있는 것이 보편적이다.
- 상담센터는 아늑한 분위기를 조성해야 한다. 즉, 칸막이나 벽지, 커튼 등은 차분하고 안정된 중간색 계통의 색상과 산만하지 않은 무늬로 선택한다.
- 채광, 통풍, 냉난방시설 등이 적절하여 쾌적하고 밝은 분위기를 조성한다.
- 환경미화에 관심을 가진다. 청결한 느낌을 유지하며 환경 조성이 필요하다.
- 게시판, 신문철, 서가 등에는 각종 자료를 비치하여 내담자들이 흥미 있게 읽도록 하는 것이 필요하다.
- 가급적 내담자의 위치는 출입구 쪽이나 광선으로 앉도록 자리를 마련하여 누가 문을 열어도 마주치지 않도록 한다.

(3) 구비서류

① 상담센터 일지: 매일 상담센터의 활동상황을 적는다. 이는 비방, 통계, 기록 등이 목적이다. 상담센터 내의 제반 활동, 즉 상담상황, 취급한 정보자료 처리 및 문서 수발, 그 밖의 참고사항을 기재하는 난을 만들어 상용한다.

② 개인상담기록부: 상담사항을 기록한 상담기록을 연도별로 일련번호를 매겨 수시로 참고할 수 있게 한다. 이것은 상담자 이외에는 누구도 보지 않도록 보완조치를 해야 한다.

③ 집단상담기록부: 집단상담을 한 대상, 프로그램 결과, 경험보고서 등을 적어 나간다.

④ 신상카드 및 상담 · 심리검사 신청서: 가정환경, 성장과정, 학력, 인성, 건강, 교우 관계, 상담신청동기 등에 대한 내용을 기록한다.

⑤ 상담센터 회의록

⑥ 사례협의록

⑦ 공문서철

⑧ 상담센터 제반 규정 및 운영 지침

2. 업무 내용에 따른 상담센터 운영

상담센터는 업무 내용을 국가직무능력표준(National Compentency Standards)의 심리상담직무에서 제시한 열두 가지로 제시한다. 구체적 내용은 상담안내, 접수상담, 내담자 의뢰 · 연계, 개인심리치료상담, 집단상담 프로그램 운영, 관계자상담, 위기상담, 심리상담 교육, 심리검사 활용, 심리상담 자료 관리, 심리상담 자문, 상담자 훈련 등이다. 이러한 직무능력과 더불어 상담센터에서 필요한 직무능력 중 하나인 매체상담을 추가해서 열세 가지 업무를 중심으로 살펴보면 다음과 같다.

1) 상담안내

상담안내란 원활한 상담진행을 위하여 상담신청을 응대하고 신청자에게 상담진행 절차를 설명한 후 상담신청을 접수하고 상담예약을 관리하는 것이다. 구체적인 업무 내용을 살펴보면 다음과 같다.

(1) 상담신청 응대하기

- 상담기관 운영 지침에 따라 주변 환경을 정리한다.
- 상담신청 시 필요한 서류를 준비한다.
- 상담기관 운영 지침에 따라 상담신청자를 맞이하고 상담응대 기록지를 작성한다.

(2) 상담진행 절차 설명하기

- 상담기관 운영 지침에 따라 상담진행의 초기 절차에 대한 정보를 제공한다.
- 상담진행 절차에 대한 신청자의 이해 여부를 질문으로 확인한다.

- 상담진행 절차에 관한 신청자의 추가질문에 답변한다.

(3) 상담신청 접수하기

- 신청자 요청 시 상담신청서를 대신 작성한다.
- 「개인정보보호법」에 의거 내담자에게 개인정보 수집 및 이용에 대하여 동의를 요청한다.
- 상담신청 내용 및 특이사항을 접수상담자 혹은 상담기관에 전달한다.

(4) 상담예약 관리하기

- 상담예약 시스템에 예약정보 기록을 입력한다.
- 신청자와 상담자에게 상담예약 시간을 안내한다.
- 상담예약 시간 변경 및 취소 요청을 조율하여 상담예약 시스템 기록을 변경한다.

◈ 상담안내 시 고려사항

- '상담안내'는 상담신청자의 경험이 상담자와 내담자를 연결시켜 주는 중요한 시작점이 됨으로 다음과 같은 고려사항을 반드시 적용하여야 한다.
- '상담안내'를 진행하는 안내자는 기관에서 해당 분야의 기초이론 및 일반지식을 사용할 수 있는 인력으로 지정하여 진행해야 한다. 단, 기관의 사정에 따라 상담안내자를 별도로 지정하지 않을 수 있다.
- '상담신청 응대하기'는 다음과 같은 내용을 포함한다.
  - 상담기관 운영 지침 속에는 상담신청자를 응대하기 위한 별도의 세부 지침이 있어야 한다.
  - 상담신청 응대 데스크를 별도로 지정하여 근무하게 한다.
  - 상담응대 담당자 업무는 상담안내 업무 및 상담실 관리 업무를 포함한다.
  - 상담실 관리 업무는 접수 대기실 및 상담실의 물리적 환경 점검 및 개선과 상담기록물 관리 등을 포함한다.

- '상담진행 절차 설명하기'는 다음과 같은 내용을 포함한다.
  - 신청자에게 상담진행의 초기 절차를 설명한다.
  - 초기에 진행되는 상담절차란 신청서 작성, 접수상담과 상담자 배정 절차 등을 포함한다.
- '상담신청 접수하기'는 다음과 같은 내용을 포함한다.
  - 상담접수방법은 전화상담, 사이버상담을 통해 사전 예약을 하거나 직접방문을 통해 받을 수 있으며 기관에 따라 접수방법을 다양하게 사용한다.
  - 내담자의 정보는 비밀유지 원칙에 의하여 상담신청서 및 개인정보 활용 동의서 작성 요청 시 비밀보장에 관한 내용을 충분하게 설명하여 불안한 내담자를 돕는다.
  - 접수된 신청서는 상담이 진행될 수 있도록 상담자에게 전달한다.
  - 접수 대기실 및 상담실은 내담자들이 편안한 안정감을 느낄 수 있는 환경을 조성한다.
- '상담예약 관리하기'는 다음과 같은 내용을 포함한다.
  - 내담자가 잊지 않고 예약 날짜에 올 수 있도록 기관의 매뉴얼에 따라 전달한다.
  - 상담을 취소하는 내담자에게도 자기결정권의 기회를 갖게 하고 추후 신청방법도 자세하게 안내한다.

2) 접수상담

접수상담이란 내담자의 호소문제를 파악하고 내담자의 정보를 수집한 후 문제수준을 분석하여 내담자에게 상담방법을 안내하고 적절한 상담자를 배정하는 것이다.

(1) 주 호소문제 파악하기

- 내담자에게 접수상담의 목적, 내용과 비밀보장 관련 사항을 이해하기 쉽게 설

명한다.

- 내담자가 상담을 받으려는 계기, 목적, 배경 등을 명료화한다.
- 호소문제와 관련하여 내담자의 언어적, 비언어적 표현을 관찰하여 그 의미를 파악한다.
- 호소문제를 내담자의 표현대로 접수상담기록지에 기술한다.

(2) 내담자 정보 수집하기

- 상담기관 운영 지침에 따라 내담자로부터 접수상담에서 수집해야 할 정보를 정한다.
- 호소문제를 바탕으로 내담자의 성장경험 및 발달사, 가족관계, 심리사회적 특성 등에 관한 정보를 수집한다.
- 심리검사, 면접, 행동관찰, 질문 등을 통해 내담자에 대한 정보를 체계적으로 수집하여 접수상담기록지에 기록한다.

(3) 문제 수준 분석하기

- 수집된 정보를 토대로 내담자의 심리적인 상태를 종합적으로 평가한다.
- 내담자의 상황, 문제의 심각도 등을 고려하여 즉각적인 위기상담이 필요한지 판단한다.
- 내담자가 현 기관에서 적절한 심리치료상담을 받을 수 있는지 판단한다.

(4) 상담방법 안내하기

- 호소문제와 관련된 법규와 정책에 따라 상담방법과 관련된 정보를 설명한다.
- 상담방법과 관련된 내담자의 욕구를 파악하고, 상담방법에 대하여 내담자와 협의한다.
- 단회상담으로 적합한 경우, 접수상담으로 종결한다.
- 위기상담이 필요한 경우, 즉시 위기 조치를 실행한다.
- 상담기관 운영 지침에 따라 상담계약을 체결한다.

(5) 상담자 배정하기

- 상담기관 운영 지침에 따라 사례배정회의에서 접수상담내용을 명확하게 설명한다.
- 내담자 문제 분석 결과 및 상담기관 운영 지침에 따라 내담자 호소문제 영역에 맞는 상담자를 배정한다.
- 기관 상담 운영 규정에 따라 타 기관에 의뢰가 필요한 경우는 타 기관에 요청한다.

◈ 고려사항

- '접수상담'에서 내담자의 경험은 상담의 전체 과정에 영향을 미치므로, 다음과 같은 고려사항을 적용한다.
- '접수상담'은 기관의 운영 환경에 따라 상담 첫 회기에서 이루어질 수 있다.
- '접수상담'은 기관에서 상담실무 경력이 최소 3~5년 이상인 전문인력을 별도의 접수상담자로 지정하여 진행해야 한다. 단, 기관의 운영 환경에 따라 접수상담자를 별도로 지정하지 않을 수 있다.
- '주 호소문제 파악하기'에서 비밀보장과 관련한 사항에는 비밀보장의 한계도 반드시 포함하여 설명한다. 상담자는 상담자 윤리강령에서 제시된 다음과 같은 비밀보장의 한계를 숙지하고 내담자에게 이해하기 쉽게 설명하며 상담동의서를 작성한다.
  - 내담자의 생명이나 사회의 안전을 위협하는 경우가 발생한 경우에 한하여 내담자의 동의 없이도 내담자에 대한 정보를 관련 전문인이나 사회에 알릴 수 있다. 이런 경우 상담 시작 전에 이러한 비밀보호의 한계를 알려 준다.
  - 법적으로 정보의 공개가 요구될 때에는 비밀보호의 원칙에서 예외이지만, 법원이 내담자의 허락 없이 사적인 정보를 밝힐 것을 요구할 경우, 상담자는 내담자와의 관계를 해칠 수 있기 때문에 정보를 요구하지 말 것을 법원에 요청한다.
  - 상황들이 사적인 정보의 공개를 요구할 때 오직 기본적인 정보만을 밝힌다.

더 많은 사항을 밝히기 위해서는 사적인 정보의 공개에 앞서 내담자에게 알린다.

- 상담이 시작될 때와 상담과정 중 필요한 때에, 상담자는 내담자에게 비밀보호의 한계를 알리고 비밀보호가 불이행되는 상황에 대해 인식시킨다.
- 비밀보호의 예외 및 한계에 관한 타당성이 의심될 때에 상담자는 동료 전문가의 자문을 구한다.

• '내담자 정보 수집하기'는 내담자를 이해하는 데 필요한 정보를 파악하는 것으로 가족관계, 현재 및 최근 주요 기능 상태(지적 및 정서적 기능, 사회적 기능 등), 문제 상태(문제의 심각도, 빈도, 기간 등), 정서 상태 평가(불안, 공포, 분노, 슬픔, 죄의식 등), 행동 변화에 대한 동기(상담동기), 사회적 · 심리적 지원, 대인 관계 특성, 신체적 특성, 내담자가 상담에 거는 기대, 이전 상담경험 및 원하는 상담자 또는 상담시간에 관한 것 등을 포함한다.

• '문제 수준 분석하기' 기술에 명시된 '내담자의 심리 상태를 파악하는 관찰기술에서 상담자는 접수상담과정에서 내담자가 상담자에게 말하고 있는 언어적 표현 및 비언어적으로 나타내는 행동을 관찰한다. 내담자의 언어적 표현이란 상담과정 시 내담자가 상담자에게 말로써 표현하는 것을 말하며, 내담자의 비언어적 행동이란 접수상담 시 내담자의 언어적인 내용뿐 아니라 목소리, 어조, 어투, 얼굴 표정, 눈 맞춤,몸의 움직임 등의 비언어적인 요소 등을 말한다.

• '상담방법 안내하기'에서 호소문제와 관련된 법규와 정책에 따라 상담방법과 관련된 정보를 설명하기 위해 법률로 상담자가 반드시 신고하도록 정하고 있는 것들을 숙지해야 한다. 신고의무에 관한 사항은 다음을 포함한다.

- 아동이 학대를 받고 있는 것을 알게 된 경우나 가정폭력 범죄를 알게 된 경우, 아동보호전문기관 또는 수사기관에 신고한다(「아동복지법」 제26조 2항: 「가정폭력범죄의 처벌 등에 관한 특례법」 제4조).
- 18세 미만의 사람을 보호하거나 교육 또는 치료하는 시설의 책임자 및 관련 종사자는 자기의 보호 또는 감독을 받는 사람이 강간이나 추행 등으로 상해와 치상 등을 입은 피해자인 사실을 안 때에는 즉시 수사기관에 신고하여야

한다(「성폭력범죄의 처벌 및 피해자보호 등에 관한 법률」 제22조의 4).

- 내담자가 감염성이 있는 치명적인 질병이 있다는 확실한 정보를 가졌을 때, 상담자는 그 질병에 위험한 수준으로 노출되어 있는 제삼자(내담자와 관계 맺고 있는)에게 그러한 정보를 공개할 수 있다. 상담자는 제삼자에게 이러한 정보를 공개하기 전에, 내담자가 자신의 질병에 대해서 그 사람에게 알렸는지, 아니면 조만간에 알릴 의도가 있는지를 확인한다(한국상담학회, 한국상담심리학회, 한국기독교상담심리학회).

• '상담자 배정하기'에서 상담기관 운영 지침에 따라 타 기관에 의뢰가 필요하다고 결정된 경우, 상담자는 적합한 타 기관을 찾아서 직접 의뢰 가능 여부를 확인하고 의뢰 시 필요한 요청서를 작성한다. 내담자의 상태 및 의뢰기관의 특성에 따라 내담자와의 동행이 필요하다고 판단되면 내담자와 함께 의뢰기관을 방문한다.

3) 내담자 의뢰 및 연계

내담자 의뢰 · 연계란 내담자에게 필요한 추가적인 도움을 제공하기 위하여 유관기관 중 적합한 의뢰기관을 발굴하고 연계를 구축한 후, 필요 시 의뢰기관과 협의하여 의뢰하고 사후 관리를 한다.

(1) 의뢰 · 연계기관 발굴하기

• 지역사회 내 유관기관 목록을 작성한다.
• 상담기관 운영 지침에 따라 지역사회 내 의뢰 · 연계 가능한 신규 기관을 조사한다.
• 서비스 내용 및 특성별로 의뢰 · 연계기관을 분류한다.

(2) 의뢰 · 연계기관망 구축하기

• 지역사회 내 유관기관 목록을 작성한다.

- 상담기관 운영 지침에 따라 지역사회 내 의뢰 · 연계 가능한 신규 기관을 조사한다.
- 서비스 내용 및 특성별로 의뢰 · 연계기관을 분류한다.

(3) 내담자 의뢰하기

- 의뢰 · 연계가 필요한 내담자를 선별한다.
- 내담자 문제 영역에 필요한 의뢰 · 연계 계획을 수립한다.
- 내담자에게 의뢰 사유 및 목적을 설명하고 동의를 구한다.
- 의뢰 · 연계기관과 내담자 의뢰에 대해 협의한다.
- 내담자에게 의뢰기관에 대한 안내를 제공한다.
- 의뢰기관에 보낼 소견서를 작성한다.

(4) 의뢰사례 추수 관리하기

- 상담기관의 운영 지침에 따라 추수 관리 계획을 작성한다.
- 내담자와의 지속적인 관계 유지와 모니터링을 통해 내담자와 연락한다.
- 내담자의 변화 과정과 서비스 제공에 관해서 의뢰 · 연계기관과 협의한다.
- 추수 관리 계획에 따라 목표 달성 정도를 평가한다.

◈ 고려사항

- '내담자 의뢰 · 연계'는 상담자가 자신의 전문적 능력과 경험의 한계를 알고 자신의 능력을 벗어날 정도로 특별한 도움이 필요한 내담자들을 적절한 시기에 다른 전문가에게 의뢰 · 연계하는 것을 말한다.
- '의뢰 · 연계기관 발굴하기'는 다음과 같은 내용을 포함한다.
  - 지역사회 내 내담자를 의뢰 · 연계할 만한 기관 정보를 온 · 오프라인을 통해 발굴한다.
  - 의뢰 · 연계기관을 발굴하기 위해서는 기관의 특성, 서비스 내용, 전문인력, 위치 등의 정보를 수시로 파악하고 관리한다.

- 수집된 의뢰 · 연계기관의 정보를 신체 · 건강, 인지, 언어, 정서, 행동, 부모 및 가족 영역 등 그룹별로 분류한다.

• '의뢰 · 연계기관망 구축하기'는 다음과 같은 내용을 포함한다.
  - 효과적인 의뢰 · 연계를 위하여 유관기관과 담당자의 현황을 파악한다.
  - 관련 기관 담당자와의 유기적 관계 유지를 위해 전문가 모임에 정기적으로 참여하거나 의사소통의 장을 마련한다.
  - 필요시 의뢰 · 연계기관과 협약서를 체결한다. 협약서의 내용에는 상호 의뢰 내담자의 특성, 서비스 제공 내용, 내담자의 복지를 위한 공동 노력 방안 등에 관한 내용을 포함한다.
  - 내담자에게 도움이 되는 서비스를 제공하기 위해 관련 기관과 서비스의 내용 및 제공 수준(예: 상담비용 및 횟수)을 조정한다.

• '내담자 의뢰하기'는 다음과 같은 내용을 포함한다.
  - 상담자는 내담자에게 의뢰 · 연계의 목적 및 관련 기관에서 제공하는 서비스의 내용을 충분히 설명하여야 한다.
  - 상담자는 내담자가 의뢰 · 연계 과정에서 상담자로부터 거부당했다는 마음을 가지지 않도록 의뢰 과정에 대한 내담자의 마음을 충분히 다루어야 한다.

• '의뢰사례 추수 관리하기'는 다음과 같은 내용을 포함한다.
  - 의뢰 · 연계기관별 평가 목록을 작성하고 관리한다.
  - 평가에 따라 의뢰 · 연계기관 관계를 재추가하거나 보완한다.

4) 개인심리치료상담

개인심리치료상담이란 내담자가 상담에 가지고 온 문제를 바탕으로 효과적인 변화를 일으키기 위해 상담을 구조화하고, 관계를 형성하며, 사례개념화를 진행하고, 상담목표 및 전략을 세우며, 상담을 진행하고 종결하는 것이다.

(1) 상담구조화하기

- 심리상담진행에 대해 내담자에게 설명한다.
- 내담자의 상담계약 이해 여부를 확인한다.
- 상담자 윤리강령에 따라 비밀보장의 원칙과 예외 조항에 대해 내담자에게 설명한다.

(2) 상담관계 형성하기

- 내담자와 안전한 관계를 형성하기 위한 기술을 사용한다.
- 내담자의 감정을 공감하고 반영하는 기술을 사용한다.
- 상담 초기의 내담자 불안을 완화시키기 위한 기술을 사용한다.

(3) 사례개념화하기

- 내담자의 주 호소문제를 파악한다.
- 내담자의 발달적 배경을 분석한다.
- 내담자의 인지 · 정서 · 행동적 특징과 욕구를 분석한다.
- 내담자의 문제에 대한 사례개념화 내용을 상담기록지에 기술한다.

(4) 상담목표 수립하기

- 사례개념화에 따라 장 · 단기 상담목표를 수립한다.
- 상담목표와 그 우선순위를 내담자와 합의한다.
- 내담자와 합의한 상담목표에 따라 상담전략을 수립하여 상담기록지에 기술한다.

(5) 상담진행하기

- 내담자의 언어적, 비언어적 행동에 상담적 반응 기술을 사용한다.
- 상담진행 단계에 따라 내담자의 인지 · 정서 · 행동을 변화시키는 상담기술을 사용한다.

- 필요할 경우 내담자에게 과제를 부여하고 이를 확인한다.
- 회기 상담효과를 평가하고, 다음 상담진행에 반영한다.
- 상담기관 운영 지침에 따라 상담기록지를 작성한다.

(6) 상담종결하기
- 내담자의 상담목표 달성 정도를 평가한다.
- 내담자와 종결 시점을 합의한다.
- 상담종결에 대한 내담자의 정서와 반응에 개입한다.
- 상담기관 운영 지침에 따라 상담종결 기록지를 작성한다.
- 필요할 경우 추수상담을 진행한다.

◈ 고려사항
- '개인심리치료상담'을 진행할 때는 상담자가 소속된 기관의 규정을 명확히 파악하고 이에 따라 상담구조화를 정확하게 진행해야 한다.
- '상담구조화하기'는 다음과 같은 내용을 포함한다.
  - '심리상담진행에 대해 설명한다.'는 것은 상담의 의미, 상담에서 내담자와 상담자의 역할이 무엇인지 등에 대해서 설명하는 것을 말한다.
  - 상담계약 관련 사항을 확인할 때에는 '접수상담' 시 협의된 상담시간, 상담비 등에 대해서 이해하고 있는지를 확인해야 한다.
  - 접수상담자와 개인심리치료상담자가 같은 경우에는 접수상담에서 이미 설명한 내용이므로, 이 단계에서 상담윤리에 따라 비밀보장의 원칙과 예외에 대해서 설명하는 부분은 생략할 수 있다. 단, 필요시 슈퍼비전을 위해 녹음에 대한 동의를 구하고 동의서를 작성할 수 있다.
  - '노쇼우(No-Show)'란 내담자가 상담자에게 아무런 연락 없이 회기에 참석하지 않은 것을 말한다.
- '상담관계 형성하기'에서 내담자와 안전한 관계를 형성하기 위한 기술에는 경청, 반영, 지지 등이 있다.

- '사례개념화하기'는 다음과 같은 내용을 포함한다.
  - 사례개념화란 내담자에 대한 깊이 있는 이해와 상담의 방향 설정을 목적으로 내담자의 다양한 정보를 바탕으로 현재 문제의 성격과 원인, 유지 요인에 대해 상담이론을 바탕으로 기술하고 설명하는 것을 말한다.
  - 내담자의 주 호소문제를 파악한다는 것은 내담자의 호소문제가 무엇이며, 그 호소문제 중 가장 중요한 문제가 무엇인지를 파악하고, 내담자의 호소문제에 대한 원인과 형성 과정에 대한 가설을 도출하며, 호소문제를 유지시키는 환경적, 심리적 요인 등을 함께 파악하여 그 내용을 상담기록지에 기술할 수 있는 것을 말한다.
  - 발달적 배경을 분석한다는 것은 내담자가 자라 오면서 겪은 발달적 배경, 가족관계에서 생겨나는 역동, 그 외의 학교, 직장 등 다양한 환경적 요인 등을 분석하는 것을 의미한다.
  - 사례개념화를 기술할 때에는 상담자가 가지고 있는 심리상담 이론적 지향, 전문적 견해에 따라 이루어져야 한다.
- '상담진행하기'는 다음과 같은 내용을 포함한다.
  - 상담은 상담의 진행 단계에 따라 기술되어야 한다. 상담의 진행 단계는 심리상담 이론에 따라 다를 수 있으며, 통합적 상담이론의 진행 단계를 따를 수도 있다.
  - 상담자와 내담자의 라포(친밀하고 안전한 관계 형성)가 상담의 전체 과정에 영향을 미치므로 상담 초기에는 관계 형성에 많은 노력을 기울여야 한다.
  - 내담자의 언어적, 비언어적 행동에 대한 상담적 반응 기술로는 경청, 반영, 요약, 공감, 인지적 재구조화 등의 다양한 기술이 포함된다.
- '상담종결하기'는 다음과 같은 내용을 포함한다.
  - 내담자의 정서와 반응에 개입에는 상담을 종결한다고 생각하면서 생기는 아쉬움, 허무함, 슬픔 등의 내담자 감정을 충분히 공감하고 이에 대해서 얘기를 나누는 것이나, 상담종결을 저항하기 위해서 내담자가 자신의 새로운 문제를 계속 얘기한다던가, 이전의 문제행동으로 돌아가는 등의 반응을 저

항의 문제로 다루는 것 등이 포함된다.

- '추수상담'이란 내담자가 상담을 통해 해결한 문제가 실제 생활에서도 잘 적용될 수 있는지 확인할 필요가 있다고 생각될 때, 내담자와 합의하여 일주일, 이주일, 또는 한 달 뒤에 상담회기를 잡아서 한 번 또는 두 번의 상담을 진행하는 것을 말한다.

• 주요 심리상담 이론이란 정신분석, 아들러, 인간중심, 인지치료, 행동주의, 게슈탈트, 현실치료, 실존치료, 해결중심상담, 교류분석 등 일반적으로 많이 사용되는 심리상담 이론을 말한다.
• 특히, 내담자의 개인정보에 대해서는 반드시 개인정보 보호 및 상담자 윤리를 준수해야 한다.
• 개인심리치료상담을 진행할 때는 외부로부터 방해받지 않는 독립된 공간이면서 방음이 되는 상담실에서 진행하여야 한다. 단, 다양한 매체를 통한 방법(인터넷, 전화, 모바일 등)을 사용하여 개인심리치료상담을 진행할 수도 있다.
• 상담을 진행할 때 상담자의 이익이 아닌 내담자 중심의 개입을 하여야 한다.
• 상담을 하면서 행해지는 모든 행위는 내담자의 동의와 참여로 이루어진다.

5) 집단상담 프로그램 운영

집단상담 프로그램 운영이란 심리적인 문제나 개인적인 변화와 성장의 욕구를 해결하기 위한 집단상담 프로그램을 기획하고 준비, 진행, 종결하는 것이다.

(1) 집단상담 프로그램 기획하기

• 집단상담 프로그램에 대한 잠재적 대상자들의 요구를 조사한다.
• 요구 조사 결과에 따라 집단상담 프로그램 운영 계획서를 작성한다.
• 집단상담 프로그램 운영 계획서에 따라 집단상담 프로그램 매뉴얼을 작성한다.

(2) 집단상담 프로그램 준비하기

- 집단상담 프로그램을 홍보하고 참가 신청자를 모집한다.
- 집단상담 프로그램 운영 계획서에 따라 참가 신청자를 선별하여 참가자를 선정한다.
- 집단상담 프로그램 매뉴얼에 따라 프로그램 진행에 필요한 환경을 조성한다.

(3) 집단상담 프로그램 진행하기

- 집단상담 프로그램의 내용과 규칙을 참가자들에게 설명한다.
- 프로그램 매뉴얼에 따라 회기별 프로그램을 실시하고 프로그램 진행 보고서를 작성한다.
- 집단상담 프로그램 진행 단계에 따라 참가자들 간의 상호작용을 촉진하는 집단상담기술을 사용한다.

(4) 집단상담 프로그램 종결하기

- 종결 단계에서 참가자들의 상태를 파악하고 대처하는 집단상담기술을 사용한다.
- 집단상담 프로그램의 목표 달성 수준을 평가하여 프로그램 종결 보고서를 작성한다.
- 집단상담 프로그램 참가자에게 필요할 경우 후속 프로그램을 연계한다.

◈ 고려사항

- '집단상담 프로그램 운영'은 심리상담사와 지역사회와 조직 등의 개인들이 집단의 형태로 참가하여 진행되는 상담 프로그램으로서 다양한 심리적 문제를 해결하기 위해서뿐만 아니라 여러 심리사회적 문제를 예방하고 개인적 성장을 도모하기 위해 개인 및 집단상담이론과 기법을 활용하여 기획된 프로그램을 실행하는 것이다.
- '집단상담 프로그램 기획하기'는 다음과 같은 내용을 포함한다.

- 집단상담 프로그램 잠재적 대상자들의 요구 조사를 실시한다.
- 특정 조직 및 단체 등에서 상담기관 또는 심리상담사에게 집단상담 프로그램을 요청할 경우 프로그램 기획에 필요한 정보들을 수집, 분석하는 조사활동
- 상담기관에서 자발적으로 집단상담 프로그램을 진행하고자 할 경우, 지역사회 및 잠재적 참가자들의 요구를 수집, 분석하는 조사활동
- 사회적 요구(국가적 재난상황, 지역사회에서 대두되는 심리사회적 주제 등)에 의해 집단상담 프로그램의 필요성과 수요가 발생할 경우, 이에 대한 정보를 수집, 분석하는 조사활동
- 집단상담 프로그램 잠재적 참가 대상자의 특성을 충분히 고려하여 대상자의 욕구를 만족시킬 수 있는 집단상담 프로그램을 기획하고 실시해야 한다.
- 집단상담 프로그램 운영 계획서란, 잠재적 대상자들의 요구 조사를 통해 수집, 분석된 자료를 기반으로 집단상담 프로그램을 진행하기 위한 전반적인 계획을 수립한 문서이며, 집단상담 프로그램의 개요(주제, 대상자, 기간, 장소), 모집/홍보 계획, 진행 계획 등을 포함한다.
- 집단상담 프로그램 매뉴얼이란, 집단상담 프로그램 진행에 대한 구체적인 내용과 지침을 작성한 자료를 의미하며, 그 내용에는 프로그램 전체 주제 및 목표와 회기별 주제 및 목표, 프로그램 진행에 필요한 점검 리스트, 재료 및 도구, 각종 서식 등을 포함한다.

• '집단상담 프로그램 준비하기'는 다음과 같은 내용을 포함한다.
- 집단상담 프로그램 신청자를 모집할 때 제공해야 할 정보에는 집단상담 프로그램 운영 계획에 따라 프로그램 진행에 대한 구체적인 주제 및 목표, 일정/기간, 장소, 참가 가능한 대상자 자격 및 조건, 참가자 선발방법 등이 상세히 포함되어야 하며 신청자가 이에 대해 문의할 경우, 정확한 정보를 안내할 수 있어야 한다.
- 집단상담 프로그램 신청자 중 최종 참가자를 선발할 때에 해당 집단상담 프로그램에 적합하지 않은 대상자는 신청자 모집 당시에 고지된 정보를 근거

로 선별하여 다른 종류의 개입방법(예: 개인심리치료상담, 심리상담 교육, 타기관 안내/연계, 다른 집단상담 프로그램)이나 차기 프로그램 참여 가능 여부를 안내할 수 있어야 한다.

- 집단상담 프로그램 참가자란, 일반적으로 집단상담이론서 및 집단상담현장에서 '집단원'으로 표현되는 것과 동일한 개념이다.
- 집단상담 프로그램 운영 계획에 따라 선발된 참가자들에게 프로그램 진행에 대해 사전 설명을 하여야 한다.

• 집단상담 프로그램에 필요한 환경 조성이란 다음의 내용을 포함한다.
  - 집단상담 프로그램 매뉴얼에 따라 프로그램 진행자(심리상담사)와 참가자 모두가 원활히 활동하기에 적절한 공간과 장비 준비
  - 집단상담 프로그램 매뉴얼에 따른 재료 및 도구 준비
  - 참가자들에게 편의와 휴식을 제공할 수 있는 간식
  - 기타 집단상담 프로그램 진행에 필요한 사전 준비물

• '집단상담 프로그램 진행하기'는 다음과 같은 내용을 포함한다.
  - 집단상담 프로그램의 규칙을 설명할 때에는 상담자 윤리강령에 따른 비밀보장과 예외 조항을 포함하며, 집단상담 프로그램이 원활히 진행될 수 있는 시간 약속, 의사소통방법 및 태도 등을 설명하고 동의를 구할 수 있다.
  - 필요한 경우, 집단상담 프로그램 참가자들에게 프로그램 매뉴얼에 따라 참가자들의 집단상담 프로그램 목표 달성 여부 및 효과성 측정을 위한 사전검사를 실시할 수 있다.
  - 프로그램 진행 보고서는 해당 프로그램 매뉴얼에 서식으로 포함되어야 하며, 그 내용에는 회기별 목표, 진행 과정, 집단상담 개입내용, 윤리적 문제, 다음 회기 계획, 진행자 자기평가, 기타 특이사항 등이 포함될 수 있다.
  - 프로그램의 진행 단계는 해당 프로그램 매뉴얼에 구성되어 있는 회기별 진행에 따르며, 일반적으로 초기, 중기, 종결 단계의 흐름으로 구성된다.

• 참가자들 간의 상호작용을 촉진하는 집단상담기술에는 다음의 내용을 포함한다.

- 필요할 경우 비밀보장의 원칙, 참가자들 상호 간의 존중 및 의사소통방법/태도 등의 사전 합의한 해당 집단상담 프로그램의 규칙을 확인 또는 재설명하기
- 참가자들이 자신의 경험을 안전하게 노출하고 충분히 표현할 수 있도록 돕는 경청하기, 공감적 반영하기, 인정/지지하기 등의 집단상담기술

• 참가자들의 심리적 저항 및 참가자들 간의 갈등을 다루는 집단상담기술
• 매 회기 종료 시 참가자들의 소감 및 자기성찰 경험 나누기를 촉진하기
  - 비언어적 표현이란, 참가자들이 표현하는 시각적, 청각적 표현 정보들을 포함하는 것으로써 음성의 크기, 어조, 표정(눈물, 웃음, 찡그리기, 이를 악물기, 시선처리 등), 신체적 몸짓 등을 의미한다.
• '집단상담 프로그램 종결하기'는 다음과 같은 내용을 포함한다.
  - 종결 단계에서 참가자들의 상태는 참가자들이 프로그램이 종결되는 시점에 드러낼 수 있는 다양한 정서 상태를 포함하며 프로그램 내에서 미해결된 문제에 대한 불안, 진행자 또는 참가자들과 이별하는 것(분리)에 대한 아쉬움(의존성), 프로그램 종료 이후 일상의 삶으로 복귀하는 것에 대한 두려움/불안 등을 참가자들이 충분히 표현할 수 있도록 해야 한다.
  - 집단상담 프로그램 사전검사를 실시한 경우, 참가자들에게 프로그램 매뉴얼에 따라 참가자들의 집단상담 프로그램 목표 달성 여부 및 효과성 측정을 위한 사후검사를 실시할 수 있다.

6) 내담자와 관련된 사람 상담하기

관계자상담이란 내담자의 관계적 문제와 통합적인 성장을 위하여 내담자와 관련된 커플, 가족원, 조력자를 함께 상담하는 것이다.

(1) 커플 상담하기

• 내담자 대면상담을 통해 파악된 문제의 심각도에 따라 커플 상담계획을 수립

한다.

- 상담기관 운영 지침에 따라 커플 상담의 내용, 진행회기와 시간, 비용 등을 구조화한다.
- 커플이 가진 자원과 취약점, 대인 관계 등을 고려하여 사례개념화를 한다.
- 커플이 제공하는 내담자에 관한 정보 및 커플의 욕구를 토대로 내담자 문제 해결을 위한 상담이나 자문, 교육을 제공한다.
- 상담계획에 따라 커플 상담목표 달성 정도를 평가한다.

(2) 가족원 상담하기

- 내담자 대면상담을 통해 파악된 문제의 심각도에 따라 가족상담계획을 수립한다.
- 내담자 문제와 관련된 가족역동을 체계론적 관점에서 분석한다.
- 가족구성원을 상담에 참여시킨다.
- 가족관계와 가족 내 역동에 맞추어 필요한 상담모델을 선택한다.
- 가족구성원이 내담자를 조력할 수 있도록 상담이나 자문, 교육을 제공한다.

(3) 조력자 상담하기

- 내담자 대면상담을 통해 파악된 문제의 심각도에 따라 조력자 상담계획을 수립한다.
- 조력자를 상담과정 중에 참여시킨다.
- 조력자가 제공하는 내담자에 관한 정보 및 커플의 욕구를 토대로 내담자 문제 해결을 위한 상담이나 자문, 교육을 제공한다.
- 조력자와 공조 체제를 형성하여 내담자 문제 해결을 위해 조력자와 공동의 노력을 기울인다.

◈ 고려사항

- '관계자'란 내담자와 관계를 맺고 있는 대상으로 커플(배우자, 연인 등), 가족원

(부모, 형제자매 등), 조력자(학교 교사, 청소년지도자 등)를 말한다.

- '커플 상담'은 다음과 같은 내용을 포함한다.
  - 커플 상담은 내담자의 문제와 직, 간접적으로 연결된 커플을 상담과정에서 초대하여 커플 간의 상호작용을 탐색하고, 상호 간의 역동을 활용하여 문제를 해결하는 데 도움을 받기 위한 과정이다.
  - 커플은 배우자, 연인 관계에 있는 자, 친구 등 내담자와 일정 기간 이상 지속적인 관계를 형성한 자를 말한다.
- '가족원 상담'은 다음과 같은 내용을 포함한다.
  - 가족원 상담은 내담자가 호소하는 문제를 중심으로 가족문제를 명료화하고 가족 내 상호작용을 파악한 후 가족구성원을 상담에 참여시켜 함께 문제를 해결할 수 있는 상담환경을 조성하는 것이다.
  - 가족역동은 가족구성원 간의 상호작용과 그로 인한 특성이나 힘을 의미하며, 가족규범, 의사소통, 가족문화 등을 포함한다.
  - 가족원을 참여시켜 상담을 진행할 때 가족구성원 간 비난하는 행동이나 태도를 조율할 수 있어야 한다.
- '조력자 상담'은 다음과 같은 내용을 포함한다.
  - 조력자는 내담자의 문제를 이해하는 데 필요한 정보를 제공하거나, 실제적인 문제 해결에 도움을 줄 수 있는 학교 교사, 보호시설의 장, 친구 등 주변 인물을 말한다.
  - 조력자 상담에서는 내담자의 조력자에 대하여 정보를 제공하거나, 내담자를 양육하고 돌보는 데 필요한 양육 기술을 교육할 수 있다.
  - 조력자 상담수행 시 조력자의 인권 존중, 개인정보 보호와 비밀보장의 준수, 비심판적인 태도, 변화에 대한 유연한 태도를 유지해야 한다.

7) 위기상담

위기상담이란 자살을 비롯한 내담자의 심리적 위기를 해결하기 위하여 위기상황을 평가하고 위기상담을 계획한 후 위기상담을 실시하고 결과를 평가하는 것이다.

(1) **위기상황 평가하기**

- 소속 기관의 위기상담지침에 따라 내담자의 위기상황에 대한 정보를 파악한다.
- 소속 기관의 위기상담지침에 따라 내담자 위기 유형을 분류한다.
- 소속 기관의 위기상담지침에 따라 내담자 위기 수준을 평가한다.
- 내담자 주변의 환경과 자원을 평가한다.

(2) **위기상담 계획하기**

- 위기 유형과 수준에 맞는 위기상담전략을 수립한다.
- 위기사례에 맞는 상담방법을 선별한다.
- 의뢰 · 연계의 필요성을 판단하여 조치한다.

(3) **위기상담하기**

- 위기사례 내담자의 심리적 안정을 지원한다.
- 자신이 처한 위기상황을 내담자가 이해할 수 있도록 돕기 위해 위기와 관련된 교육을 실시한다.
- 위기상황에 대해 해결중심 상담전략을 수립해서 수행하기 대처방안을 적용한다.
- 내담자와 보호자를 대상으로 재발 방지 예방교육을 실시한다.

(4) **위기상담결과 평가하기**

- 기관의 보고 양식에 따라 위기상담결과 보고서를 작성한다.
- 위기상담결과의 효과성을 설명한다.
- 유사 유형의 위기상담 시 요구되는 보완 사항을 제안한다.

◈ 고려사항

- '위기상담'은 내담자에게 촉발된 심리적 위기상황에 대한 상담개입의 일반적인 절차를 포함한다.
- '위기상황 평가하기'는 다음과 같은 내용을 포함한다.
  - 위기상담은 기관 내에서 숙련도가 높은 상담자가 책임감을 가지고 보다 주의 깊게 진행하여야 한다.
  - 위기상담은 개인정보 보호 및 상담윤리강령 준수에 각별한 주의를 기울여야 한다.
  - 심리적 위기 유형은 자살, 자해, 타해, 성폭력, 가정폭력, 자연재해, 재난 등
  - 위기상황에 처한 내담자에게 효과적으로 상담을 제공하기 위해서는 위기상황 정보를 수집할 수 있어야 한다.
  - 위기상황 평가 시 소속기관의 위기상담지침에 따라 내담자의 위기상황에 대한 정보를 파악해야 한다.
  - 자살 위기상황 시 포괄적이며 계속적인 자살위험 평가를 실시해야 한다. 필요시 보호자에게 즉시 연락하거나 입원을 권유할 수 있다.
  - 자살을 비롯한 심리적 위기 유형별 선별 척도를 활용할 수 있어야 한다.
  - 위기상황 평가 후 긴급한 사례는 즉각적인 상담 및 연계를 시도해야 한다.
  - 위기상황을 평가함과 동시에 내담자에게 지지와 안정감을 제공해야 한다.
- '위기상담 계획하기'는 다음과 같은 내용을 포함한다.
  - 위기상담을 계획 시 법적, 의료적 지원의 필요 여부를 고려해야 한다.
  - 위기상담을 계획 시 내담자 본인뿐 아니라 가족을 비롯한 인적자원의 지원을 고려해야 한다.
  - 위기상담을 계획 시 연계 가능한 유관기관에 대한 최신 정보를 보유하고 있어야 한다.
- '위기상담하기'는 다음과 같은 내용을 포함한다.
  - 일반적인 상담절차와 방법을 적용하기 전에 내담자에게 상담절차와 방법에 대해 설명하고 내담자의 동의가 이루어져야 한다.

- 위기상담 시 원인 분석적인 상담접근보다는 문제 해결 중심 상담접근을 우선 고려하도록 한다.
- 위기상담하기는 상담과정에서 내담자가 이차 외상에 노출되지 않도록 디브리핑 회기 진행방법을 숙지하는 것을 포함한다.
- 위기상담하기는 내담자의 요청이나 상담자의 판단에 따라 필요하다면 내담자와 타인 간의 위기커뮤니케이션(중재)을 수행하는 과정을 포함한다.
- 내담자가 가진 위험요인과 보호요인을 확인하는 과정이 포함되어야 하며, 특히 위험요인에 대해 대처방안을 모색하여야 한다.
- 위기상담 시 필요하다고 판단되는 경우 내담자에게 요구되는 교육, 정보제공 서비스를 실시해야 한다(예: 외상 후 스트레스 장애의 증상 및 대처법, 자살충동 시 행동요령, 24시간 상담서비스 기관 안내 등).

• '위기상담결과 평가하기'는 다음과 같은 내용을 포함한다.
- 위기상담결과 평가 시 내담자가 위기요소를 사전에 파악할 수 있는 지식이 습득되었는지 확인하고, 위기요소를 적극적으로 관리할 태도가 형성되었는지 점검한다.

8) 심리상담 교육

심리상담 교육이란 심리사회적 문제 예방과 성장과 관련한 주제에 대하여 특정 대상의 요구를 조사한 후, 요구와 필요에 따라 심리상담 교육을 설계하고, 교육을 실시하는 것이다.

(1) 심리상담 교육 요구 조사하기

• 심리상담 교육의 잠재적 대상자와 주제를 정한다.
• 대상 및 주제와 관련된 자료를 수집하고 분석한다.
• 잠재적 대상자들에게 요구 조사를 실시한다.

(2) **심리상담 교육 설계하기**

- 심리상담 교육의 목표를 설정하여 그에 적합한 교육활동을 선택한다.
- 필요한 경우 상담기관 운영 지침에 따라 강사를 선정한다.
- 상담심리 교육 계획서를 작성한다.
- 심리상담 교육의 대상자를 모집하여 대상자를 선정한다.

(3) **심리상담 교육 실시하기**

- 심리상담 교육 계획서에 따라, 진행에 필요한 환경을 조성한다.
- 심리상담 교육 계획서에 따라 교육을 진행한다.
- 심리상담 교육에 대한 평가를 실시한다.
- 상담기관 운영 지침에 따라 결과 보고서를 작성한다.

◈ 고려사항

- '심리상담 교육'은 전 연령의 다양한 발달적 과업 및 요구에 따라 심리사회적 문제의 예방과 성장에 관련된 주제로 1회기 또는 다수의 회기로 교육을 실시한 후, 그 효과를 분석하는 업무에 적용될 수 있다.
- '요구 조사'란 교육 프로그램을 개발하기 전에 교육 프로그램 개발의 필요성과 타당성을 확인하고, 실제적인 관련 사항을 점검하는 것이다.
- '요구 조사' 중 '잠재적 대상자와 주제'를 선정할 때, 조직의 의사결정자와 구두로 협의하고, 예산담당자와는 가용 가능한 예산의 범위를 미리 확인하여야 한다.
- '요구 조사' 중 '대상 및 주제와 관련된 자료를 수집하고 분석'할 때, 관련 법령과 관련된 기존 교육 프로그램 및 최근 연구결과, 기관의 방침, 지역과 대상의 특성을 수집하고, 교육을 위해 협력해야 하는 조직 내부 인력에게 교육에 대한 의견을 협의하는 활동이 포함되어야 한다.
- '설계하기'란 목표에 따라 교육에 포함될 활동을 수집 · 정리하며, 각 활동의 효과를 잠정적으로 평가하고, 그 평가 결과에 따라 활동, 내용, 전략을 선정하

는 절차이다.

- '설계하기' 중 '상담기관 운영 지침에 따라 강사를 선정'할 때, 필요한 경우 자원봉사자 등 운영 인력도 선정한다.
- '설계하기' 중 '상담심리교육 계획서'에는 목표에 부합하는 평가 방법이 포함되도록 작성한다.
- '실시하기'란 완성된 교육내용을 실시하는 단계로, 실시 도중에도 교육에 대한 크고 작은 평가는 계속되며, 그 평가 결과에 따라 교육내용은 계속적으로 수정될 수 있다.
- '실시하기' 중 '진행에 필요한 환경 조성'이란 교육장소를 확보하고, 예산을 집행하여 교육 준비 물품을 구입 · 준비하며, 필요시 관련 기관과 협력사항을 확인하는 것을 포함한다.
- '실시하기' 중 '교육을 진행'할 때, 다양한 매체를 활용하여 진행한다.
- 상담자는 심리상담 교육 대상자의 가치와 의견을 존중한다.
- 상담자는 가능한 효과성을 검증받은 교육원리 및 교수학습법을 사용한다.

9) 심리검사 활용

심리검사 활용이란 내담자의 문제를 심층적으로 평가하고 내담자를 객관적으로 이해하기 위하여 적절한 심리검사를 선정, 실시, 평가하고 해석 상담을 할 수 있는 것이다.

(1) 심리검사 선정하기

- 내담자에게 심리검사 활용의 목적과 역할에 관한 정보를 제공한다.
- 내담자에게 기관에서 비치하고 있는 심리검사의 종류와 내용 정보를 제공한다.
- 내담자의 호소문제 심각도를 평가할 수 있는 심리검사 도구를 선정한다.

(2) 심리검사 실시하기

- 내담자에게 심리검사의 실시 방법에 관한 정보를 제공한다.
- 심리검사 실시에 필요한 제반 환경을 조성한다.
- 실시 절차에 따라 심리검사를 실시한다.
- 심리검사가 진행되는 동안 내담자의 행동을 관찰하여 기술한다.

(3) 심리검사 결과 평가하기

- 심리검사 매뉴얼에 따라 실시된 검사를 채점한다.
- 심리검사 매뉴얼에 따라 심리검사 결과를 분석한다.
- 내담자 행동관찰 결과를 분석한다.
- 심리평가보고서를 작성한다.

(4) 심리검사 해석 상담하기

- 내담자에게 심리검사 해석 결과를 호소문제와 연결하여 설명한다.
- 내담자에게 심리검사 해석 결과에 따라 내담자의 이해 정도를 확인한다.
- 내담자에게 필요한 상담과정을 안내한다.

◈ 고려사항

- '심리검사 활용'은 검사 실시 및 해석 자격을 갖춘 상담자가 내담자의 동의하에 각종 심리검사를 실시 절차에 따라 검사를 실시하고 내담자의 행동을 관찰, 분석하여 내담자의 호소문제를 심층적으로 이해하고 평가하는 과정을 말한다.
- '심리검사 활용'을 위해서는 상담자가 심리검사 유형별로 충분한 전문적 지식과 훈련을 통해 해당 심리검사 자격을 갖추어야 한다.
- '심리검사 선정하기'는 내담자의 호소문제 분석 결과에 따라 내담자에게 적합한 심리검사 도구를 선정하는 것을 말한다.
  - 심리검사 선정 시 상담목적과 검사 내용의 적합성 여부, 신뢰도와 타당도, 규준 적합성 및 표준화 여부 등을 고려해야 한다.

- 선정된 심리검사에 소요되는 시간과, 비용, 절차에 관해 안내할 수 있어야 한다.

• '심리검사 실시하기'는 심리검사에 적합한 환경과 심리검사에 필요한 제반 집기 마련, 표준화된 절차에 따른 실시와 내담자의 수검태도 관찰 등을 말한다.
- 심리검사를 위한 제반 환경은 검사에 필요한 책상, 검사지, 답안지, 필기도구, 지우개 등을 말하며, 상담자는 심리검사 실시 전에 검사에 필요한 제반 환경을 준비해야 한다.
- 표준화된 심리검사 매뉴얼이란 각 심리검사의 신뢰도와 타당도를 제시한 심리검사 활용지침을 말한다.
- 내담자의 행동관찰 내용은 심리검사에 임하는 내담자의 얼굴 표정, 몸짓, 소요 시간, 성실성 등을 말한다.

• '심리검사 결과 평가하기'는 심리검사 매뉴얼에 따라 정확하게 채점과 해석을 하고 내담자의 호소문제를 종합적으로 분석하는 것을 말한다.
- 심리평가보고서란 표준화된 심리검사 매뉴얼에 따라 검사 결과 및 해석에 대한 사항을 작성하는 서류를 말한다.
- 상담자는 자신이 실시한 검사 결과에 대해 책임을 져야 하며 자신의 능력과 기술의 한계를 알고 있어야 한다.

• '심리검사 해석 상담하기'는 심리검사 결과와 현실적이고 합리적인 문제 해결 방안을 내담자에게 설명하는 것을 말한다.
- 심리검사 해석 상담 시 상담자는 내담자의 경험, 중요한 타인, 자신에 대한 지각과 진술, 관찰된 행동, 성별과 연령 등을 고려해야 한다.
- 심리검사 해석 상담 이후 추가적인 상담이 필요한 경우 내담자에게 안내하고 제안할 수 있다.

10) 심리상담 자료 관리

심리상담 자료 관리란 내담자 보호와 상담자료의 안전한 관리, 상담현황을 파악하기 위하여 관련 법규에 맞게 개인정보를 보호하고 적절한 상담기록 관리 및 상담 통계를 활용하는 것이다.

(1) 개인정보 보호하기

- 개인정보 보호에 대해서 설명한다.
- 내담자의 개인정보를 보호하는 상담자 윤리를 준수한다.
- 「개인정보보호법」을 적용한다.

(2) 상담기록 관리하기

- 상담기록물을 체계적으로 분류한다.
- 관리 규정과 상담윤리를 준수하여 상담자료를 보관한다.
- 상담기록물을 안전하게 폐기한다.

(3) 상담통계 활용하기

- 상담통계를 활용하여 상담현황을 파악한다.
- 상담통계를 활용하여 상담효과성을 분석한다.
- 상담통계 결과를 작성하고 설명한다.

◈ 고려사항

- 내담자의 개인정보를 보호하기 위해서 상담자가 소속된 기관의 체계적인 규준과 절차가 마련되어야 한다.
- 내담자의 개인정보를 다룰 때는 「개인정보 보호법」 및 상담자 윤리가 반드시 준수되어야 한다.
- 상담자료를 관리하는 자는 문서 관리에 관한 지식뿐만 아니라 상담구조와 절차에 관한 지식을 갖추어야 한다.
- 상담자료를 관리하는 자는 상담윤리를 이해하고 있어야 한다.
- 기관에서는 안전한 상담자료 관리를 위하여 전담인력을 배치할 수 있다.

- 상담자료 관리자 외의 자가 상담자료에 접근하는 것을 통제하기 위한 규정과 장치가 마련되어야 한다.
- 문서, 컴퓨터 파일 등 상담기록물의 종류와 성격에 따라 적절한 관리 지침이 마련되어야 한다.
- 상담통계결과를 윤리적으로 활용하는 태도는 상담현황 및 상담효과성 등의 새로운 지식을 기존의 상담지식에 공헌하려는 태도를 말한다.

11) 심리상담 자문

개인 또는 그와 관련된 사람, 단체에게 당면한 문제에 대한 객관적인 이해를 촉진하기 위하여 자문 관계를 구축하고 심리상담관련 분야의 자문을 계획한 후 실시하고 종결하는 것이다.

(1) 심리상담 자문 관계 구축하기

- 심리상담 자문을 필요로 하는 피자문자를 발굴한다.
- 피자문자의 자문 요청을 검토하고 수락한다.
- 피자문가와 자문계약서를 작성한다.

(2) 심리상담 자문 계획하기

- 피자문자가 요청한 문제와 상황에 대한 현황을 파악한다.
- 피자문자의 요구를 분석한다.
- 자문 자료를 작성한다.

(3) 심리상담 자문 실시하기

- 구성된 자문 자료를 토대로 자문 내용을 제공한다.
- 피자문자의 요구가 충족되었는지 확인한다.
- 피자문자의 요구 미충족 시 보완하여 재자문을 실시한다.

- 자문에 대해 피자문자와 상호 피드백을 주고받는다.
- 상담자문 종결에 따른 피자문자의 성취와 노력을 평가하여 결과 보고서를 작성 한다.

◈ 고려사항

- '심리상담 자문'이란 심리상담 업무에 관한 피자문자의 요구에 대한 협의, 자문, 교육 등을 통해 문제를 보다 효율적으로 다루도록 조력하는 활동을 말한다.
- 요구 분석(needs analysis)은 피자문자가 기대하는 자문의 목적, 주어진 환경과 제한 조건, 변경의 유효성과 적합성, 자문의 방식, 양이나 질, 적시성 등의 요구사항에 부합하는 자문의 요구와 조건을 결정하는 것과 같은 업무를 포함한다.
- 자문 요청 검토 사항은 피자문자 요구사항에 대한 검토와 주어진 기간 내에 자문자가 수행할 수 있는지를 포함하여 검토한다.
- 자문계약서의 내용은 자문자와 피자문자가 합의한 형식, 비용, 자문 기간 등을 포함하여 작성할 수 있다.
- 심리상담 자문은 목적에 따라 내담자 중심, 피자문자 중심, 프로그램 중심, 행정적 심리상담 자문, 피자문자 중심 행정상담 자문으로 분류할 수 있으며 자문의 형식과 내용은 자문자와의 합의안에 따른다.
  - 합의안이란 계약 혹은 업무협약, 구두협의 등 다양한 형태로 자문 관계 구축을 위한 실질적인 관계와 역할을 조정한 안을 포함한다.
- '심리상담 자문 관계 구축하기'는 다음과 같은 내용을 포함한다.
  - 자문자는 심리상담 자문을 해 주는 사람이나 기관, 피자문자는 심리상담 자문을 받는 개인, 집단 조직, 지역사회 단체나 기관 같은 자문 요청을 한 개인이나 기관, 내담자는 피자문자와 상담을 진행 중인 자를 말한다.
  - 자문 준비 시 자문자에 대한 추가 정보 파악을 위한 조사, 면담 등의 방법을 활용하여 현황 파악을 할 수 있다.
  - 합의안에 따른 자문 결과의 활용과 책임 소재에 대해 피자문가와 협의할 수 있다.

- 문제 발생 원인 및 심리학적 이론에는 자아심리학을 도입한 문제 해결 모형, 체계이론, 학습이론, 인지심리학, 정보처리이론 등이 있다.

• '심리상담 자문 계획하기'는 관련 법규나 기관의 상담자문 규정에 따라 피자문자가 요청한 문제와 상황에 대한 요구를 분석하고 피자문자의 심리적 상태, 상담자문에 수반된 윤리적 문제 등을 분석하여 계획을 수립, 계획서를 작성하는 일련의 과정을 포함한다.

- 자문회의 자료에는 문제 정의, 성취목표, 자문가와 피자문자의 역할, 자문의 방식, 자문가의 견해, 자문 전략 등의 내용을 포함하여 작성할 수 있다.

• '심리상담 자문 실시하기' 는 다음과 같은 내용을 포함한다.

- 조직 현상을 연구 대상으로 하여 전개되는 논리적인 체계 즉, 조직의 구조를 비롯한 조직의 요소를 연구하여 조직을 보다 바람직하게 유지 · 발전시키는 데 도움을 주고자 체계화한 이론으로 리더십, 조직평가 관리 등을 포함한다.

- '심리상담 자문 종결'은 개입의 효과정도를 평가할 수 있는 자문 평가 지표를 개발하여 사용할 수 있다.

12) 상담자 교육

상담자 교육이란 상담자의 성장과 전문성 확보를 위하여 상담자 교육 분석, 상담자 윤리교육, 심리상담 훈련 및 심리상담 슈퍼비전을 실시하는 것이다.

(1) 상담자 교육 분석 실시하기

• 수련 상담자의 발달수준을 파악하여 관련 정보를 수집한다.

• 수련 상담자와 교육 분석의 필요성과 목표를 합의하여 교육 분석 계약서를 작성한다.

• 교육 분석 계약서에 따라 상담자 교육을 위한 상담을 진행한다.

(2) 상담자 윤리교육 실시하기

- 수련 상담자에게 필요한 상담자 윤리강령의 내용을 설명한다.
- 상담자 윤리강령에 따라 윤리교육 자료를 작성한다.
- 수련 상담자가 진행한 심리상담 사례를 분석하여 상담자 윤리강령 준수 여부를 평가한다.
- 수련 상담자가 윤리강령을 위반한 경우, 추후 조치를 자문한다.

(3) 심리상담 훈련 실시하기

- 수련 상담자에게 필요한 심리상담 훈련에 대해 교육 계획서를 작성한다.
- 교육 계획서에 따라 심리상담 훈련에 대한 교육을 진행한다.
- 필요할 경우 수련 상담자에게 심리상담 훈련에 대한 지속적인 보수교육을 제공한다.

(4) 심리상담 슈퍼비전 실시하기

- 슈퍼비전이 필요한 수련 상담자의 정보를 수집한다.
- 수련 상담자와 합의하여 슈퍼비전 계약을 체결한다.
- 슈퍼비전 계약에 따라 수련 상담자의 사례를 분석하여 슈퍼비전을 진행한다.
- 상담기관 운영 지침에 따라 슈퍼비전 보고서를 작성한다.

◈ 고려사항

- '상담자 교육'은 상담자 수련과 전문성 발달을 위한 예산 및 행정적 지원체계가 갖추어진 심리상담기관에 적용될 수 있다. 대학교나 대학원에서 심리상담 교육 뿐 아니라, 임상훈련을 제공하는 프로그램을 갖추고 있는 경우도 이에 해당한다.
- 수련 상담자란, 심리상담 이론 수업을 개설하여 교육하고, 임상훈련을 통하여 심리상담전문가를 양성하는 심리상담기관에서 수련을 받고 있는 상담자를 말한다.

- 수련 상담자의 발달수준이란 심리상담 교육과 임상훈련의 정도에 따라, 상담자의 임상경험 수준, 상담기술 숙련도나 사례보고 능력 등을 반영한 전문성의 수준을 의미한다. 이는 상담자 교육에 있어서 수련 상담사의 심리상담 서비스 종류와 방식을 결정하는 기준이 되기도 한다. 대학이나 대학원에 위치한 심리상담 기관의 경우, 수련 초기 상담자는 교육 중인 학생들에게 무료상담을 제공하기도 하고, 회기의 제한을 두고 구조화된 상담을 제공할 수 있다. 수련 상담사는 발달수준이 높아지면서 기관의 지도감독하에 외부 내담자를 위한 유료상담서비스에 참여할 수 있다.
- 교육 분석은 수련 중인 상담자가 상담활동 중 자신에게 일어난 심리적인 변화에 대한 자기탐색 및 자기이해를 통해 상담자로서의 전문적 성장을 도모하기 위해 교육적인 목적으로 심리상담을 받는 것을 말한다. 이때의 심리상담은 '개인심리 치료상담' 에 준하여 진행한다.
- 교육 분석은 기관에 따라 '교육상담' 혹은 '내담자 경험' 등으로 지칭되기도 한다.
- 심리상담기관에 따라 교육 분석 진행 과정 중 수련 상담자의 전문성 발달을 위한 관련 교육을 실시하기도 하고, 교육 분석 종료 후 기관의 교육 분석 지침에 따라 교육 분석 보고서를 작성할 수도 있다.
- 상담자 윤리교육 시, 수련 상담자가 진행한 심리상담 사례를 분석하여 상담자 윤리강령 준수 여부를 평가한 후, 윤리강령 위반이 발생한 경우 필요한 자문을 제공할 뿐 아니라, 필요한 행정적 조치나 관련법 조항의 적용 여부에 대한 추가 정보를 제공할 수 있다.
- 수련 상담자에게 필요한 심리상담 훈련이란, 수련 상담자의 발달수준에 따라 훈련의 종류(예를 들어, 최신 심리상담 방법의 소개와 적용, 혹은 중독이나 우울증과 같은 문제 영역에 따른 훈련)가 결정되기도 하고, 훈련의 방법이 결정되기도 한다(예를 들면, 새로운 기법에 대한 이론 강의 및 개인 실습, 집단상담 혹은 사례분석을 통한 연구).
- 수련 상담자를 위한 심리상담 훈련에서 보수교육이란, 이미 진행된 훈련에서

다루어진 기법이나 훈련내용을 수련 상담자가 지속적으로 습득하도록 돕기 위한 계속교육을 의미한다.

- 심리상담 슈퍼비전은 수련 중인 상담자가 자신의 전문성 발달을 위하여 자신의 심리상담 활동의 내용을 슈퍼바이저에게 보고하여 지도감독을 받는 전문적 훈련을 말한다.
- 심리상담기관은 슈퍼바이저 자격을 가진 심리상담자를 두고, 기관에서 수련 중인 상담자의 심리상담을 지도 · 감독하는 역할을 담당하도록 한다. 이때 해당 기관에서 수련을 받고 있는 수련 상담자를 슈퍼바이지라고 하기도 한다.
- 슈퍼바이저가 슈퍼비전이 필요한 수련 상담자의 정보를 수집할 때, 수련 상담자가 어떠한 심리상담 훈련을 받았는지에 대한 수련 배경과 함께 교육과 훈련을 통해 수련 상담자가 어느 정도의 전문성 발달수준을 가지고 있는지에 대한 정보 등을 수집할 수 있어야 한다.
- 슈퍼비전 계약서를 작성할 때, 수련 상담사(슈퍼바이저)의 학습목표, 심리상담 훈련의 내용과 개인적인 성향 등을 고려하여 슈퍼비전의 방식을 결정할 수 있다. 심리상담 슈퍼비전의 진행 방식은 슈퍼바이저와 슈퍼바이지가 일대일로 진행하는 개인 슈퍼비전과 여러 명의 수련 상담자들이 참여하는 집단 슈퍼비전이 있다.
- 기관의 상담자 수련 규정에 따라, 집단 슈퍼비전이나 개인 슈퍼비전에 참여하는 수련 상담자와의 개별적인 슈퍼비전 계약 체결은 생략될 수도 있다.
- 심리상담 슈퍼비전은 수련 중인 상담자와 상담을 진행하는 내담자의 개인적인 신상정보나 상담내용이 외부로 유출되지 않도록 비밀보장에 유의하여 진행해야 한다.
- 슈퍼바이저가 작성하는 슈퍼비전 보고서 내용에는, 슈퍼비전 진행 내용, 상담자 전문성 발달수준에 대한 평가사항이나 상담자 윤리규정과 관련된 추가사항 등이 포함될 수 있다. 단, 상담기관 운영 지침에 따라 기관의 슈퍼비전 보고서를 생략하고, 수련 상담자의 수련수첩이나 관련 기록지에 직접 해당 내용을 작성하기도 한다.

- 교육 분석은 수련 중인 상담자가 자기성장을 위하여 교육 분석 계약 후 진행할 수 있다. 단, 슈퍼비전 도중 슈퍼바이저가 수련 상담자의 전문성 발달 및 심리적 변화에 대한 자기탐색을 필요로 할 경우 요청하여 교육 분석을 실시할 수 있다.

13) 매체상담

매체상담이란 대면상담의 어려움이 있거나 고민에 대한 즉각적인 상담이 필요한 사람을 대상으로 사람들이 접근하기 용이한 매체인 전화, 게시판 · 메일, SNS, 채팅상담 등을 활용하여 내담자를 상담하는 능력이다.

(1) 전화상담하기

- 전화상담의 원리에 따라 내담자가 사용하는 언어의 유형, 유창성, 목소리의 크기, 음색, 속도, 진술방식 등을 통하여 내담자의 호소문제를 분석한다.
- 기관 전화상담 규정 및 전화상담의 원리와 절차에 따라 전화상담을 통한 문제 해결 여부를 평가한다.
- 기관의 전화상담 규정에 따라 단회성으로 해결이 가능한 호소문제일 경우 전화상담의 기법을 활용한다.
- 위기상담의 경우 전화상담 위기개입 매뉴얼에 따라 대처한다.
- 기관의 전화상담에 대한 규정에 따라 필요한 경우 방문상담에 대한 안내와 관련 기관을 설명한다.
- 기관의 전화상담에 대한 규정에 따라 전화상담일지를 작성한다.

(2) 게시판 · 메일상담하기

- 사이버상담 원리에 따라 게시 및 수신된 상담내용을 확인하여 내담자의 상담영역, 호소문제, 위기수준을 분류한다.
- 확인된 내담자 정보를 토대로 인터넷 혹은 동료 상담자를 통해 내담자의 호소

문제 해결에 필요한 관련 정보를 수집한다.

- 사이버상담 원리에 따라 상담답글 및 답장을 작성한다.
- 기관의 사이버상담 규정에 따라 답글을 게시하거나 답장을 전송한다.
- 기관의 사이버상담 규정에 따라 상담일지를 작성한다.

(3) SNS · **채팅상담하기**

- 기관의 사이버상담 규정에 따라 SNS, 문자상담, 채팅상담 프로그램에 접속한다.
- SNS, 문자상담, 채팅상담에 접속한 내담자와의 대화 내용을 통해 내담자 호소문제의 위기사례 및 사례의 긴급성 여부를 판단한다.
- 위기사례일 경우 내담자의 위기수준을 파악한다.
- 위기개입이 필요한 청소년의 위치와 가장 가까운 지역의 연계기관을 연결한다.
- 위기개입 내담자에게 오프라인 접촉을 시도한다.
- 위기사례가 아닐 경우 채팅상담 원리와 기법에 따라 상담을 진행한다.
- 기관의 사이버상담 운영 규정에 따라 필요한 경우 방문상담에 대한 안내와 관련 기관을 소개한다.
- 기관의 사이버상담 운영 규정에 따라 상담일지를 작성한다.

참고문헌

강숙정 외(2007). 상담사례공부하기. 서울: 박영사.

김정남(2011). 심리상담센터 운영의 실제. 예소.

천성문 외(2014). 상담심리학의 이론과 실제. 서울: 학지사.

NCS 국가직무능력표준http://www.ncs.go.kr/ncs/page.do?sk=index

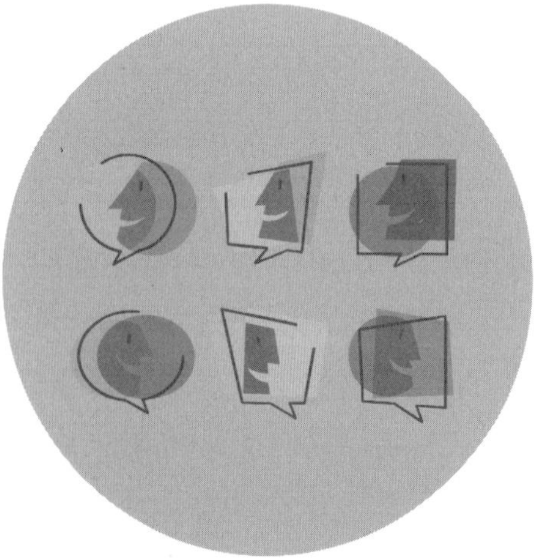

제4장

상담바우처 제도 및 기관 운영 · 관리 지침

1. 바우처의 개념

바우처는 증서, 상품권, 할인권, 쿠폰 등을 의미하며, 특정 상품이나 특정 서비스에 대한 지불 인증권을 의미한다. 즉, 그 명칭 또는 형태와 상관없이 이용자가 제공자에게 제시하여 일정한 사회서비스를 받을 수 있도록 그 사회서비스의 수량 또는 그에 상응하는 금액이 시재된 증표(「사회서비스 이용 및 이용권 관리에 관한 법률」 제2조)를 말한다. 바우처에는 저소득층을 위한 문화바우처, 사회서비스바우처, 임대료 일부를 지원하는 주택바우처 등이 있으며, 전자바우처는 서비스 신청, 이용, 비용 지불, 정산 등의 전 과정을 전산시스템으로 처리하는 것이다. 따라서 바우처는 신용카드, 체크카드, 실물카드 등에 기록한 이용권 형태로 상품을 이용할 수 있는 구매력을 제공하며, 정책 목적이나 취지에 따라 선택권 조정 및 통제가 가능하다.

전자바우처 사업 운영 방식은 서비스 이용을 원하는 국민이 읍 · 면 · 동에 신청하면 시 · 군 · 구에서 소득 및 욕구 조사 후 이용자 선정을 통해, 바우처카드를 발급한다. 바우처카드를 발급하기 위해서는 일정 요건을 갖춘 제공기관이 시 · 군 ·

구에 등록 후 서비스를 제공할 수 있다. 그리고 서비스 이용자는 제공기관을 선택하여 계약 체결을 하게 되고 제공기관은 그에 따른 서비스를 제공하여 이용자 바우처 결제를 하게 된다.

■ 「사회서비스 이용 및 이용권 관리에 관한 법률」 제2조
- 그 명칭 또는 형태와 상관없이 이용자가 제공자에게 제시하여 일정한 사회서비스를 받을 수 있도록 사회서비스의 수량 또는 그에 상응하는 금액이 기재된 증표

[그림 4-1] 서비스 이용자용 바우처카드

2. 사회서비스 개념

일반적인 의미에서 사회서비스(Social services)는 개인 또는 사회 전체의 복지증진 및 삶의 질 향상을 위해 사회적으로 제공되는 서비스를 말하며, 공공행정(일반행정, 환경, 안전), 사회복지(보육, 아동 · 장애인 · 노인 보호), 보건의료(간병, 간호), 교육(방과 후 활동, 특수교육), 문화(도서관 · 박물관 · 미술관 등 문화시설 운영)를 포괄하는

개념이다. 또한 집합적 대응이 필요하다고 사회적으로 인정되고, 개인과 국가가 공동으로 책임지는 국가 혹은 지역서비스를 말한다.

■ 개정 「사회보장기본법」의 사회서비스의 정의

- (대상) 국가 · 지방자치단체 및 민간 부문의 도움이 필요한 모든 국민에게
- (분야) 복지, 보건의료, 교육, 고용, 주거, 문화, 환경 등의 분야에서 인간다운 생활을 보장하고
- (기능) 상담, 재활, 돌봄, 정보의 제공, 관련 시설의 이용,역량 개발, 사회참여 지원 등을 통하여
- (목적) 국민의 삶의 질이 향상되도록 지원하는 제도

■ 기타 법률상 사회서비스의 정의

- 「사회서비스 이용 및 이용권 관리에 관한 법률」
- '사회서비스'란 「사회복지사업법」에 따른 사회복지서비스, 「보건의료기본법」에 따른 보건의료서비스, 그 밖에 이에 준하는 서비스로서 대통령령으로 정하는 서비스
- 「사회서비스 이용 및 이용권 관리에 관한 법률 시행령」
- (사회서비스 종류) 돌봄 및 일상생활 지원서비스, 가사지원 및 간병서비스, 건강관리 서비스, 인지 · 인성 발달지원서비스, 사회적응지원 및 상담 · 지도서비스, 문화 · 체험 · 여행서비스, 재활 · 보조용구 대여서비스, 그 밖에 보건복지부 장관이 필요하다고 인정하여 고시하는 서비스
- 「사회적 기업육성법」
- '사회서비스'라 함은 교육 · 보건 · 사회복지 · 환경 및 문화 분야의 서비스, 그 밖에 이에 준하는 서비스

3. 사회서비스 전자바우처 제도

1) 사회서비스 전자바우처 도입 배경

기존 사회복지서비스는 중앙정부에서 직접 기획 · 관리하는 공급자 지원 방식으로 이루어져 수요자의 선택권이 제한되어 시장 창출과, 지역 특성과 주민의 다양한 서비스 욕구 충족에 한계가 있었다. 또한 돌봄서비스 간 제한으로 지역 수요 변화에 대한 탄력적 대응이 곤란하였으며 복지부가 지역사회서비스 투자사업 내 지자체의 자체 개발사업을 매년 심사 · 조정하여 지자체의 자율성 제약이 있었다. 따라서 사회서비스 공급이 효율적으로 이루어지도록 지방의 자율성을 강화하고 수요자 중심적 공급체계 개편을 통해 수요자 중심의 직접 지원 방식으로 바우처(서비스 이용권) 제도를 도입할 필요가 있다. 수요자 직접 지원 방식을 통해 공급 기관의 허위 · 부당 청구 등 도덕적 해이를 최소화할 수 있으며, 자금 흐름의 투명성, 업무 효율성 확보, 정보 직접 관리를 통한 사회서비스 발전기반 마련을 위해 금융기관 시스템을 활용한「전자식 바우처」추진의 필요성이 대두되었다.

<표 4-1> 기존 제도와의 차이점

구분	공급기관 지원 방식	수요자 지원 방식
대상	수급자 등 저소득층 (수동적 보호 대상)	서민 · 중산층까지 확대 (능동적 구매자)
서비스 비용	전액 국가 지원	일부 본인 부담
서비스 시간	공급기관 재량	대상자 욕구별 표준화
공급기관	단일 기관 독점	다수 기관 경쟁
특징	획일적이고 정형화된 서비스 제공	공급자 간 경쟁을 통한 다양한 서비스 제공

4. 사회서비스 전자바우처 제도 지침

■ 전자바우처 사업 운영 기본 방식
- (이용자 선정) 서비스 이용을 원하는 국민은 읍 · 면 · 동에 신청 → 시 · 군 · 구에서
- 욕구 조사 후 이용자 선정 → 국민행복카드(바우처카드) 발급
- (제공기관 등록) 일정 요건을 갖춘 제공기관은 시 · 군 · 구에 등록 후 서비스 제공
- (서비스 이용) 이용자는 제공기관을 선택하여 계약 체결 → 제공기관 서비스 제공 → 이용자 바우처 결제

1) 상담서비스 제공 전

■ 시설 · 장비 기준(재가방문형)
- (대상 사업) 전자바우처 사업
- (시설 기준) 사업 수행에 필요한 사무실
- (장비 기준) 통신설비, 집기 등 사업 수행에 필요한 설비와 비품

■ 지원상담서비스(기관방문형)
- (시설 기준) 사업 수행에 필요한 서비스 제공 전용면적 $33m^2$ 이상 공간 및 별도 사무실 시설 이용 정원이 10명 이상인 경우 1명당 3.3 추가 확보
- (장비 기준) 통신설비, 집기 등 사업 수행에 필요한 설비와 비품
  - 서비스 이용자가 18세 미만의 아동인 사업의 경우 「아동복지법」시행규칙 별표 제1호 가목에 따라 「청소년보호법」 제2조 제5호에 따른 청소년 유해업소 50m 주위에 없는 쾌적한 환경이 유지되는 곳에 설치되도록 안내하여야 함
  - 아동이 이용하는 서비스를 제공하는 기관 중 50m 주위에 청소년 유해업소가 소재하고 있는 곳은 이용아동 보호 대책을 마련하고 시설 이전 시 위의 기준에 따름

- 시스템: 차세대 전자바우처 시스템 설치
  서식: 근로계약서(제공인력)
  서식: 개인정보 제공 · 동의서
- 시스템: 제공인력 관리
- 시스템: 단말기 신청
- 시스템: 단말기 해지
- 시스템: 단말기 사용 등록(제공인력 매칭)
- 시스템(서식): 스마트폰 등록

업무 절차	처리 내용	업무 주체
신청서 작성 · 제출	'바우처카드 발급 및 개인정보 제공 활용 동의서 작성 · 제출 (신청인 → 읍 · 면 · 동)	신청인
신청서 입력 (행복e음)	'행복e음'에 바우처카드 발급 신청 정보 입력 읍 · 면 · 동 주민센터 주소 및 휴대전화 필수 입력	읍 · 면 · 동
카드 발급 정보 전송 (행복e음)	'행복e음'의 바우처 카드 발급 신청정보 전송 (시 · 군 · 구 → 사회보장정보원)	시 · 군 · 구
카드 제작 · 배송 (전자바우처 시스템)	카드 제작 후 월 8회 이상 배송(매주 월요일, 목요일) 수취인 부재 시 대상자 관할 읍 · 면 · 동 주민센터로 반송 처리	사회보장S정보원 (우체국)
카드 수령 및 결제	바우처카드 수령	서비스 대상자

[그림 4-2] 전자바우처 사업 운영 방식

서식: 초기 상담기록지

서식: 서비스 제공 계획서

서식: 사회(복지)서비스 제공(이용) 계약서(개인정보 제공・활동 동의서 포함)

- 시스템: 계약 대상자 등록
- 시스템: 바우처 생성 조회
- 시스템: 본인부담금 영수증(현금 수납 시에만 작성)

내용: 효과성 검증(서비스 제공 전 단계)

2) 전자바우처 시스템 설치

사회서비스 전자바우처는 차세대 전자바우처 시스템을 통해 제공기관 관리, 단말기 신청 및 등록, 대상자 관리, 바우처 거래 내역 조회 등 사업 전반에 걸쳐 관리・운영되고 있다. 따라서 제공기관에서는 반드시 차세대 전자바우처 시스템을 설치하여 사업에 적극 활동하여야 한다.

(1) 사회서비스 전자바우처 포털 회원 가입

① 전자바우처 포털(www.socialsevice.or.kr)에 접속하여 회원 가입 버튼을 클릭하고 팝업이 보이면 [제공기관 가입하기] 클릭

② 제공기관 회원 가입 화면으로 이동하면 아이디(사업자번호와)와 패스워드(사업자 번호 뒤 5자리)를 입력하여 로그인

③ 사업자번호로 로그인하면 [제공기관 아이디등록] 화면으로 전환되며 해당 '제공기관 ID' 및 '비밀번호'를 설정

④ 제공기관 아이디는 [중복검사] 버튼을 클릭한 후 사용 가능한 아이디를 등록

(2) 제공인력 근로 기준

기관에서는 사업별 최소 제공인력 3명을 채용하여, 근로계약서를 작성해야 한다. 근로계약서에는 급여, 업무 내용, 계약기간, 근무조건 및 4대 사회보험에 관한

내용을 명시하여 작성해야 한다. 기관보관용 1부와 제공인력 배부용 1부, 총 2부를 작성하여 계약 체결하고 개별 보관하도록 한다.

※ 단, 근무 형태가 특수한 경우 예외적으로 급여, 업무 내용, 계약기간, 근무조건 및 4대 사회보험 관련 법령에 따른 처리가 명시된 근로계약서에 준하는 서류도 가능

■ 인력 배치 기준

- (상담제공기관의 장) 1명
- (관리책임자) 1명
- (제공인력) 세부 서비스별 1명 이상
- 다만 보건복지부장관이 지역여건 및 사업의 특성을 고려하여 고시하는 세부 사업의 경우는 별도의 인력 배치 기준 적용

※ 보건복지부 고시 제2012-137호 사회서비스 제공자 인력 배치 기준의 특례

- 제공기관의 장은 관리책임자를 겸직할 수 있으며, 제공기관의 장 또는 관리책임자가 제공인력 자격 기준을 갖춘 경우에는 서비스 제공이 가능하나, 별도의 제공인력을 배치하여야 함

(예) 제공기관 등록 시 제공기관의 장 1명, 서비스별 제공인력 1명 이상 배치

- 제공기관 등록 이후 제공기관의 장, 관리책임자, 제공인력의 변경(신규채용 등)이 있을 경우 「사회서비스 이용 및 이용권 관리 법률」 시행규칙 제8조에 따라 변경 등록하여야 함

■ 기관장 및 관리책임자 자격 기준

- 별도 자격 기준 없음. 단 「이용권법」 제17조의 결격사유에 해당하지 않아야 함

■ 제공인력 자격 기준

- 「사회서비스 제공인력 자격 기준 고시」 (보건복지부 고시 제2016-288호) 및 동 고시 제4호에 따른 지역사회서비스별 제공 계획(기준정보)에 따른 제공인력 자격 기준에 적합한 자

[4대보험]

- 월 60시간 이상 제공인력은 4대보험 가입
- 모든 근로자는 기본적으로 '산재보험' 필수 가입

국민연금	건강보험	고용보험	산재보험
• 일용 이용자나 1개월 미만의 기한을 정하여 사용되는 근로자 • 1월간의 근로시간이 60시간 미만인 단시간 근로자	• 비상근 근로자 또는 1개월간의 소정 근로시간이 60시간 미만인 단시간 근로자	• 1개월간 소정 근로시간이 60시간 미만인 자 (1주간 외 소정 근로시간이 15시간 미만인 자를 포함)	• 제외 기준 없음 • 일용근로자 포함 모든 근로자는 산재보험 대상

※「국민연금법 시행령」 제2조,「국민건강보험법 시행령」 제9조,「고용보험법」 제3조,「산업재해보상보험법」 제6조.

■ 서비스 제공자 결격사유

- 「사회서비스 이용 및 이용권 관리에 관한 법률」 제17조에 따라 다음 각호의 어느 하나에 해당하는 사람 또는 법인의 경우로서 임원 중 다음 각호의 하나에 해당하는 사람은 제공자로 등록 불가
- 금치산자 또는 한정치산자
- 파산선고를 받고 복권되지 아니한 사람
- 금고 이상의 실형을 받고 그 집행이 끝나거나 집행이 면제된 날로부터 2년이 지나지 아니한 사람
- 금고 이상의 집행유예를 선고받고 그 유예기간 중에 있는 사람
- 금고 이상의 선고유예를 선고받고 그 유예기간 중에 있는 사람
- 이 법을 위반하여 벌금형을 선고받고 1년이 지나지 아니한 사람
- 이 법에 따라 제공자 등록이 취소된 후 2년이 지나지 아니한 사람

(3) 개인정보 제공·활용 동의서 및 보안각서

사회서비스 제공인력으로서 제공인력의 기본정보, 개인식별정보, 교육이력 및 자격증 이력정보 등을 수집·활용하기 위하여 제공기관에서는 근로계약서 작성 시

본 '개인정보 제공 · 활용 동의서'를 함께 작성하여 보관해야 한다.

또한 제공인력은 업무상 알게 된 개인정보에 관한 비밀 엄수를 위해 '보안각서'를 징구해야 한다.

(4) 제공인력 관리

제공기관에서는 각 기관의 제공인력 현황을 파악하기 위해서 제공인력에 대한 기본적인 사항을 전자바우처 시스템에 각각 등록(제공인력의 인적 정보, 자격증 정보, 교육정보, 서비스 정보 등)해야 한다. 제공인력 채용 시 근로계약서와 개인정보 제공 · 활용 동의서 작성 후 최초 1회 입력하면 되며, 제공인력의 변경사항(계약, 계약해지 등)이 발생한 경우 그 변경사항을 전자바우처 시스템에 반드시 등록해야 한다. 안마원의 경우 별도의 안마사 채용 없이 원장 혼자 서비스를 제공하는 경우에도 제공기관장 1명을 제공인력으로 등록해야 한다.

※ 제공기관 등록 후 최초 입력 시 등록 후 14일 이내 입력, 전자바우처 시스템을 통해 해당 시 · 군 · 구 및 시 · 도에 보고

■ 등록사항 변경

- 등록사항을 변경하려는 자는 제공자 등록사항 변경신청서(시행규칙 절지 제4호 서식) 작성 후 변경사항 증빙서류, 제공자 등록증 첨부 제출

  ※ 변경사유가 발생한 날로부터 14일 이내 제출(시행규칙 제8조제1항)

(5) 단말기 신청

제공기관에서는 사회서비스 바우처카드를 통해서 정부지원금을 결제한다. 바우처 결제는 '바우처 전용 단말기'를 사용해야만 한다.

※ 단말기 외에 스마트폰을 통해서도 결제 가능

[단말기 관련 확인사항]

- 단말기 개통 후에는 신청 취소가 불가능하며 [신규 신청] 단계 이후 개통 이전 단계에서 단말기 보급사로 연락하면 변경 가능
- 신청 시 선택한 사업과 관계없이 1대의 단말기로 전 사업 결제 가능
- 단말기 수령 후 단말기별로 등록된 사업자 번호의 정합성 검증 후 결제 요망
- 단말기 보유 기준(권장)
  - 재가방문형: 제공인력 1인당 1대 원칙
    ※ 고장 등을 대비하여 10% 추가 보유 가능
  - 기관방문형: 사업 특성을 고려하여 기관에서 신청 및 보유
- 단말기 월 통신비는 사용 여부와 관계없이 부과되므로, 단말기를 사용하지 않을 경우 반드시 통신사를 통해 해지처리를 해야 함

(6) 초기 상담기록지

제공기관에서는 이용자가 처음 오면 사회복지서비스 이용 안내문 또는 전자바우처 시스템을 통해서 서비스 대상자임을 확인한다. 이후 서비스 제공을 위해 이용자와 계약을 하기 전, 이용자의 개인별 맞춤형 서비스를 제공할 수 있도록 '초기 상담기록지'를 작성하며 기본정보를 수집한다.

(7) 서비스 제공 계획서

제공기관에서는 초기 상담한 내용을 토대로 '서비스 제공 계획서'를 작성한다. 서비스 제공 계획서 작성 시 서비스 제공 횟수 및 시간, 정부지원금 및 본인 부담금, 계약기간, 바우처 지원 기간 전반에 걸쳐서 이용자에게 상세히 안내해야 한다.

(8) 사회서비스 제공(이용) 계약서

제공기관에서는 '사회서비스 제공 계획서'의 내용을 근거로 이용자와 사회서비스 제공(이용) 계약을 하며, 이 계약서에는 서비스 제공 내용, 계약기간, 서비스 비용 및 지급 방법, 손해배상책임, 통지사항 및 개인정보 보호의무 등이 포함되어야

하며, 계약서는 제공기관 보관용 1부, 이용자 보관용 1부, 총 2부를 작성하여 각각 1부씩 보관한다.

또한 이용자의 개인정보를 차세대 전자바우처 시스템이나 기타문서로 보관 · 활용하게 됨을 동의한다는 의미로 '개인정보 제공 및 활용에 관한 승낙서'도 함께 작성하여 보관한다.

■ '사회서비스 제공(이용) 계약서'와 함께 작성 · 보관될 서식

- 계약서 작성 전 '초기 상담 기록지' 작성 및 보관
- 계약서 작성 시 '사회서비스 제공 계획서' '개인정보 제공 및 활용에 관한 승낙서'를 함께 작성하여 보관

■ 19세 미만 이용자에 대한 서류 작성 시 유의사항

	사회서비스 제공 계약서	개인정보 제공 및 활용 승낙서
만 14세 미만 이용자	이용자 서명 법정대리인 서명	이용자 서명 법정대리인 서명
만 14세 이상 ~ 만 19세 미만	이용자 서명 법정대리인 서명	이용자 서명

■ 계약서 작성 시 유의사항

- 계약서 작성 시 이용자 서명, 대리인(보호자)서명, 기관 서명 반드시 작성
- 계약기간: '서비스 계약일 ~ 바우처 지원기간 종료일'을 의미

※ 기관 변동으로 지원기간 중도에 기관으로 이용자가 온 경우, 이용자 계약을 한 날부터 바우처 지원 종료 기간으로 기재

(9) 계약 대상자 등록

제공기관에서는 대상자의 바우처 생성 조회, 실시간 잔량 조회, 대상자별 카드 발급 현황 조회, 실시간 잔량 조회, 대상자별 정산내역 조회 등 시스템상 주요 기능을 활용하기 위해서 계약 대상자 등록이 반드시 필요하다. 특히, 계약 대상자 등록 시 이용자에게 서비스 제공하는 제공인력을 '지정제공인력' 단계에서 등록해야 한다.

(10) 바우처 생성 조회

제공기관에서는 매월 초(5일 이내) 이용자의 바우처 포인트(정부지원금)가 정상적으로 생성되었는지 확인해야 한다. 바우처 포인트가 없는 상태에서 서비스가 제공될 경우, 서비스 비용이 미지급될 수 있으므로 유의해야 한다.

본인부담금 납부(현금 수납 시 영수증 작성)

제공기관에서는 서비스 개시 전 이용자에게 본인부담금을 사전납부받아야 한다. 본인부담금 납부방법은 계좌이체가 원칙이나 카드 및 현금 납부도 가능하다. 단 현금 납부 시 본인부담금 영수증을 제공기관 보관용 1부, 이용자 보관용 1부, 총 2부 작성하여 각 1부씩 보관하며, 카드결제 시 카드전표를 부착한다(이용자 명의로 계좌이체 시 불필요).

바우처카드(희망e든)에 적힌 가상계좌로 본인부담금을 납부하지 않도록 사전에 본인부담금 입금 계좌번호를 정확히 안내해야 한다.

■ 본인부담금 환급 기준

- 이용 중단 후 또는 서비스 미제공분 발생 시 1달 이내 환급
- (일반원칙) 회당 결제 대상 사업은 회당 단가를 적용하여 정산한 후 제공기관이 이용자에게 사용 잔액(회당 금액×미이용분 횟수)을 환급

※ 원칙적으로는 환급사항 발생 시 익월에 바로 환급해야 하나, 서비스를 계속 이용하는 이용자에게는 본인부담금을 환급하는 대신 그 금액만큼을 상계하여 다음 달 본인부담금에서 차액만 수령하는 것도 가능(본 내용은 서비스 제공 기록지 비고란에 기재)

- 단, 장애인 보조기기 렌탈 사업의 경우 별도의 규정에 따름

구분	서비스 제공 총량	환급금액
제공기관 귀책 시	50% 초과 제공	본인부담금의 50%
	50% 이하 제공	본인부담금의 100%
이용자 귀책 시	50% 이하 이용	본인부담금의 50%
	50% 초과 이용	환급 없음

- 본인부담금 후원
  - 후원자가 후원금 수혜자를 특정 제공기관 이용자로 한정하거나, 제공기관에 직접 후원금 지원 불가
  - 이용자의 본인부담금을 후원할 경우, 후원자가 이용자에게 후원금을 직접 지원하여 이용자가 제공기관을 선택하여 직접 납부하도록 해야 함
- 본인부담금 감면 또는 면제의 수단으로 후원금을 이용할 수 없음
  - 효과성 검증(서비스 제공 전 단계). 제공기관에서는 서비스 지원기관의 전 · 후에 걸쳐 이용자 전원에 대해 효과성 검증을 실시해야 한다. 서비스 계약 후 1개월 내에 사전 검사해야 하며, 전 · 후 검사는 동일한 검사 도구로 실시해야 한다.

(11) 제공자 준수사항

① 정보 공개

- 제공자는 시행규칙 제13조 1항에서 정한 사항에 대하여 '사회서비스 전자바우처 포털(http://www.socialservice.or.kr)' 에 게시하여 이용자에게 공개

※ 제공하는 서비스 종류와 내용: 제공인력 현황(성별, 연령 및 경력 포함), 시설 및 장비 현황, 연도별 서비스 이용 인원, 서비스 이용 가능 시간

- 공개 내용이 변경되거나 사실과 다른 경우 지체 없이 수정

② 서비스 제공 과정상 준수사항

- 이용자에 대한 서비스를 정당한 사유 없이 거부 금지
- 서비스 제공 비용 청구 시 제공자 부담 부분 이용자에게 전가 금지
- 거짓 정보 공개 및 영리 목적의 이용자 부담 부분 이용자에게 전가 금지
- 거짓 정보 공개 및 영리 목적의 이용자 부담 비용 감면 행위 금지
- 이용자 유치를 목적으로 금전, 물품, 향응, 노무, 그 밖의 이익을 제공하거나 제공할 것을 약속하는 행위 금지
- 이용권이 이용자 본인에 의하여 정당하게 사용되고 있는지 확인

※ 제공자는 이용자에게 주민등록증, 운전면허증, 여권 등 신분증 서류 제시 요청 가능

- 상기 관련 신분증명서 또는 서류의 제시를 거부하거나 기피하는 경우 해당 사회 서비스를 이용자에게 제공 금지 → 위반 시 「법」 제23조 제1항 제5호에 근거하여 경고, 영업정지 등 행정처분

③ 서비스 제공 금지사항

- 관할 세무서장에게 폐업신고를 하거나 제공자 등록이 말소되거나 등록사항이 직권 말소된 경우
- 휴업 또는 폐업을 했거나 등록취소 또는 영업정지된 경우

→ 위반 시 「법」 제36조 제2호에 따라 3년 이하의 징역 또는 2천만 원 이하의 벌금에 처함

④ **서비스 제공 후 비용 청구 관련 금지사항**

- 서비스를 제공하지 아니하고 사회서비스 제공 비용을 청구하는 행위
- 거짓 등 부정한 방법이나 고의로 실제 제공한 서비스 대가 이상으로 서비스 제공 비용을 청구하는 행위

  → 위반 시 「법」 제23조 제1항 제5호에 근거하여 경고, 영업정지 등 행정처분
- 서비스를 제공하지 아니한 제공인력의 ID로 서비스 제공 비용을 청구하는 행위

  → 위반 시 「법」 제21조에 근거하여 부당이득 환수

(12) 보고의 의무

- (제공인력 정보 보고 의무) 제공인력의 인적정보, 자격증 정보, 교육정보, 서비스정보 등을 등록(계약 · 계약 해지 기록 유지)
  - 인적 정보: 성명, 주민번호, 참여사업, 주소, 주요 활동 지역
  - 자격증 정보: 자격증명, 자격증 등급, 발급 기관
  - 교육정보: 교육기관, 교육과정명, 수료 여부
  - 서비스 정보: 시간당 단가, 월 서비스 등

  ※ 제공자 등록 후 최초 입력 시 등록 후 14일 이내에 입력

  ※ 최초 등록 후 계약 · 계약 해지 등 변동 사항에 대해 매월 21일 이전에 전자바우처 시스템에 제공인력 정보 입력
- 제공인력의 4대 사회보험 가입 여부를 확인하기 위해 4대 사회보험 관리 주체(국민연금공단, 건강보험공단, 근로복지공단 등)에 정보를 제공할 수 있음
  - 제공기관은 제21호 서식 '개인정보 제공 동의서'를 제공인력으로부터 징구 (제공자 보관)

3) 제공 중인 상담서비스

- 시스템: 차세대 전자바우처 시스템 설치

  서식: 서비스 제공 기록지

- 시스템: 정부지원금 결제
- 시스템: 바우처 결제 승인 내역 조회
- 시스템: 과오결제 반납
- 시스템: 예외 지급 청구
- 시스템: 제공인력 교육
- 시스템: 제공기관 시설 및 이용자 안전 관리

(1) 서비스 제공 중

① **서비스 제공 기록지**

서비스 제공 기록지는 제공기관에서 기준정보에 맞추어 서비스가 올바르게 제공되었는지 확인하는 자료로서 매우 중요한 서식이다. 본 서식은 이용자별로 반드시 작성해야 하며, 작성 시 이용자명, 생년월일, 제공인력명, 서비스 내용, 서비스 제공일자 및 장소 · 시간, 이용자 서명 확인과 같은 필수적인 항목을 정확하게 기재해야 한다.

※ 비고란 작성 사항: 소급결제 사유, 본인부담금 환급 등

■ 서비스 제공 기록지 작성 시 주의사항
- 서비스 제공인력은 서비스 제공 후 반드시 서비스 제공 기록지를 작성
- 제공 기록지를 작성하지 않거나 기록하지 않는 사항에 대하여는 서비스 제공 인정 불가

② **정부지원금 결제**

지역사회서비스 투자사업의 정부지원금은 이용자가 소지한 바우처카드를 전용 단말기(또는 스마트폰)를 통해 서비스 이용 시마다 매회 결제(장애인 보조기구 렌탈서비스 제외)하는 것이 원칙이다.

※ 제공인력(제공기관)이 서비스 대상자의 바우처카드를 보관하고 바우처카드를 사용하는 행위는 바우처 부정 사용의 유형으로 해당되므로 바우처카드는 반드시 이용자 본인이 소지하도록 안내한다.

※ 2015년부터 회당 결제 시스템 변경에 따라, 각 제공기관은 이용자가 서비스를 이용 시마다 반드시 바우

처카드를 소지해야 하며, 바우처카드 분실 이외의 미소지자는 원칙적으로 서비스를 받을 수 없음을 안내한다.

가. 회당 결제

- 해당 사업: '장애인 보조기기 렌탈서비스' 외
- 결제시기: 실시간(회당) 결제로서 '서비스를 제공한 당일'을 원칙으로 함
- 결제금액: 월 정부지원금 총액(P)을 해당 월 서비스 제공 횟수(N)로 나누어 서비스 제공 시마다 해당 금액(P/N)을 결제

(예) 월 4회 서비스의 경우 매 회마다 회당 금액을 결제함 → 총 월 4회 결제

※ 회당 결제는 서비스 제공 당일 결제를 원칙으로 하고 있으므로 차후 서비스에 대한 선결제 금지

※ 제공기관과 이용자의 합의하에 원래 서비스 제공일자에 제공하지 못한 서비스를 차후에 제공(보강)하는 경우 서비스를 제공하지 못한 원래 서비스 제공일자에 결제해서는 안 되며, 보강하는 당일에 결제해야 함(보강은 원래 서비스를 제공 월의 다음 월까지 가능하며 그 이후로는 결제 불가)

나. 월 결제

- 해당 월의 서비스 총량의 50%를 초과하여 서비스 제공이 이루어진 시점 이후부터 해당 월말까지 결제
- 해당사업: 장애인 보조기기 렌탈서비스

(예) 월 4회 서비스의 경우, 2회만 서비스를 제공한 경우 50% 결제하고, 3회 이상 제공한 경우 서비스 제공이 이루어지는 시점부터 해당 월말까지 100% 결제

<이용자 A>

	1회	2회	3회	4회
이용	○	×	○	×
결제			50% 결제	

<이용자 B>

	1회	2회	3회	4회
이용	○	○	○	○
결제			100% 결제	

(2) **예외적 결제방법**

① **소급결제**

- 단말기 분실, 고장, 바우처카드 분실 · 훼손, 대상자 과실, 신규 제공인력의 카드 또는 단말기 신청 후 미수령한 경우 등 정상적인 결제가 불가능한 경우, 서비스 제공은 계획대로 이루어졌으나 정상적인 당일 결제를 하지 못한 경우에 한하여 인정
- 소급결제를 실시한 제공인력은 반드시 서비스 제공 후 '서비스 제공 기록지' 하단 '특이사항'란에 이에 대한 구체적인 사유 및 결제 날짜를 기재하여야 함
- 소급결제는 서비스 제공 후 30일까지만 가능
- 단 바우처카드 미소지로 인한 소급결제의 경우에는 대상자 선정 후 최초 1개월 내에 행한 서비스에 대해 인정
- 보강: 회당 결제 방식 변경에 따라 이용자가 서비스 제공을 받기 위해서는 반드시 서비스 제공 당일 바우처카드를 소지하여야 하며, 당일 미제공된 서비스는 익월 말일까지 보강 가능(결제는 보강하는 당일 이루어짐)

(예) 아동청소년 심리치유서비스(월 4회 이용하는 서비스) 이용자

3월에 3회만 이용, 1회분 이용 못한 경우 → 4월까지 원래 이용하는 4회서비스 + 보강 1회

3월은 3회 결제 → 4월은 5회 결제(4월 서비스 제공 기록지 '비고'란에 "-월-일 미이용분에 대한 -월-일 보강 실시(-시-분 결제)"라고 기재)

② ARS 결제: 2015년도부터 ARS 결제는 폐지

③ 비용의 지급

사회보장정보원은 서비스 비용 청구 제공기관으로 월 3회(10일 단위 지급) 서비스 비용을 제공기관 등록 시 제출했던 지급계좌로 지급

구분	서비스 비용 청구기간	지급일
1회	매월 1일 ~ 10일	15일
2회	매월 11일 ~ 20일	25일
3회	매월 21 ~ 말일	익월 5일

(3) 과오결제 반납

제공기관의 장은「사회서비스 이용 및 이용권 관리에 관한 법률」제21조에 해당하는 부당이득(보건복지부 지침 참조) 외에도 과 · 오 청구로 인해 발생한 부당이득에 대해서도 반환할 의무가 있다. 제공기관의 장은 차제 점검을 통해 과 · 오 청구가 확인되는 경우 지체 없이 전자바우처 시스템을 통해 서비스 비용 반환을 신청해야 한다.

◈ 과오결제 반납 신청 시 유의사항

- 과오결제 반납 건에 대해 이미 비용이 지급된 경우
  - 다음 차수 비용 지급 시 해당 급액을 공제하고 서비스 비용 지급
- 과오결제 반납 건에 대해 비용이 지급되지 않은 경우
  - 해당 결제 건에 대해 당해 차수 비용 지급 시 해당금액을 제외하고 서비스 비용을 지급
- 승인상태가 '승인'으로 표시되는 건은 사회보장정보원의 승인이 정상완료된 건으로 포인트 재사용 및 동일 시간대에 대한 재결제가 가능

(4) 예외 지급 청구

바우처 소멸, 전산장애, 시 · 군 · 구청장 인정 등의 사유로 서비스의 정상적인 결제가 불가능한 경우에 한해 예외적으로 사회보장정보원에서 비용을 지급한다. 제공기관은 예외 상황에 대한 서비스 제공 기록지 등 증빙자료를 제출해야 하며, 비용 지급 시 시 · 군 · 구 또는 사회보장정보원이 심사 후 지급한다.

① 예외 지급 대상

구분	예외 지급 사유	증빙자료 제출	제출처
바우처 소멸	카드(서비스 대상자 및 제공인력) 및 단말기 분실 및 파손 등의 불가피한 사유로 인해 실시간 결제를 하지 못한 상황에서 사망, 본인 포기 등으로 바우처가 소멸된 경우(바우처 소멸 사업의 경우 월별 바우처 소멸 포함)	제공기관 (서비스 제공 기록지, 실시간 미결제 사유서)	사회보장 정보원
바우처 미생성 또는 오생성	전산장애로 인해 바우처가 미생성되었거나 적게 생성된 경우	제공기관(서비스 제공 기록지)	사회보장 정보원
시 · 군 · 구청장 인정	기타 시 · 군 · 구청장이 불가피한 사유라고 인정하는 경우	제공기관(서비스 제공 기록지, 실시간 미결제 사유서)	시 · 군 · 구

(5) 제공인력 교육

- (원칙) 제공기관의 장은 사회서비스 품질 향상을 위하여 기관의 장과 관리책임자를 포함한 제공인력에 대해 일정 수준 이상의 교육과 훈련을 받을 수 있도록 하여야 하며, 해당 지자체 및 지역사회서비스 지원단은 이를 지원 또는 관리 · 감독함
- (필수 교육훈련 시간) 지역사회서비스를 제공하는 모든 제공기관의 장 또는 관리책임자, 제공인력은 등록이 되어 있는 사업연도 내에 아래 교육을 이수하여야 함(8시간)

※ 신규 제공기관 인력(지역사회서비스사업 최초 참여 인력으로 제공기관의 장, 관리책임자, 제공인력

포함)은 최초로 서비스를 제공한 날로부터 6개월 내에 총 12시간(신규 필수교육 4시간 포함)을 이수하여야 함

- (교육체계) 필수교육, 직무교육으로 다음과 같이 구분

가. 필수교육: 지역사회서비스투자사업 개요 및 전자바우처시스템 등 사업수행을 위해 기본적으로 필요한 교육

나. 직무교육 : 지역사회서비스투자사업 직무수행과 관련된 교육과 서비스 대상별, 유형별, 영역별, 주제별 전문 교육

※ (신규필수) 표시 교육은 신규 제공기관 인력이 들어야 할 교육 이수시간(12시간) 중 반드시 4시간 이상 이수해야 할 교육임(기존 제공기관 인력들도 이수 가능)

〈지역사회서비스 교육체계〉

구분	제공기관장, 관리책임자, 제공인력
필수 교육	• 신규 제공기관 컨설팅(신규 필수) • 개인정보보호의 이해(신규 필수) • 지역사회서비스투자사업 개요 및 운영 방향(신규 필수) • 전자바우처시스템 기본 교육 및 부정결제 예방(신규 필수) • 사회서비스 정책 및 관련 법률의 이해(신규 필수)
직무 교육	• 지침변경 안내 및 기준정보 교육 • 의사소통, 갈등 관리 • 안전 관리 • 회계, 인사노무, 경영전략 등 • 마케팅과 홍보 • 지역자원 연계 • 리더십, 코칭 등 • 상담기초(상담사례 등) • 고객 관리 및 만족 • 실무서류 작성법 • 사회서비스 품질 관리 • 사회서비스 마인드
	• 지역맞춤형, 서비스 대상별, 유형별, 영역별, 주제별 전문 교육 • 제공기관 전문컨설팅

• (인정되는 교육과정) 인정되는 이수과정은 다음과 같음
- 보건복지부, 시 · 도 또는 시 · 군 · 구, 지역사회서비스 지원단에서 실시하는 사회서비스 교육과정
- 사회보장정보원에서 실시하는 사회서비스 보수교육 과정 또는 사회보장 정보원에서 실시하는 사회서비스 교육과정
- 사이버교육 이수시간은 최대 4시간까지 인정

※ 보수교육 신청
한국보건복지인력개발원(집합교육) https://ss.kohi.or.kr
한국보건복지인력개발원(사이버교육) https://sscyber.kohi.or.kr
사회보장정보원(집합 · 사이버교육) http://edu.ssis.or.kr/index.jsp

- 사회보장정보원 또는 지역사회서비스 지원단의 제공기관 컨설팅을 받은 기관은 최대 4시간까지 교육으로 인정

※ 단, 사회복지사, 안마사, 언어재활사 등 관련법령에 따라 보수교육을 이수하는 자격 또는 면허소지자로서 이 자격 또는 면허로 해당 서비스 제공인력으로 등록되어 있는 자(제공기관장, 관리책임자 제외)는 관련법령에 따른 보수교육 이수로 지역사회서비스 교육 인정(단, 해당연도 교육이수증 보관)

- 다만, 신규 제공기관 인력의 경우, 신규 필수교육 4시간은 반드시 이수하여야 함

(6) 제공기관 시설 및 이용자 안전 관리

① 안전 관리의 원칙

• 제공기관의 대표는 종사자, 이용자의 보호자와 함께 이용자의 안전사고 예방을 위해 성실하게 노력해야 함
• 제공기관은 서비스 제공 시 안전을 위하여 이용자를 보호 · 감독해야 하며 다양한 외부 위험으로부터 이용자 안전 확보를 위해 시설 관리 및 환경을 조성해야 함
• 제공기관은 서비스 제공 시 모든 안전 상태를 점검하고 안전 관련 기관 및 이용자 보호자와 비상연락처를 구축하고 안전교육을 실시할 의무가 있음

② 안전 관리의 예방대책

가. 안전 관리 계획 수립

• 제공기관의 대표는 화재 · 상해 등 분야별 위험 발생요인으로부터 이용자를

보호하기 위하여 안전 관리 계획을 수립하여야 함

- 안전검점, 화재예방, 소방 및 전기·가스 안전 관리, 이용자 상해, 비상대비체계 등에 따른 조치사항을 포함해야 함
- 특히, 돌봄여행 및 체험활동을 제공 시마다 차량 이용, 여행·체험활동 지역에서 발생할 수 있는 안전사고 및 돌발 상황에 대응할 수 있는 안전 관리 계획을 수립해야 함

나. 안전교육

- 이용자: 자신의 안전을 스스로 보호할 수 있는 능력과 기술을 배양하도록 필요한 경우 교육 실시(각종 재난 대비 및 교통안전, 서비스 이용 관련 안전사고 등)
- 제공인력: 각종 재난 및 생활안전 등 위험요소 사전 제거 및 돌발 상황에 따른 역할을 숙지할 수 있도록 정기적인 교육 실시

다. 비상연락체계 구축

- 기관방문형: 서비스 제공 시 시설 내에서 일어날 수 있는 안전사고에 대응하기 위하여 소방서, 경찰서 및 가스, 유류 등의 안전상태를 점검하는 유관기관 등과 비상연락체계를 구축하여야 함
- 혼합형-시설 이용: 서비스 제공을 위한 시설(체육관, 수영장, 운동장 등) 이용 시 해당 시설에서 일어날 수 있는 안전사고에 대응하기 위한 비상연락체계를 구축하여야 함
- 돌봄여행 및 체험활동: 목적지 및 이동 간 안전사고에 대응하기 위한 안전관련 유관기관 및 이용자의 보호자 등과 비상연락체계를 구축하여 함

라. 각종 안전관련 보험가입

- 기관방문형: 건물 및 비품, 이용자에 대하여 화재·상해보험 등을 가입하여야 함
- 재가방문형: 제공인력 등의 안전을 대비하여 상해보험을 가입하여야 하고, 관련법에 따른 산재보험도 반드시 가입하여야 함
- 체험여행 등: 서비스를 이용하는 이용자를 대상으로 하는 각종 사고에 대비하는 안전보험을 가입하여야 함. 특히, 돌봄여행 및 체험활동에 참여하는 모든

이용자는 여행자 보험을 반드시 가입하여야 함

- 여행자 보험: 소멸형(적립금이 없는 보험)으로 가입하고, 여행자 보험을 가입할 수 없을 경우 이용을 제한하여야 함

마. 분야별 안전(시설물 안전)

- 기관방문형: 제공기관의 장은 서비스 제공시 사용되는 시설물에 대하여 정기적인 안전 점검을 실시하고 결과에 따라 시설의 보완 또는 개 · 보수를 실시하여야 함
- 혼합형: 제공기관의 장은 서비스 제공을 위하여 사용되는 시설물에 대한 안전 점검 여부를 반드시 확인하고 이용자 안전 등에 위해요소가 있을 시 시설 관리 주체에게 즉각 보완 또는 개 · 보수를 요구하여야 함

바. 이용자 안전

- 기관방문형, 혼합형: 이용자가 스스로 자신의 안전을 보호할 수 있는 능력과 기술을 가질 수 있도록 교육을 실시해야 함(서비스 이용 시 일어날 수 있는 각종 안전사고에 대비한 안전교육 필요)
- 재가방문: 서비스 제공 시 이용자 안전을 위한 제공인력 교육 필요

사. 제공인력 안전

- 제공기관의 장은 년2회 이상 제공인력에게 보건 · 안전교육을 실시하여 이용자 및 제공인력의 안전에 만전을 기하여야 함: 안전 관리 계획에 따른 교육실시 · 상해보험 가입 등 지속적으로 제공인력 안전을 위해 노력하여야 함

아. 서비스 제공관련 안전

- 수상관련 서비스: 운동처방 서비스 등 수상관련 서비스 제공시 반드시 수상안전 전문가(인명구조사 등)가 배치되어 있거나 관련 자격증을 소지한 제공인력이 서비스를 제공하여야 함
- 차량운행: 서비스 제공을 위하여 차량 운행이 필요할 시에는 차량운행은 서비스 비용에 포함되어야 하고, 차량운행으로 발생할 수 있는 각종 안전사고 예방에 노력하여야 함. 제공기관은 차량 및 운전자, 인솔자(제공인력 외)와 운행 계약을 체결하여 차량을 운행하고 제공기관의 책임하에 이용자가 차량을 이용할

수 있도록 하여야 함

4) 서비스 제공 후

- 시스템: 바우처 이용내역 조회
- 시스템: 서비스 비용 지급내역 조회
- 시스템: 제공기관 CSI 급여 관리

  서식: 모니터링

  내용: 효과성 검증(서비스 제공 후 단계)

  내용: 서비스 종료

  내용: 재판정& 추가구매

  내용: 제공기관 운영

(1) 바우처 이용내역 조회

조회하고자 하는 이용일자(결제일자)를 설정하고 조회 버튼을 클릭하면, 해당 기간 내의 이용내역을 조회

- 최대 3개월 범위 내에서 조회가 가능하며, 이용일자를 변경하지 않고 검색하면 당월 1일부터 검색일 전일까지의 이용내역이 조회됨
- 사업구분을 선택하고 조회해야 하며, 사업별로 조회결과 화면이 상이함

(2) 서비스 비용 지급내역 조회

사업구분 및 사업유형을 선택하고 조회 버튼을 클릭하면, 당월 서비스 비용 지급내역이 차수별로 조회됨(지급일을 변경하면 해당 연도 지급내역 전체 조회가 가능)

(3) 제공인력 CSI 급여 관리

<표 4-2> 제공인력 CSI 급여 관리 일정

제공기관	~10일까지	사업별 제공인력 급여 등록
지원단	~25일까지	입력 누락 제공기관 확인 및 확인결과 부산시 통보
구/군 담당자		급여등록 승인(오류 확인 후) 市의 승인 공지 후 승인 처리
담당자		승인 누락 여부 최종 확인

※ 전자바우처 시스템 공지사항에 공지된 날짜는 이 과정이 모두 포함된 처리 마감일이므로 기관에서는 반드시 10일까지 급여등록을 완료해야 함

(4) 모니터링 실시

제공기관은 반기별(1년 2회)로 이용자별 모니터링을 실시하고 이를 이용자별 파일에 보관해야 한다.

※ 단 6개월 미만 단기사업은 최소 1회 이상 모니터링 실시

별도의 모니터링 파일을 구성하여 모든 이용자의 모니터링 결과를 한 개 파일에 보관하지 않고 이용자별 모니터링 결과는 이용자별 파일에 보관하도록 한다.

(5) 효과성 검증(서비스 제공 후 단계)

제공기관에서는 서비스 지원기관의 전 · 후에 걸쳐 이용자 전원에 걸쳐 효과성 검증을 실시해야 한다. 서비스 종료 전 1개월 내에 상호 검사해야 하며, 전 · 후 검사는 동일한 검사 도구로 실시해야 한다.

(6) 서비스 종료

제공기관은 서비스 종료 전 이용자 및 보호자에게 서비스 종료에 대해 안내하고, 종료 상담 등을 실시해야 한다.

① 종료 시기

- 개인별 자격 유효기관 종료
- 서비스 제공 계약기관 만료자가 재계약을 원하지 않는 경우
- 타 지역으로 전출하는 경우

② 종료 통지

- 서비스 제공기관이 계약을 해지 할 때에는 14일 전에 이용자에게 계약 해지 통보
- 이용자가 계약 해지할 때에는 7일 전에 제공기관에 계약 해지 통지

③ 종료 절차

- 이용자 및 이용자의 부모 등 보호자에게 종료일자 및 종료사유 통지

(7) 제공기관 운영

① 회계 관리

- 제공기관에서는 정부지원금 및 본인부담금을 기관 내 타 회계 및 타 보조금 사업과 분리하여 관리해야 하며, 지역사회서비스 투자사업 내 개별 회계로 분리하여 관리해야 한다.

※ 모든 수입 · 지출을 하나의 통장으로 관리(본인부담금 통장 별도 관리)

- 제공기관은 보건복지부에서 정한 기준에 따라, 전자바우처 결제를 위한 단말기를 구매하고, 단말기 유지 관리 비용 등을 부담함
- 제공자가 사회복지법인(종합사회복지관, 장애인복지관등)인 경우, 지역사회서비스 투자사업 관련 예상은 사회복지법인 재무 · 회계 규칙에 의거하여 관리 · 운영함
- 국비 또는 지방비가 지원되거나 요양급여, 건강부험 등을 청구할 수 있는 사업과 동 시간에 같은 장소에서 서비스를 제공한 경우에는 다음의 시설을 제외하고는 바우처 결제를 할 수 없음(동일 장소에서 바우처 서비스 제공 불가)

<표 4-3> 결제허용시설

대상자별	형태	시설종류	비고
노인	주거복지	양로시설, 노인공동생활가정, 노인복지주택	「노인복지법」 제32조
아동	생활시설	아동양육시설, 공동생활가정, 아동일시보호시설, 아동보호치료시설, 자립지원시설	「아동복지법」 제52조
장애인	생활시설	장애인 유형별 거주시설, 중증장애인 거주시설, 장애 영유아 거주시설, 장애인단기 거주시설, 장애인공동생활가정	「장애인복지법」 제58조

※ 결제허용시설에 포함되지 않는 지역아동센터에서 방과 후 돌봄 서비스 기간 내에 같은 장소에서 동기관의 아동을 대상으로 지역사회서비스 투자사업 서비스를 제공한 경우 바우처 결제를 할 수 없으나, 아동양육시설(「영유아보육법」에 따른 보육시설(어린이집)은 제외)은 결제허용시설로서 지역사회서비스 투자사업 서비스를 제공하고 바우처 결제를 할 수 있음

- 제공기관은 수입과 지출을 기록한 장부와 관련 서류를 보관
  - (수입) 정부지원금, 본인부담금, 이월금 등 모든 수입과 관련된 서류
  - (지출) 인건비, 운영비, 홍보비 등 모든 지출과 관련된 서류
- 제공기관은 서비스 제공과 예산의 집행과 관련된 일체의 서류를 5년간 보존

  ※ 등록취소 제공기관은 관할 지자체에 관련 서류 일체를 반납하고, 지자체는 그 서류를 생성년도로부터 5년간 보존

■ 회계 관리용 엑셀파일 공유
- 시에서는 회계 관리용 파일을 엑셀로 제작하여 배포하고 있음
- [서식]사업추진실적보고서 작성 시 사업별 수입 · 지출 산출근거로 활용됨

② 기관 운영 · 관리

- 제공기관은 서비스 제공 시 사고, 부정행위 등에 대비한 위험 관리 체계 구축
- 등록기관(지사 · 지부 · 가맹점 등 포함), 협력기관, 제공인력 등의 의무 이행 행태, 부정행위 등에 대해 책임

- 서비스 제공 과정에서 발생할 수 있는 사고 등 위험에 대비한 사전 · 사후조치
  ※ 배상보험 · 상해보험 가입(특히 돌봄여행 및 체험활동서비스), 교육훈련 및 주기적 모니터링 강화 등
- 제공시설 및 이용자 안전기준 마련(돌봄여행 및 체험활동서비스)
  - 돌봄(체험 포함) 여행 시 표준계약서 기준 제시
  - 기관 비치 양식 또는 서류
  - (여행사 관련 서류) 1. 배상/상해 보험증명서. 2. 차량보험가입증명서. 3. 차량등록증 등.
  - (제공기관 준비사항) 1. 이용자 안전교육대장. 2, 비상연락망. 3. 보호자 동의서. 4. 여행자 보험. 5. 숙박이나 체험시설 안전 확인 내용 등

참고문헌

2017년 지역사회서비스 투자사업 안내. 서울:보건복지부.
2018년 지역사회서비스 투자사업 안내. 서울:보건복지부.

제5장

문서 관리

1. 문서의 개념 및 필요성

1) 문서의 개념 및 기능

일반적으로 협의의 문서는 종이 위에 문자 또는 기호 등을 이용하여 사람의 지시와 사물의 상태, 관계, 형편을 표시하여 기록한 것을 말하고, 광의의 문서는 기록되는 장소가 종이가 아니더라도 의사를 기록하고 보존된다면 모두 문서라고 할 수 있다(박생민 외, 2003).

이상과 같은 문서에 대한 일반적 개념과는 달리 사무관리에 있어서의 문서는 조직체의 활동과 관련하여 작성 또는 접수된 문서로서 사무처리상의 일정한 절차를 진행 중이거나 완료할 일체의 기록물이라고 정의할 수 있다. 기록되는 것은 그림과 영상 등도 포함되고 오늘날에는 정보의 전산화로 인하여 디스켓, 광디스크, 마이크로필름, 테이프, USB 등도 문서로 인정하고 있다.

문서의 기능을 살펴보면, 다음의 네 가지로 분류할 수 있다(신경식, 2005). 첫째, 기록 및 보존의 기능이다. 문서는 인간의 기억력 한계를 극복하여 간단한 그림이나 기호로 작성하여 오래 보관할 수 있는 장점을 갖고 있으며 전자 기술의 발전을 통하여 다량의 자료 및 문서를 장기간 보존할 수 있게 되었다. 둘째, 의사전달의 기능이다. 조직 내의 인간관계가 공식화됨에 따라 공식화된 사회와 조직 내에서 의사전달의 수단으로 문서를 이용하게 되며 문서는 정보 및 의사전달을 좀 더 정확하고 용이하게 해 주는 역할을 하고 있다. 셋째, 자료제공의 기능이다. 문서는 기록화된 자료를 보관하고 있다가 필요할 경우에 제공하는 기능과 문서는 소규모 조직 단위 내의 전달뿐만 아니라 전 세계를 대상으로 정보자료의 전파가 가능하게 되었다. 넷째, 사무연결 기능이다. 문서는 기본적으로 조직 내의 사무가 연결되도록 작성됨으로써 업무가 원활히 이루어지게 하며 업무의 통일성과 통합성 유지 및 각 부서 간에도 의사전달, 이해조정, 협조 등 사무를 연결하게 된다.

따라서 문서 관리란 조직에 필요한 문서를 신속, 정확하게 그리고 경제적으로 작성, 보관, 발송, 접수, 보존, 폐기에 관련된 활동과 상담행정의 전 과정에서 관리활동의 진행을 간접적으로 보조 촉진하고 행정활동의 질서를 유지하는 활동 전체를 말한다(장인협, 이정호, 2004).

2) 문서의 필요성

말이나 기억은 잊히거나 착각할 수 있지만, 문서에 의한 기록은 반영구적이므로 역사 자료이자 귀중한 참고 자료가 될 수 있다. 모든 업무는 흔히 문서로 시작하여 문서로 끝난다고 할 수 있다. 오늘날 사무자동화기기 등 사무활동매체가 급격히 발전하고 있으나 기본적인 매체는 문서이다. 문서의 주요 기능은 자료의 기록 및 보존, 의사전달, 자료보급 등을 수행하므로 일련의 과정을 능률적으로 운영하는 관리활동이 필요하다. 물론 문서유통이 지나치게 많아 사무 관리의 비능률을 야기할 수도 있으며, 내용이 간단한 것은 구두 · 전화 · 게시판 등으로 충분히 의사전달이 가능하면 문서를 작성할 필요는 없을 것이다. 일반적으로 다음과 같은 경우 문서가 필요하다.

- 내용이 복잡하여 문서 없이는 업무 처리가 곤란할 때
- 사무처리 내용을 명확히 하여야 할 때
- 사무처리 형식이나 관례 또는 체제상 문서의 형식이 필요할 때
- 사무처리 결과를 일정기간 동안 보존할 필요가 있을 때
- 사무처리 결과의 증빙자료로 남겨야 할 때

2. 문서의 종류와 문서 관리 원칙

1) 문서의 종류

문서의 종류는 작성주체, 유통대상, 문서의 성질을 기준으로 구분해 볼 수 있다(신경식, 2005). 첫째, 작성주체에 따라 행정기관 또는 공무원이 그 직무상 작성 또는 접수한 공문서(公文書)와 개인이 사적인 목적을 위하여 작성한 사문서(私文書)로 나뉜다. 둘째, 유통대상에 따라 조직 자체 내의 사무절차를 이행하는 문서로 주로 지시, 명령, 통보, 협조하기 위하여 오고 가는 대내문서(對內文書)와 국민이나 단체 및 다른 행정기관 간에 오고 가는 대외문서(對外文書)로 나뉜다. 셋째, 성질에 따라 법규문서, 지시문서, 공고문서, 비치문서, 민원문서, 일반문서 등이 있다. 법규문서는 헌법 · 법률 · 대통령령 · 총리령 · 부령 · 조례 및 규칙 등과 같이 법규를 기술해 놓은 문서이다. 지시문서는 훈령 · 지시 · 예규 및 일일명령 등 행정기관이 그 하급기관 또는 소속공무원에 대해 일정한 사항을 지시하는 문서이다. 비치문서는 비치대장 · 비치카드 등 행정기관이 일정한 사항을 기록하여 행정기관 내부에 비치하면서 업무에 활용하는 문서이다. 민원문서는 민원인이 행정기관에 허가 · 인가 · 기타 처분 등 특정한 행위를 요구하는 문서 및 그에 대한 처리문서이다. 일반문서는 위의 어떤 문서에도 속하지 않는 문서로 회보 및 보고서 등이다.

문서의 종류는 다양하게 구분될 수 있으나 문서처리 단계에 의한 문서들로 상담 현장에서 많이 사용되는 것들만 살펴보면 다음과 같다(신복기 외, 2002).

(1) 접수문서

외부에서 접수되는 문서로서 문서 주관 부서에서 일정한 절차에 의하여 접수되는 문서를 말한다.

(2) 기안문서

결재문서라고도 하며 사전에 결재권자의 결재를 얻기 위하여 기안서식에 따라 사무처리 초안을 기재한 문서를 말한다.

(3) 시행문서

발송문서라고도 하며 결재문서의 내용을 시행하기 위하여 규정된 서식에 의하여 작성된 문서를 말한다.

(4) 보존문서

행정 관리, 의사결정 등 자료적 가치가 있어 보존을 필요로 하는 문서를 말한다.

(5) 합의문서

기안문서 중 그 내용과 관계되는 다른 부서와의 협조를 얻기 위하여 합의하는 문서를 말한다.

(6) 미결문서

결재가 아직 완료되지 않았거나 유보된 문서를 말한다.

(7) 폐기문서

보존기간이 종료되어 문서의 가치가 상실되어 폐기처분되는 문서를 말한다.

2) 문서 관리의 원칙

(1) 즉일처리의 원칙

즉일처리의 원칙은 그날 하루 중 어김없이 처리를 끝내야 한다는 원칙을 말한다. 그날로 할 수 있는 처리는 반드시 그날 중에 끝내야 하는 것으로, 문서는 내용 또는 성질에 따라 그 처리기간이나 방법이 다를 수 있으나 효율적인 업무 수행을 위하여 그날로 처리하는 것이 바람직하다. 문서처리에 장시간을 요하는 경우는 상급자의 지시를 받아 처리기간을 명확히 하고 기간 준수에 노력해야 한다.

(2) 적법성의 원칙

문서의 중요 요건을 결함으로써 문서의 신뢰성을 저해하거나 법령위반 등의 문제가 발생할 수 있다. 때문에 문서는 법령의 규정에 따라 일정한 형식 및 요건을 갖추어야 하며, 권한 있는 자에 의하여 작성되고 처리되어야 한다.

(3) 책임처리의 원칙

문서처리에 있어서 어느 선까지 결재를 받을 것인가 또는 내용에 따라 다른 부서와의 관련성 등을 고려하여 필요한 조치를 취해야 한다. 문서는 일정한 절차와 여러 단계를 거쳐서 처리되므로 정해진 사무분장에 따라 각자의 직무의 범위 내에서 책임을 가지고 관계 규정에 따라 신속·정확하게 처리하여야 한다.

3. 문서 작성

1) 문서 작성의 원칙

올바른 문서 작성은 정확한 의사소통을 위하여 필요할 뿐만 아니라 문서 자체의 품격을 높이고, 그 기관의 대외적인 권위와 신뢰도를 높여 준다. 문서의 올바른 작성을 위하여 다음과 같은 사항에 유의할 필요가 있다.

(1) 정확성의 원칙

- 일반적으로 육하원칙에 따라 작성하고 오·탈자나 계수 착오가 없도록 한다.
- 필요한 내용을 빠뜨리지 않고, 잘못된 표현이 없도록 문서를 작성한다.
- 의미전달에 혼동을 일으키지 않도록 정확한 용어를 사용하고 문법에 맞게 문장을 작성한다.
- 애매모호하거나 과장된 표현에 의하여 사실이 왜곡되지 않도록 한다.

(2) 용이성의 원칙

- 상대방의 입장에서 이해하기 쉽게 작성한다.
- 문장은 가급적 짧게 끊어서 항목별로 표현한다.
- 복잡한 내용일 때는 먼저 결론을 내린 후 이유를 설명한다.
- 추상적이고 일반적인 용어보다는 구체적이고 개별적인 용어를 쓴다.
- 읽기 쉽고 알기 쉬운 용어를 사용하고, 한자나 어려운 전문용어 또는 일반화되지 않은 약어는 사용하지 않는다. 한자나 전문용어를 쓸 필요가 있을 때에는 (　)에 한자나 용어의 해설을 붙인다.

(3) 성실성의 원칙

- 문서는 성의 있고 진실하게 작성한다.

- 상대방에게 불쾌감을 주는 표현은 피하고 적절한 경어를 사용한다.
- 감정적이고 위압적인 표현을 쓰지 않는다. 상급기관이 하급기관에 보내는 문서에 "…… 할 것" "…… 하기 바람" 등과 같이 위압감을 주는 문구보다는 "…… 하시기 바랍니다."와 같은 표현을 사용하는 것이 좋다.

(4) 경제성의 원칙

- 일상 반복적인 업무는 표준 기안문을 활용한다.
- 서식을 통일하여 규정된 서식을 사용하는 것이 경제적이다.
- 한눈에 내용을 파악할 수 있고 다루기 쉽게 1건 1매로 하는 것이 효율적이다.

2) 문서의 구성

일반적으로 공문서의 기안문이나 시행문은 크게 두문, 본문, 결문으로 작성을 하게 된다.

두문(頭文)에서는 발신기관명과 수신자 등을 기재하고, 본문(本文)에서는 제목, 내용, 붙임 등을 기재한다. 결문(結文)은 발신명의, 기안자, 검토자, 협조자, 결재권자의 직위 또는 직급 및 서명, 문서의 생산등록번호와 시행일자, 문서의 접수등록번호와 접수일자, 기관의 우편번호, 주소, 홈페이지, 팩스 번호 등이 기재된다.

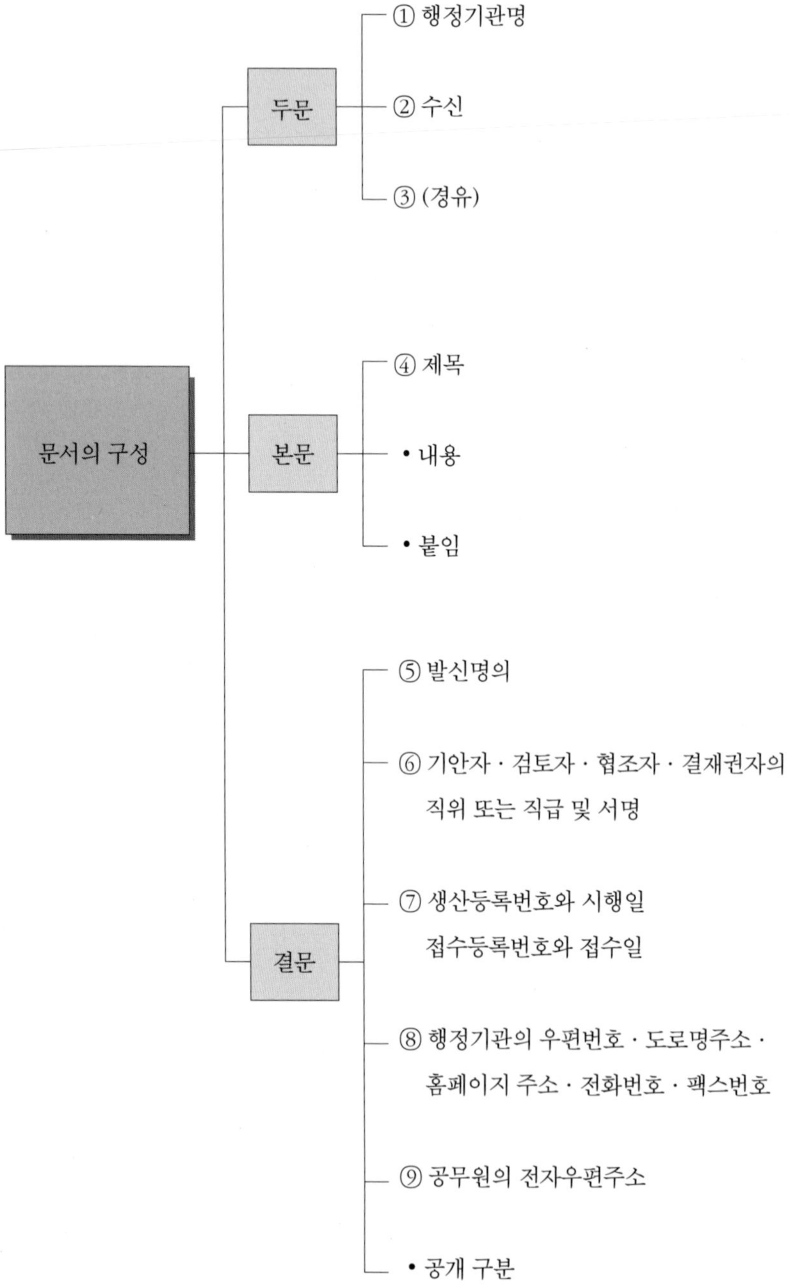
문서의 구성
두문
① 행정기관명
② 수신
③ (경유)
본문
④ 제목
• 내용
• 붙임
결문
⑤ 발신명의
⑥ 기안자 · 검토자 · 협조자 · 결재권자의 직위 또는 직급 및 서명
⑦ 생산등록번호와 시행일 접수등록번호와 접수일
⑧ 행정기관의 우편번호 · 도로명주소 · 홈페이지 주소 · 전화번호 · 팩스번호
⑨ 공무원의 전자우편주소
• 공개 구분

두문

행 정 기 관 명

수신 ( )
(경유)
제목

본문

붙임

결문

발 신 명 의

기안자(직위/직급) 서명 검토자(직위/직급) 서명
결재권자(직위/직급) 서명 협조자(직위/직급) 서명
시행 처리과명-연도별 일련번호(시행일) 접수 처리과명-연도별 일련번호(접수일)
우 도로명주소
홈페이지 주소
전화번호( ) 팩스번호( ) / 공무원의 전자우편주소 / 공개 구분

[그림 5-1] 문서의 예시

① 기관명: 그 문서를 기안한 부서가 속한 기관명을 기재한다.

② 수신자: 수신자명 또는 수신자 기호를 쓴다. 수신자가 많을 경우에는 '수신자 참조' 라고 쓰고, 결문의 발신자명 밑의 왼쪽 기본선에 맞추어 수신자란을 설치하여 수신자명 또는 수신자 기호를 표시한다.

③ (경유): 경유문서인 경우에 (경유)란에 "이 문서는 경유기관의 장은 ○○○이고, 최종 수신기관장의 장은 ○○○입니다."라고 표시한다.

④ 제목: 그 문서의 내용을 쉽게 알 수 있도록 간단하고, 명확하게 기재한다.

⑤ 발신명의: 행정기관의 장의 명의를 기재한다.

⑥ 기안자, 검토자, 협조자, 결재권자의 직위/직급: 직위가 있는 경우에는 직위를 쓰고, 직위가 없는 경우에는 직급을 쓴다. 다만, 기관장과 부기관자의 직위는 간략하게 쓴다.

⑦ 시행 · 접수: 처리과명을 기재하고, 일련번호는 연도별 일련번호를 기재하며, 시행일자와 접수일 란에는 연월일을 각각 마침표(.)로 찍어 숫자로 기재한다.

⑧ 우편번호 및 주소, 홈페이지: 우편번호와 주소, 홈페이지를 기재한다.

⑨ 전화 · 전송 · 전자메일: 전화번호와 팩스번호, 담당자의 전자메일을 기재한다.

3) 문서의 작성 요령

문서 작성에 관해 공공기관은 대통령령인 「사무관리규정」(2010. 8. 4 일부개정)에 따르고, 민간기관은 대부분 이를 참조하여 자체적인 사무관리규정을 두고 있다. 공공기관의 「사무관리규정」을 중심으로 몇 가지를 살펴보면 다음과 같다.

(1) 용어

문서는 쉽고 간명하게 한글로 작성하되, 특별한 사유가 있는 경우를 제외하고는 「한글맞춤법」에 따라 가로로 쓴다(규정 제10조). 숫자(동 제2항)는 아라비아로 하며, 날짜는 숫자로 표기하되, 연 · 월 · 일의 글자는 생략하는 대신 그 자리에 마침표(.)

로 찍어 표시한다(예: 2011. 12. 12.). 시 · 분은 24시각제에 따라 표시하되 시 · 분의 글자는 생략하고 그 사이에 쌍점(:)을 찍어 구분한다(예: 15:30)(동 제3항). 금액의 표시는 숫자로 쓰되, 처음부터 끝까지 틈이 없도록 하고 숫자 다음에 괄호를 하여 한글로 기재한다(예: 금 200,000원(금이십만 원)(규칙 제8조 제5항).

(2) 용지

공문서의 작성에 쓰이는 용지의 크기는 특별한 사유가 있는 경우를 제외하고는 A4 용지(가로 210mm×세로 297mm)를 사용한다(규정 제10조 제4항). 그러나 경제성을 더욱 중요하는 기업체에서는 작은 규격의 용지를 선호하여 주로 B5(182mm×257mm)를, 그리고 전표나 경리서식에서는 B6(128mm×182mm) 이하의 용지도 많이 사용한다. 문서 작성 시에는 편철이나 내용의 보호 등을 위해 용지의 여백(위 30mm, 왼쪽 20mm, 오른쪽과 다음은 각각 15mm)을 두게 했고, 용지의 색깔은 흰색, 글자의 색깔은 검은색 또는 푸른색으로 하며, 도표의 작성, 수정 또는 주의환기 등 특별한 표시가 필요한 경우에는 다른 색깔로 할 수 있다(규칙 제4조).

(3) 수정 또는 삭제

원안의 글자를 알아볼 수 있도록 해당 글자의 중앙에 가로로 두 선을 긋고 서명 또는 날인한다. 문서의 중요한 내용을 삭제 또는 수정할 경우에는 문서의 여백에 수정이나 삭제한 자수를 표시하고 서명 또는 날인한다. 시행문을 정정하는 경우에는 문서의 여백에 정정한 자수를 표시하고 관인을 찍어야 한다(규칙 제11조 및 규칙 제5조).

(4) 간인(間印)

2장 이상의 문서는 전후 관계를 명백히 할 필요가 있고, 사실 또는 법률 관계의 증명에 관계되는 문서와 허가 · 인가 및 등록 등에 관계되는 문서의 경우 앞 장을 앞쪽으로 접어 뒷장과 겹친 선에 날인하는 간인을 해야 한다(규칙 제12조 및 규칙 제6조 제1항).

(5) 발신 명의 및 직인

발신 명의는 기관의 장으로 하고, 다만 내부 결재문서는 발신 명의를 표시하지 않는다. 관인이나 직인은 발신 명의 마지막 글자가 도장의 중앙에 오도록 날인한다.

(6) 항목 구분

문서의 내용을 항목으로 구분할 필요가 있는 경우에는 '1-가-(1)-(가)-1)-가)' 순으로 숫자와 한글을 반복하여 표시하되, 필요한 경우 부분적으로 □, ○, -, · 등과 같은 특수한 기호로 표시할 수 있다고 규정하고 있다(규칙 제10조).

(7) 표시 위치 및 띄우기

첫째 항목부호는 제목의 첫 글자와 같은 위치에서 시작하고, 둘째 항목부터는 바로 앞 항목의 위치로부터 1자(2타)씩 오른쪽에서 시작한다. 항목부호와 그 항목의 내용 사이에는 1타를 띄우고, 하나의 항목만 있는 경우는 항목기호를 부여하지 않는다.

수신×○○○○장
참조×○○○○사무국장
제목×행사 참여 요청

1.*첫째 항목 ○○○○
×가.*둘째 항목 ○○○○
××1).*셋째 항목 ○○○○
×××가).*넷째 항목 ○○○○

※ × 표시는 한글 1자(2타), *표시는 숫자 1자(1타)를 띄움.

문서의 본문이 끝났을 경우에는 1자(2타)를 띄우고 '끝' 자를 쓴다(예: '…바랍니다. 끝.'). 만약 첨부물이 있을 경우에는 본문이 끝난 다음 줄에 붙임의 표시를 하고(두 가지 이상이면 항목 구분), 1자(2타)를 띄우고 '끝' 자를 쓴다.

(본문) ……하시기 바랍니다.
붙임×1.*○○○계획서 1부.
2.*○○○서류 1부. ×끝.

※ × 표시는 한글 1자(2타), *표시는 숫자 1자(1타)를 띄움.

4) 문서의 기안과 결재

문서의 작성은 기안으로부터 시작하여 일반적으로 검토 및 협조, 결재, 발신방법의 지정, 시행문 작성, 발신문서의 심사, 관인 날인 및 서명 등의 순서를 거친다. 따라서 문서의 기안이란 초안을 작성하는 것으로 조직 내 부서의 의사결정과 관련하여 문서의 형태로 결정권자의 결심을 요청하기 위한 예비 문서를 작성하는 것을 말한다. 직급에 관계없이「사무관리규정」에 의해 분장을 받은 업무 담당자가 기안한다.

결재는 최종적인 의사결정 권한을 가진 결재권자가 어떤 사안에 대하여 자신의 의사를 결정하는 문서상의 절차를 말한다. 결재권자는 통상 최고책임자인 기관장이며, 결재는 직위 서열의 밑에서부터 위로 계층적인 결재란을 만들어 순서에 따라 진행된다. 결재는 기관장이 직접 처리하는 정상결재, 기관장이 위임한 사항에 대하여 하급의 직위자가 행하는 전결, 기관장이 휴가 등으로 직접 결재할 수 없는 경우에 그 직무를 대리하는 자가 대신 결재하는 대결이 있다.

TIP 보고서 잘 쓰는 방법

보고서는 읽는 사람이 이해하기 쉽게, 그것만 봐도 알 수 있도록, 간단명료하고 효율적으로 쓰면 된다. 청와대의『보고서 잘 쓰는 방법』(2005)에 의하면 최적의 보고서 분량은 A4 용지 두 장이다. 다섯 장이 넘어갈 경우 목차를 달아 주어야 한다. 전문용어는 가급적 피하되, 필요하면 부가 설명 형태로 덧붙이면 된다. 또 읽는 사람이 '객관적 보고서'라고 느끼도록 관련 사례나 타 부서의 시각, 전문가 시각 등을 두루 포함시켜 보고서를 작성하는 것이 바람직하다(한국경제, 2009. 7. 20).

TIP 문서의 성립과 효력 발생 시기

문서는 특별한 규정이 있는 경우를 제외하고는 서명에 의한 결재권자의 결재가 있음으로써 성립하고, 수신자에게 도달됨으로써 그 효력이 발생한다(도달주의). 다만 공문서 중 공고문서는 공고 후 5일이 경과한 날로부터, 법규문서는 공포한 날로부터 20일이 경과함으로써 효력이 발생한다.

4. 문서의 보존

1) 문서의 보존

문서 보존이란 생산기간 · 보존기간 · 생산년도 및 분류번호별로 구분하여 관리하는 것을 말한다. 보존하고 있는 문서의 현황을 파악하기 위해서 문서과, 처리과 및 정부기록 보관소는 기록대장을 작성하여 비치하며, 보관이 끝난 문서는 1년간 처리과에서 보존한 다음 보존기간이 3년 이상인 문서는 인계 · 이관의 절차를 거쳐 보존기간에 따라 문서과의 문서 보존실 또는 정부기록 보관소에서 보존한다(김세중, 2012).

2) 보존기간

문서는 그 보존기간을 영구 · 준영구 · 10년 · 5년 · 3년 · 1년의 6종으로 구분하되, 문서의 종류별 보존기간 책정기준은 총리령으로 한다. 그리고 문서의 보존기간 기산일은 당해 문서를 처리 · 완결한 날이 속하는 해의 다음해 1월 1일로 정한다. 행정기관의 장은 매년 1회 당해 기관에서 보존하고 있는 문서의 보존기간 변경 필요성 여부를 검토하고, 행정여건의 변화 등에 따라 그 보존기간을 연장 또는 단축할 필요가 있다고 인정되는 경우에는 총리령이 정하는 바에 따라 그 보존기간을 연장 또는 단축할 수 있다(신복기 외, 2002).

3) 보존방법

기록물을 보존하는 내용으로는 이관, 서고 관리, 대출 · 열람 활용 등으로 나누어 볼 수 있고, 또한 기록물에 따라서는 보존매체에 수록하는 절차도 요구된다. 문서보존이란 생산기관 · 보존기간 · 생산년도 및 분류번호별로 구분하여 관리하는 것인데 특별한 사유가 있는 경우에는 다른 방법으로 할 수 있다. 첫째, 보존하고 있는 문서의 현황을 파악하기 위하여 문서 · 처리과 및 정부기록 보존소에 각각 기록대장을 비치하여야 한다. 둘째, 첨부물인 인쇄물 · 책자 또는 보고자료 등을 문서철에 합철하기 곤란한 문서는 따로 편철하여 관리한다. 특수규격문서는 그 표면에 특수규격의 표시인을 찍고, 관리번호 등을 기재하여 특수규격문서 관리대장에 기록 · 관리한다. 특수규격문자를 찾기 쉽도록 원본문서의 첨부물 표시란에 "특수규격문서 관리번호"라고 쓰고 관리번호를 기재한다(박민생 외, 2003).

참고문헌

김세중(2012). 사무관리 실무. 대경.
박민생, 허갑수, 변상우(2003). 사무관리개론. 서울: 무역경영사.
신경식(2005). 문서 관리론. 서울: 대영문화사.
신복기, 박경일, 장중탁, 이명현(2002). 사회복지행정론. 서울: 양서원.
장인협, 이정호(2004). 사회복지행정. 서울: 서울대학교출판부.

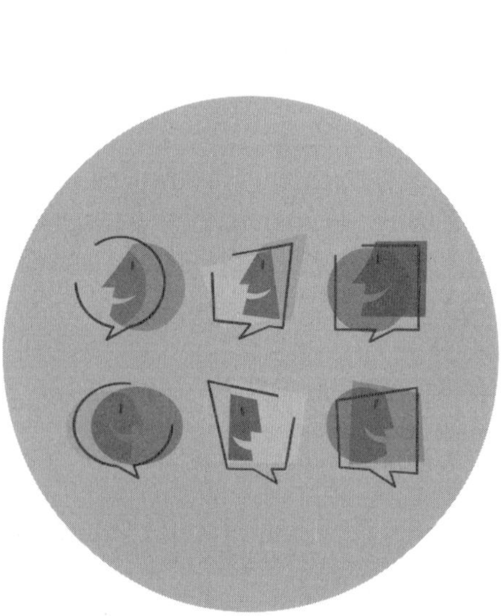

제6장

서비스 질 관리

1. 상담서비스의 개념과 특성

1) 서비스의 개념

서비스에 대한 개념은 학자들 간의 다양한 주장이 있으나 "서비스는 이것이다." 라고 정의할 수는 없다. 서비스는 유형적인 제품과 비교해 볼 때 무형성이 강하며, 생산과 소비가 동시에 일어나고, 노동집약적인 것이 많다. 그리고 서비스는 교육과 재고의 조절이 곤란하며, 서비스의 수급에는 시간적 · 공간적 조절이 필요하다(신복기 외, 2013). 또한 서비스의 공급에는 소비자의 참여가 불가결한 경우가 많으며, 서비스의 수요는 궁극적인 소비자의 만족을 목적으로 한다.

상담조직은 일차적으로 이용자에게 상담, 치료, 교육, 재활, 정보 제공, 의뢰 등의 서비스를 제공한다. 만일 상담기관에서 제공하는 프로그램 이용자 중 중도 탈락자가 발생하거나 만족도가 낮다면 서비스 질을 의심해 보아야 할 것이다. 일반적으로 서비스(service)란 영리 · 비영리를 불문하고 상대방에게 무형적이고 소유권의 이전이 없는 어떤 효용을 제공하는 행위를 말한다. 서비스의 이용자가 서비스에 대해 느끼는 만족의 정도를 서비스 질이라고 할 수 있고, 따라서 서비스 이용자가 기대하는 바를 충족시켜 주거나 기대 이상의 서비스를 제공하였다면 서비스 질이 높다고 할 수 있다. 일반적으로 서비스의 제공은 상품을 판매하는 것보다 그 질 관리가 매우 어렵고도 중요하다.

2) 서비스의 특성

영리 · 비영리를 불문하고 대부분 서비스의 공통적인 특성은 크게 네 가지로 정의된다(김연성 외, 2005).

(1) 무형성(intangibility)

무형성은 서비스업과 제조업을 구별하는 가장 명확한 차이점이다. 보통 재화(goods)는 유형적이므로 만지거나 냄새를 맡아 볼 수 있으나 서비스는 다르다. 서비스 제공에 있어 유형적이기도 하지만 서비스 그 자체는 손에 잡을 수 없는 무형적인 것이다. 대부분의 서비스는 일종의 수행이다. 실제의 서비스 산출물은 문서에 기록되어 있는 전문적 지식이나 아이디어이다. 이러한 특성으로 인해 재화의 구입은 곧 소유할 수 있지만, 서비스는 구매한다고 해서 소유할 수 없다.

(2) 소멸성(perishability)

서비스가 갖는 또 다른 특성은 나중을 위해 보관하거나 다른 곳으로 이동할 수 없다는 것이다. 서비스는 제공과 동시에 소멸되기 때문에 재고의 대상이나 개념이 없다. 따라서 서비스는 재고가 없으므로 서비스 관리자들은 자신의 서비스 공급능력에 맞는 정교한 수요 대응전략을 세워야 한다. 따라서 수요와 공급 간의 균형 유지를 할 수 있는 섬세한 마케팅 전략이 요구된다.

(3) **동시성**(simultaneity)

동시성은 서비스가 갖는 또 하나의 특성으로, 서비스의 생산과 소비는 따로 나누어질 수 없다. 예를 들면, 내담자에 대한 상담자의 상담은 그 장소에서 즉시 소비된다. 또한 서비스는 고객 없이 이루어질 수 없으며, 고객이 편익을 누리기 위해서는 서비스 현장에 참여해야 한다. 따라서 서비스 제공자와 고객 간의 상호작용은 서비스 마케팅의 중요한 특성이 된다. 이것은 서비스를 성공적으로 생산하기 위한 기본이며, 서비스의 성과에 중요한 영향을 미치게 된다.

(4) **변동성**(variability)

마지막으로 변동성은 서비스를 제공함에 있어서 실제로 그 서비스를 제공하는 사람에 의해 좌우되는 경향이 많다. 서비스는 공급자나 수요자 모두가 사람이며 이들은 서로 상호작용을 하게 되므로, 서비스의 품질 여부는 실제적으로 서비스 제공자에 의해 좌우된다.

변동성의 의미는 두 가지 측면에서 살펴볼 수 있다. 먼저 아무리 똑같은 서비스를 받아도 이를 받는 고객의 입장은 각각 느끼는 정도가 다르며, 다른 하나는 같은 사람이라도 매번 100% 똑같은 서비스를 수행할 수 없다는 점이다. 이러한 이질성으로 인해 서비스 경영은 일반 경영과 다른 차원의 문제가 생긴다. 서비스 품질에 대한 보증과 관리, 서비스 생산과 전달의 표준화가 어렵기 때문에 그 생산성의 측정 또한 매우 까다롭다고 볼 수 있다. 따라서 서비스 경영에 있어 무엇보다 중요한 것은 바로 현장에서 고객과 접촉하며 직접 서비스를 제공하는 직원들에 대한 철저한 교육과 훈련이다. 이것이 곧 서비스에 대한 생산성과 신뢰성 및 효과성 등이 그 기업에 대한 평가와 직결되기 때문이다.

Lovelock과 Wright는 서비스의 특성에 따른 재화와 서비스의 기본적 차이점에 대한 설명을 다음과 같이 하고 있다(김연성, 2005).

① 고객은 서비스의 소유권을 가질 수 없다.

② 서비스 생산 과정에 고객이 참여한다.

③ 서비스 산물은 무형의 실행이다.
④ 투입과 산출에 있어 변동성이 크다.
⑤ 고객의 평가가 어렵다.
⑥ 사람이 서비스 생산의 일부를 구성한다.
⑦ 서비스 전달 채널이 다양하다.
⑧ 시간이 중요한 요소이다.
⑨ 재고의 개념이 없다.

서비스 고유의 특성과 관련하여 제기되는 마케팅 문제와 그에 대한 대응하는 마케팅 전략을 보면 <표 6-1>과 같다.

<표 6-1> 서비스의 특성과 관련한 마케팅 문제 및 마케팅 전략

서비스 특성	마케팅 문제	마케팅 전략
무형성	• 저장 불능 • 가격 설정 곤란 • 특허로 보호 불능 • 지각된 위험이 높음 • 진열이나 커뮤니케이션이 어려움	• 유형적 단서 강조 • 개인적 정보 이용 • 강한 기업이미지 창출 • 구전 커뮤니케이션 자극 • 구매 후 커뮤니케이션에 관여 • 가격 설정을 위해 원가회계 이용
비분리성	• 소비자의 생산참여 • 집중적 대량생산 불능 • 다른 소비자의 생산참여	• 소비자 관리 • 내부 마케팅 • 많은 입지 이용 • 고객접촉요원의 선발과 훈련
이질성	• 표준화와 품질 관리의 어려움	• 서비스의 산업화 • 서비스의 고객화
소멸성	• 재고화 불능	• 변동적 수요 대응전략 이용 • 수요와 공급의 균형을 위한 동시적 조정

출처: Parasuraman, A., Berry, L. L., & Zeithaml, V. A. (1985)에서 수정.

2. 서비스 질과 측정

1) 서비스 질과 고객만족

서비스 질은 서비스 사용자가 서비스에 대해 느끼는 만족의 정도이다. 따라서 서비스 질이 훌륭하다는 것은 고객이 기대하는 바를 충족시켜 주거나 기대 이상의 서비스를 제공하는 것이다. 서비스 질 관리의 핵심은 고객만족이다. 고객만족(customer satisfaction)이란 소비자, 종업원, 협력업자 등의 고객의 상대와 교환을 한 결과로 발생되는 인지적 · 심리적 반응을 말한다. 고객들은 과거 경험을 통해 서비스에 대한 기대 수준을 갖게 되고, 서비스 이용 결과를 비교해 기대에 어느 정도 부합되었는지를 평가하게 한다.

<표 6-2> 서비스 질과 고객만족의 비교

개념 비교	서비스 질	고객만족
기대 불일치 개념상의 차이	• 기대: 기업이 제공해야만 한다고 소비자가 생각하는 성과 또는 성능 • 성과: 소비자가 지각하는 서비스의 성과 또는 성능	• 기대: 기업이 제공할 것이라고 소비자가 생각하는 성과 또는 능률(확률적 개념) • 성과: 실제 혹은 객관적인 • 제품 및 서비스의 성과 또는 성능
시간적 위치	사후 결정	사후 결정
개념적 평가 범위	비교적 지속적이고 전반적인 소비자 평가	특정 거래와 관련된 비교적 좁고 단기적인 소비자 평가
상황지향성	덜 상황지향적임	매우 상황지향적임

출처: 신복기 외(2013). p. 356.

2) 서비스 질에 관한 평가 기준

서비스 질 관리의 궁극적인 목적은 서비스 질 개선을 통한 고객의 만족도를 높이는 것이라 할 수 있다. 이러한 서비스 질은 쉽게 규정되기도 어렵고, 측정하기도 쉽지 않다는 특성을 가지므로 이러한 서비스 질 관리 체계의 성과를 분석하기 위해서는 서비스 질에 대한 객관적인 기준과 이를 측정하기 위한 합리적 지표 개발이 필요하다.

서비스 질은 서비스를 제공하는 상담자와 제공받는 내담자의 긴밀한 대인적 관계를 통해 이루어진다. 이들 간에 중요한 것이 신뢰이며 신뢰가 형성되지 않고서는 효과성을 성취하기 어렵다. 따라서 서비스 과정에서의 이용자에 대한 신뢰형성은 장기적으로 서비스 질을 높이는 보다 본질적인 서비스 질 관리라 할 수 있다(남일재 외, 2004). 이러한 신뢰형성을 위해서는, 첫째, 내담자의 기대와 프로그램의 목표 사이에 일치감이 존재할 때 가장 쉽게 형성된다. 둘째, 상담자의 전문적 재량권이 있어야 한다. 셋째, 서비스 프로그램들에 대해 이용자가 참여할 수 있게 해야 한다. 내담자가 적극적으로 참여할 수 있는 역할을 보장한다거나 서비스나 정책 또는 집행 과정 등에 대해 내담자의 피드백 기회를 보장해 주는 것은 그들 간의 신뢰구축에 큰 영향을 미치게 된다.

다양한 상담 프로그램은 다음과 같은 기준들을 동원하여 서비스 질을 나타낸다(사득환 외, 2012).

(1) 과정 기준

수행되어야 할 일의 실제적 본질에 대한 관심이다. 이 경우 서비스 질은 개별 이용자를 위해 행해지는 활동들에 근거해서 정의되며, 과정 기준에 해당되는 지표들은 서비스 이용자들의 문제, 제공된 서비스의 종류, 욕구와 서비스 연결의 적절성, 의뢰 서비스의 성공 여부 등이 있다.

(2) 구조적 기준

조직이 업무를 수행할 수 있는 잠재력이나 능력에 관심을 갖고, 조직의 전체적 특성들에 초점을 맞추는 것이다. 해당 지표들을 살펴보면, 서비스 형태의 다양성, 시설의 적합성과 접근성, 교육수준과 전문자격의 소유 등으로 측정되는 업무자들의 자질, 정보와 회계시스템 및 보고 절차 등과 같은 서비스 보조구조의 적합성 등이 있다.

(3) 성과적 기준

이용자에게 나타나는 서비스의 결과를 가지고 서비스 질을 판단하는 것이다. 이 기준이 가장 바람직하고 직접적인 방법이라고도 볼 수 있다.

3) 서비스 질의 측정 이유

서비스 질을 정의할 수는 있으나 서비스 질을 측정하기는 어려운데, 그 이유는 다음과 같다(김연성 외, 2005).

첫째, 서비스 질의 개념이 주관적이기 때문에 객관화하여 측정하기 어렵다. 모든 경우에 적용되는 서비스 질을 정의하기는 어렵다.

둘째, 서비스 질은 서비스의 전달이 완료되기 이전에는 검증되기가 어렵다. 서비스는 생산과 소비가 동시에 이루어지기 때문이다.

셋째, 서비스 질을 측정하려면 고객에게 물어보아야 하는데, 고객으로부터 데이터를 수집하는 일이 시간과 비용이 많이 들며 일반적으로 회수율도 낮다.

넷째, 고객은 서비스 프로세스의 일부이며, 변화를 일으킬 수 있는 중요한 요인이기도 한다. 따라서 고객을 대상으로 하는 서비스 질의 연구 및 측정에 본질적인 어려움이 있다.

그럼에도 불구하고 서비스 질을 측정하려는 이유는 개선을 하기 위한 첫 단계가 측정이라는 점과 경쟁우위 확보를 위한 서비스 질에 대한 중요성이 증대되기 때문이다. 상담행정서비스 질 관리는 이용자들에게 제한된 자원으로 최대한의 만족을 얻도록 하는 데 있다.

4) 서비스 질의 측정 방법

서비스 질 측정 방법으로 가장 일반화된 모형으로 SERVQUAL이 있다. Parasuraman, Zeithaml, Berry(1988) 등에 의해 개발된 서비스 질 측정도구로서 서비스 기업이 고객의 기대와 평가를 이해하는 데 사용할 수 있는 다문항척도이다(김연성 외, 2005).

(1) 서비스 질의 구성요소

상담행정서비스 질의 구성요소로 PZB가 개발한 다섯 가지 서비스 질 구성 차원의 구체적인 내용은 다음과 같다(김연성 외, 2005).

첫째, 신뢰성(Reliability)은 약속한 것을 신뢰감 있고 정확하게 제공할 수 있는 능력을 말한다. 신뢰할 만한 서비스의 수행은 고객의 기대에 대하여 적시에 동일한 방법으로 매번 실수 없이 성취할 수 있는 수단을 말한다. 이는 상담서비스 대상자들에게 심리적 불안이나 안전감을 제공해 줄 수 있다는 점을 감안해 볼 때, 상담서비스 질의 중요 구성요소로 고려되어야 한다. 실천전략으로는 약속 시간의 준수, 처리 과정의 정확한 통보, 약속된 서비스나 교육 이행, 서비스나 교육의 일관성 등이 있다.

둘째, 확신성(Assurance)은 믿음과 확신을 동반한 직원들의 능력뿐만 아니라 그들의 지식과 호의, 확신성 차원에서 주요 특징은 서비스 수행능력, 고객에 대한 정중함, 고객과의 효과적 의사소통, 서비스 제공자가 진심으로 고객에게 최선의 관심을 쏟는 것을 포함한다. 실천전략으로는 충분한 지식과 능력 보유, 친절과 공손함, 충분한 설명, 시간적 여유 등이 있다.

셋째, 유형성(Tangible)은 물리적 시설, 장비, 통신의 확보, 물리적 환경 및 외모 등은 서비스 제공자가 보여 준 세심한 관심과 배려의 유형적 증거이다. 이는 상담기관에 대한 긍정적 · 부정적 이미지를 창출한다. 또 상담서비스에 대한 거부감을 완화하는 데 도움이 될 수 있다는 점에서 상담서비스 질의 중요 구성요소로 고려되어야 한다. 실천전략으로는 최신 시설 구비, 깨끗한 작업공간 작업, 깨끗한 용모, 안내시설 구비가 되어야 한다.

넷째, 공감성(Empathy)은 상담기관이 이용자에 대한 배려와 개별적인 관심을 보일 준비이다. 공감성은 고객의 요구를 이해하기 위하여 접근 가능성, 민감성, 노력을 주요 특징으로 포함한다. 실천전략으로는 인간적 배려, 이용자에 대한 인격존중, 이용시간의 편리함, 그들의 욕구를 정확히 반영한 서비스를 제공하기 위해 열심히 노력함 등이 있다.

다섯째, 대응성(Responsiveness)은 이용자의 요청에 즉시 서비스를 제공하겠다는 의지이다. 뚜렷한 이유도 없이 이용자를 기다리게 하는 것은 서비스 질에 대한 불필요한 부정적 인식을 자아내게 한다. 만일 서비스 실패가 발생하게 되면 전문가적 입장에서 신속하게 복구할 수 있는 능력이 서비스 질에 대한 긍정적 인식을 심어준다. 이는 상담원들이 특별히 갖추어야 할 덕목이며, 일반적으로 상담서비스의 대다수 이용자들은 적극적인 도움을 필요로 한다는 점에서 또한 상담서비스 질의 중요 구성요소로 고려되어야 한다. 실천전략으로는 긍정적이고 자신감 있는 태도, 자발적 도움, 차기 교육에의 참여, 고객의 요청에 즉시 대응해서 이들을 만족시킬 준비를 해야 한다.

<표 6-3> SERVQUAL 차원의 정의

차원	SERVQUAL 차원의 정의
신뢰성	약속한 서비스를 믿을 수 있고 정확하게 수행할 수 있는 능력
확신성	직원의 지식과 예절, 신뢰와 자신감을 전달하는 능력
유형성	물리적 시설, 장비, 직원, 커뮤니케이션 자료의 외양
공감성	회사가 고객에게 제공하는 개별적 배려와 관심
대응성	고객을 돕고 신속한 서비스를 제공하려는 것

출처: 김연성 외(2005). 서비스 경영-전략 · 시스템 · 사례. p. 276 수정.

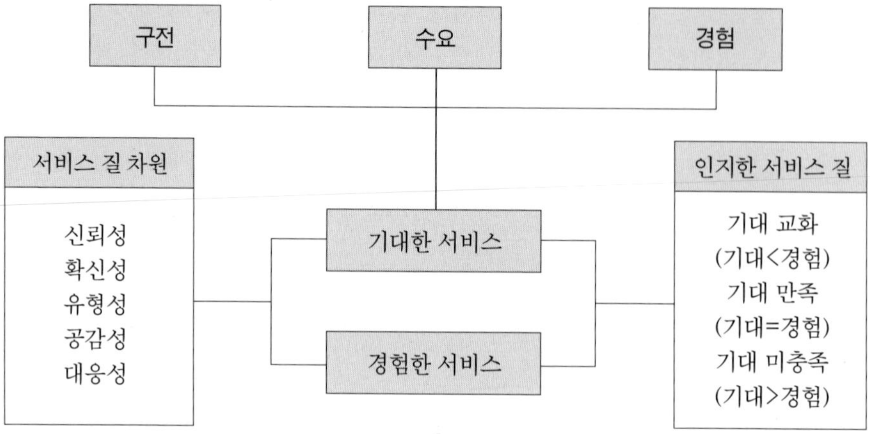

[그림 6-1] 인지한 서비스 질 모형

출처: 김연성 외(2005). 서비스 경영-전략 · 시스템 · 사례. p. 277.

(2) 서비스 질 측정 방법

서비스 이용자는 서비스를 제공받을 때 그 서비스에 대한 기대감 내지 바람직한 수준을 예측하게 되는데, 이러한 기대에 현실적으로 어느 정도 부응하는냐 하는 것을 중심으로 서비스 질을 측정할 수 있다. 즉, 상담서비스 질은 서비스의 실제적인 제공을 기준으로 하여, 그 이전 단계에서 서비스에 대한 고객의 기대만을 측정하고, 그 이후 단계에서 제공된 서비스에 대한 고객의 지각된 성과(서비스 경험)만을 측정하여, 양자의 차이(지각된 성과-기대)를 계산함으로써 그 정도를 파악해 볼 수 있는 방법이다. 이 방법은 매우 폭넓게 이용되고 대표적인 방법이라 할 수 있는데 PZB(1988, 1991)의 '서브퀄(SERVQUAL)'이다. 서브퀄은 위의 다섯 가지 구성요소를 중심으로 [그림 6-2]와 같은 격자모형의 중요도-성취도 분석(Importance Performance Analysis: IPA)을 사용한다. IPA는 X축에 기대 수준, Y축에 만족 수준을 나타내며, 네 개의 사분면은 순서대로 유지, 과잉, 저순위, 집중을 의미한다. 즉, 1사분면은 서비스 이용자에게 매우 중요한 속성으로 인식되면서 성취도 수준이 높은 영역이고(유지), 반면 4사분면이 대단히 중요하게 인식되지만 성취도가 매우 낮아 개선의 노력이 집중되어야 할 영역(집중)을 의미한다.

만족 수준		
	과잉 낮은 중요도 높은 성취도	유지 높은 중요도 높은 성취도
	저순위 낮은 중요도 낮은 성취도	집중 높은 중요도 낮은 성취도
	기대 수준	

[그림 6-2] 중요도-성취도 분석

이 방법의 주요 장점은 실제적인 서비스 제공을 기준으로 설문작성 과정을 이분하여 고객의 기대와 지각된 성과를 각기 분리하여 측정함으로써 양자가 서로에게 미칠 수 있는 잠재적인 영향을 비교적 엄격하게 차단할 수 있다.

그러나 이 측정 방법은 다음과 같은 몇 가지 단점이 있다. 첫째, 속성상 기대는 높게 형성되는 경향이 있다. 둘째, 기대측정치는 응답자들의 태도를 정확하게 대변해 주지 못할 것이다. 셋째, SERVQUAL 방법에 의한 지각된 성과-기대 측정치는 신뢰성과 판별타당성의 측면에서 문제가 있다.

3. 서비스 질 관리 기법

1) 상담서비스 질 향상 방법

상담서비스의 질적 향상을 위해서는 다양한 방법과 노력이 전개될 수 있지만 여기서는 다음의 시스템적 측면에서 간략하게 접근해 볼 수 있다. 첫째, 상담조직의 투입(Input)으로 인력의 전문화와 재원의 증대가 필요하며, 둘째, 중간 과정(Throughput)으로 이용자의 요구에 부합하는 이용자 중심의 서비스 제공과 전문적인 기법 및 프로그램 개발과 활용, 그리고 효율적인 전달체계의 마련, 셋째, 산출(Output) 및 성과(Outcome)로서 객관적이고도 표준화된 평가의 실시와 환류, 그리고 노력에 상응하는 보상체계의 마련과 이용자의 만족도 등 세 가지 측면에서 보다 구체적인 방법과 전략이 전개될 수 있을 것이다.

이러한 점에 비추어 볼 때, 최근 우리나라 상담계의 변화 양상은 상담서비스의 질적 향상을 위해 위에서 세 번째로 거론한 평가 시스템의 개발과 실시가 필요하다고 볼 수 있으며, 상담서비스의 질적 향상과 고객만족을 위한 경영기법으로서 총체적 품질 관리(TQM)를 살펴보고자 한다.

2) 총체적 품질 관리

총체적 품질 관리(Total Quality Management: TQM)란 조직에서 산출하는 재화나 서비스의 품질을 향상시키기 위해 모든 구성원이 참여하는 업무 수행 방법을 개선하는 조직 운영 방식을 말한다. TQM이 전통적인 관리법과 다른 것은 고객의 욕구나 필요에 기초하여 목표를 설정하는 '고객 중심의 관리'라는 점이다. 즉, 고객의 욕구나 필요에 따라 조직의 목표가 설정되고 이에 맞추어 조직이 관리되어야 한다는 것이다. TQM의 주요 원리는 다음과 같다(Swiss, 1992).

- 서비스의 질은 궁극적으로 고객이 결정한다.
- 서비스의 질은 제공 과정보다는 서비스의 계획 단계부터 고려된다.
- 서비스의 변이 가능성을 사전에 방지하여야 한다.
- 고품질의 서비스는 개인보다는 모든 구성원의 협력적 활동의 결과로 나타난다.
- 투입과 과정에 대한 지속적인 개선 노력이 질적 향상을 가져온다.
- 질적 개선은 구성원들의 적극적인 참여를 통해서 이루어진다.
- 전체 조직의 사명감이 투철해야 질적 개선이 이루어진다.

상담조직이 새로운 환경에 적응하고 생존하기 위해 수용해야 하는 접근 방법은 서비스의 질을 향상시키고, 이용자 중심의 사고를 강화하면서 조직 관리의 전 과정에 이를 반영하는 것이다. 조직의 목표는 품질 중심으로, 고객 중심으로 설정되어야 한다. TQM의 시행 절차는 [그림 6-3]과 같다.

1단계	문제 발견 및 인식
2단계	TQM 도입을 위한 준비와 조직 구성
3단계	TQM 기본 목표 설정과 기관장의 의지
4단계	부서별 개선대책 수립
5단계	개선대책의 실행
6단계	평가 및 새로운 목표의 설정

[그림 6-3] TQM의 시행 절차

3) 국제표준화기구

국제표준화기구(International Organization for Standardization: IOS)는 어떤 조직에도 적용할 수 있는 전 세계적으로 인정된 품질보증을 위한 국제규격을 말한다. 이 제도는 특정 제품, 공정 또는 서비스를 제공하는 공급자의 경영시스템이 국제 규격에 따라 적합하게 품질 방침을 정하고 그에 따라 운영되고 있는지를 심사하여 적합한지 여부를 판정해 준다. IOS는 고객에 대하여 신뢰성을 부여해 주는 정도이며, 그 자체가 품질을 보증해 주지는 않는다. 상담기관에 대한 평가제의 필요가 요구되면서 책임성과 효과성이 강조되어 이러한 시대적 요구에 부응하기 위해 보다 적극적으로 IOS 도입을 위해 노력하여야 할 것이다. 사회복지기관에서는 실제로 두송종합사회복지관이 2000년 영국 NQA(National Quality Assurance)로부터 ISO9001 인증을 받은 사례가 있다.

4) 균형성과표

균형성과표(Balanced Scored Card: BSC)는 카플란과 노튼(Kaplan & Norton, 1996)이 개발한 성과평가모델로서, 일반적으로 조직의 성과는 재무적 성과, 즉 매출액이나 순수익 등으로 평가하는데, 이는 단기적 성과에 불과하고, 지속적인 성장을 위해서는 재무지표뿐만 아니라 고객, 내부 프로세스, 성장과 학습이라는 네 가지 관점의 지표로 종합적 · 균형적으로 관리해야 한다는 개념이다. 직원들의 역량을 강화하고 내부 프로세스를 증진시켜 고객의 만족도를 높이는 것은 효율성과 효과성을 제고시키는 중요한 요소라 할 수 있다. BSC는 평가모델뿐만 아니라 개인과 부서의 성과 목표를 조직의 전략과 비전에 일치시키는 전사적인 전략을 세울 때도 중요한 역할을 수행한다. 우리나라에서는 2001년부터 시작하여 이제는 거의 대부분의 공공기관에 도입되어 운영되고 있는 실정이다(김인, 2008).

참고문헌

김연성, 박영택, 서영호, 유왕진, 유한주, 이동규(2005). 서비스 경영-전략 · 시스템 · 사례. 서울: 법문사.

김인(2008). 공공기관 BSC 도입의 효과에 대한 연구, 한국사회복지행정학2.

남일재, 양정하, 나용선, 오종희, 김영호, 주익수, 오주(2004). 사회복지행정론. 서울: 학지사.

신복기, 박경일, 이명현(2013). 사회복지행정론. 경기: 공동체.

사득환, 이태교, 박보식, 박인용, 최일문, 정연홍, 손진아(2012). 사회복지행정론. 서울: 신정.

Kaplan, R. S., & Norton, D. P. (1996). *Balanced Scorecard: Translating Strategy and Action*. Boston: Havard Business School Press.

Swiss, K. E. (1992). "Adapting Total Quality Management to Government", *Public Administration Review*, *53*: 356-362.

Parasuraman, A., Berry, L. L., & Zeithaml, V. A. (1985). Problems and Stategies in Services Marketing. *Journal of Marketing*, *Vol. 49(Spring)*, 35.

Parasuraman, A., Berry, L. L., & Zeithaml, V. A. (1988). SERVQUAL: A Muliple-Item Scale for Measuring Consumer Perceptions of Service Quality. *Journal of Retailing*, *64*(1).

Parasuraman, A., Berry, L. L., & Zeithaml, V. A. (1991). "Refinement and Reassment of the SERVQUAL scale". *Journal of Retailing*, *64*(4).

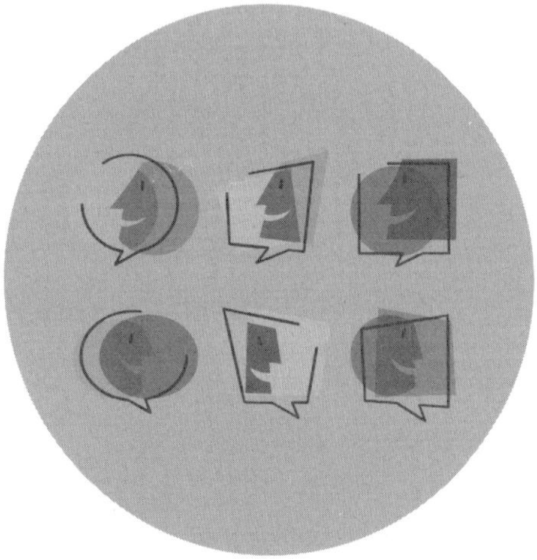

제7장

홍보와 마케팅

1. 홍보

1) 상담행정의 홍보 개념

홍보를 뜻하는 PR(public relations)은 원래 '대중과의 관계'를 의미하지만, 그 관계는 '관계의 상태'만을 의미하기보다는 '대중과의 관계를 원활히 하기 위한 활동'으로서의 목표지향적 개념으로 파악되어야 한다. 즉, 홍보는 단순히 상대방에게 알리는 것만을 의미하지 않고, 특정의 목표를 가진 기관이 자신들이 접하는 대중, 집단 및 개인들과의 전체적 관계를 그 영역으로 한다는 것이다.

따라서 상담관련 기관의 한 기능으로서의 홍보는 광의로 보아 상담관련 사업을 알리고, 이해하게 하고, 좋아하게 하고, 이용하고 지지하게 하는 모든 것과 관련되어 있으며, PR에는 여론의 분석, 서비스를 이용하는 집단과 개인의 파악, 대중매체의 선정과 효율적 이용, 현재의 주된 관심사에 대한 PR의 시기, 실무자들 간의 팀워크 및 다른 기관과의 협동 노력의 개발 등이 포함된다고 볼 수 있다(김익균, 고순철,

1997). 이러한 과정을 통해 자원을 개발하고 이용자를 확보하며 조직 생존을 위한 지지를 얻기도 한다. 특히, 상담관련 공공기관의 홍보는 중요한 역할을 하는데 이는 공익성을 갖고 있기 때문이고, 대중매체를 통해 기관의 사업과 목적을 홍보함으로써 신뢰성을 심어 줄 수 있기 때문이다.

2) 홍보의 중요성과 필요성

상담관련 공공기관뿐만 아니라 사설 상담센터에 있어서 홍보는 매우 중요하다. 상담관련 기관들의 경우에는, 특히 지역사회에 대한 홍보가 무엇보다 중요하다. 많은 경우 상담기관이 위치하고 있는 지역사회에 근거를 두기 때문이다.

상담기관에서 아무리 좋은 프로그램을 개발하려는 욕구가 있어도 지역사회 이용자들의 요구와 제반 조건들이 제대로 파악되지 못하면, 효과적인 프로그램의 개발이 불가능하다. 또한 기관에서 제공하는 서비스의 내용이나 기관의 이용방법 및 절차를 잠재적 고객인 지역이용자들이 충분히 알지 못한다면, 기관의 서비스나 프로그램들이 제대로 전달되지 못할 것이다.

이와 같은 지역사회 홍보를 위해서는 기관과 지역사회 사이에 건전한 의사소통이 이루어지도록 관계자들이 끊임없이 노력을 해야 한다. 이러한 관계는 조직의 기능수행과 서비스 질에 영향을 미친다(Terreberry, 1967).

홍보의 필요성은 다음과 같다. 첫째, 계층의 다양화와 직업의 전문성으로 인하여 다양한 개성과 가치관의 인식적인 공통분모를 찾아내어 폭넓은 지지를 얻어 내기 위해서이다. 둘째, 심리상담에 무관심한 사회 내 그룹들에 대한 상담기관의 활동 참여 조직으로의 유도가 필요하다. 셋째, 지역사회에 상담기관의 활동을 전파함은 물론 기관과 기관의 사업을 이해시키고 여러 가지의 자원가로서의 역할 부여가 필요한 점 등이다.

3) 효과적인 홍보 방법 및 전략

홍보활동은 홍보의 목적을 달성하기 위한 일련의 과정으로 상담관련 기관은 대중과의 관계를 우호적으로 맺기 위해서는 합리적이고 체계적인 홍보활동 및 단계적 접근이 필요하다. 스키드모어는 효과적인 홍보를 위해 다음과 같은 사항을 제시하고 있다(Skidmore, 1995; 황성철 외, 2009 재인용).

- 목표가 무엇이며 어디에 있는가를 알아야 한다.
- 접촉하려고 하는 사람이 누구인지 알아야 한다.
- 기관에서 이용 가능한 자원(돈, 정보, 인력 및 기술)을 고려해야 한다.
- 돌아오는 이익이 접촉하고자 하는 상대방과 어떻게 연관되는가에 유의해야 한다.
- 홍보에 관한 구체적인 기법을 알고 있어야 한다.
- 절대적으로 정직해야 한다.
- 사람들에게 감사해야 한다.

상담관련 기관의 홍보 전략은 무엇보다도 휴먼서비스를 제공하는 기관이기 때문에 자원봉사자, 언론, 여론 지도층, 프로그램 참가자, 지역주민, 지역공공기관 종사자 등 다양한 대중들을 상대로 해야 한다. 상담관련 기관의 구체적 홍보 전략으로는 기관의 이미지 창출, 언론과의 관계, 대학생지원단, 홍보대사의 임명, 프로그램 개발뿐만 아니라 프로그램 속에 있는 이야기를 찾아내어 홍보를 접하는 대중들이 감동하며 공감할 수 있는 내용으로 홍보하는 것이 효과적이다.

이상과 같은 일곱 가지 원칙을 기반으로 하여 홍보를 위한 구체적인 방법에는 크게 시각적 매체, 청각적 매체, 시청각적 매체 등 다양하게 활용할 수 있다.

시각적 매체에는 편지, 그림, 사진, 포스터, 만화, 잡지, 팸플릿, 조명, 깃발 등이 있다. 청각적 매체에는 대화, 면접, 회의, 전화, 강연회, 라디오 등이 있으며 시청각적 매체에는 영화, 텔레비전, 인터넷, 연극, 공개토론, 대중집회 등이 있다. 이들 매체는 각각 고유한 특성이 있고 효과도 다르기 때문에 특정한 목표 달성을 위해 가장 효과적이라고 생각되는 매체를 선택해야 된다.

홍보의 최근 경향으로는 단발적 홍보에서 지속적 홍보로, 즉흥적 홍보에서 계획적 홍보로, 일방적 홍보에서 쌍방적 홍보로, 소극적 · 수비적 홍보에서 적극적 · 공격적 홍보로 바뀌고 있다. 이처럼 홍보를 기관의 생존과 적응전략으로 적극적으로 활용하는 추세라고 볼 수 있다.

4) 효과적인 전달을 위한 원리

(1) 구성요소에 의한 원리

효과적인 홍보를 위한 원리는 기존의 많은 학자들이 커뮤니케이션 구성요소에 기초하여 제시하고 있는데 이를 구체적으로 정리해 보면 다음과 같다(김익균, 고순철, 1997).

- 신뢰성: 수용자는 전달자를 신뢰하고 있어야 한다.
- 상황: 커뮤니케이션 계획은 그 환경이 현실과 일치되어야 한다.
- 내용: 수용자에게 의미가 있어야 하고, 그와 관련성을 가지며 수용자의 가치관과 양립할 수 있어야 한다.
- 명료성: 메시지는 단순한 형태로 표현되어야 한다.
- 계속성과 일관성: 변화 있는 반복은 사실과 태도의 습득에 도움이 되지만, 내용은 일관성이 있어야 한다.
- 채널: 매체는 수용자에게 익숙한 것이어야 한다.
- 수용자의 능력: 수용자의 능력을 감안한 커뮤니케이션이 되어야 한다.

(2) 효과적인 전달의 원리

- 전달할 가치가 있는 것을 전달해야 한다.
- 사실에 기초해야 한다.

- 정직해야 한다.
- 이해하기 쉬워야 한다.
- 생생해야 하고, 매력적이어야 하며, 오랫동안 흥미를 유지시켜 주어야 한다.
- 특정의 목표집단을 대상으로 해야 한다.
- 메시지는 반복해야 한다.
- 단순한 선전보다는 교육적이어야 한다.

2. 마케팅

1) 마케팅의 개념

(1) 마케팅의 개념과 목적

산업혁명 이전까지는 상품의 생산이 주로 주문에 의해 이루어졌으나, 그 이후부터는 대량생산으로 인해 상품의 공급이 소비자들의 수요를 초과하기 시작하면서 마케팅의 필요성이 대두되었다. 이러한 상황에서 마케팅은 제품과 가치를 창조하여 사람들이 갖고 싶어 하는 욕구를 창출하는 작용을 함으로써 사람들이 어떤 물건을 필요(need)에 의해 구입할 뿐만 아니라, 그것을 원(want)하기 때문에 구입하게 만든다.

마케팅은 분석, 기획, 집행, 조정을 포함하는 체계적인 과정이며, 욕구 충족을 위해 세밀하게 짜인 프로그램 속에서 교환을 추구한다. 그리고 마케팅은 선정된 표적시장을 대상으로 하여야 하며, 이러한 마케팅의 목적은 효과적인 시장의 공략을 통해 조직의 생존과 관련된 건전한 유지를 돕는 것이다. 또한 마케팅의 성패는 판매자의 입장보다는 표적시장의 욕구에 따른 조직의 공략체계에 달려 있으며, 마케팅은 소위 마케팅 믹스라 불리는 제품설계, 가격결정, 홍보경로, 유통방법들을 혼합적으로 이용하는 것이라 할 수 있다. 이처럼 마케팅의 개념은 '교환'의 의미가 매우 강하다. 마케팅은 기업에만 국한된 용어가 아니게 되어 교환하는 대상도 재화와 서비스뿐 아니라 아이디어까지도 포함되고 있다. 1895년 미국 마케팅협회는 마케팅 개념에 대해 "개인과 조직의 목표를 달성하기 위하여 교환하고자 하는 재화와 용역 및 아이디어의 개념, 가격결정, 홍보, 분배 등을 기획하고 실행하는 과정"이라고 새롭게 정의하였다.

최근 마케팅은 영리기업뿐만 아니라 영리를 목적으로 하지 않는 개인이나 조직에 있어서 거래 혹은 설득이나 커뮤니케이션 등 교환 내지 그것을 촉진하기 위한 모든 활동을 포함시키고 있다.

따라서 전통적으로 마케팅 기술이 적용되어 오던 영리 부분에서만이 아니라 한국청소년상담개발원과 각 지역의 청소년상담복지센터와 Wee센터 등의 많은 상담관련 기관도 마케팅 이론의 관점에서 보려는 노력의 시도가 있었는데, 이 적용을 비영리조직 마케팅이라고 한다. 상담관련 기관은 비영리 성향이 강하므로 영리적인 마케팅보다 고도의 윤리성과 책임성을 기대하게 된다. 따라서 전통적인 마케팅 기술이 적용된 영리 부분만이 아닌 많은 활동들도 마케팅 이론의 관점에서 보려는 노력들이 시도되었는데, 비영리 상담관련 기관과 영리적인 사설 상담센터에서도 체계적으로 마케팅을 도입하고 활용할 필요가 있는 것이다(권육상 외, 2004).

상담기관의 마케팅 목적은 다음과 같이 정리할 수 있다(정익준, 1999). 첫째, 개인의 발전을 도모하기 위해서이다. 상담기관에서 월별 프로그램을 알리는 것이나 자원봉사자를 모집하기 위한 노력과 방법은 다르지만 참여하는 모든 개인의 발전을 촉진하기 위함이다. 둘째, 문제 해결을 위한 아이디어를 제공하기 위해서이다. 셋째, 새로운 정보와 실천을 위해서이다. 이용자에게 그들의 이익이 되는 정보를 전달하며 어떤 실천을 요구한다. 넷째, 행동의 변화를 유도하기 위해서이다. 자신과 사회에 이로울 수 있도록 개개인의 행동을 변화시키려고 시도한다.

(2) 마케팅의 핵심요소

마케팅의 핵심요소는 마케팅 개념에서도 언급하였듯이 소비자의 욕구와 수요, 소비자의 만족과 가치, 교환, 시장 등을 포함하고 있다(신복기 외, 2013).

① **소비자의 욕구와 수요**

인간은 생존을 위해 의 · 식 · 주, 안전, 소속감과 사랑, 자아존중 등을 필수적으로 갖추어야 하는데, 이와 같은 것들이 결핍되었다고 느낄 때 그 사람은 욕구를 가지고 있다고 볼 수 있다. 이와 같은 욕구들은 인간이 생득적으로 갖고 있거나 환경에 의해 생겨난다. 소비자들은 자신의 욕구를 만족시킬 수 있는 구체적인 제품이나 서비스에 대한 선호를 하게 되는데, 이러한 선호는 문화나 사회, 학교, 기업, 가족 등의 사회적 제도나 힘에 의해 형성되고 끊임없이 변형되어 간다. 특정 제품이나 서비스에 대한 지불능력이 있는 욕구는 시장에서 수요가 되며, 소비자들은 제품이 주는 혜택이나 이익을 계산하고 지불하는 금액에 비해 가장 큰 이익이 되는 제품을 선택하게 된다. 효과적인 조직들은 소비자들이 좋아하는 것과 싫어하는 것을 알기 위해 소비자 조사를 수행하고 고객의 요구사항, 서비스 자료를 분석하는 등 고객들의 욕구와 수요를 철저하게 파악한다. 따라서 고객의 수요를 세밀하게 이해한다는 것은 마케팅 전략을 위한 중요한 투입요소이다.

② **소비자의 만족과 가치**

마케팅에서 핵심요소 중 하나는 소비자의 만족과 가치의 극대화이다. 소비자는 제품이나 서비스를 통해 그들의 욕구와 수요를 충족하며, 여러 대안 중에서 욕구를 가장 잘 만족시켜 줄 수 있는 대안을 선택한다. 그러나 소비자들은 욕구나 수요의 충족뿐만 아니라 지불해야 하는 대가를 동시에 생각한다. 제품을 구입하기 위해 지불한 대가와 그 제품을 소유하고 사용하여 얻는 혜택 사이의 차이, 즉 가치에 의해 대안을 결정한다. 만약에 제품 성능이 소비자의 기대에 미치지 못한다면 그 구매자는 불만족하게 될 것이며, 반면에 제품의 성능이 기대와 일치하면 구매자는 만족할 것이다.

③ **교환**

교환이란 바람직한 목적물을 획득하고, 그 대신에 상대방에게 어떤 것을 제공하는 행위를 말한다. 어떤 서비스가 소비자의 욕구나 수요를 충족시키고 소비자에게 만족과 가치를 제공한다고 하더라도 그 제품이나 서비스를 제공하는 기업에게도 무엇인가 이득이 있지 않으면 교환은 일어나지 않는다. 교환이 실제로 일어나기 위해서는 교환의 조건이 교환의 당사자로 하여금 교환 이전보다 더 나은 상태로 만들어 줄 수 있어야 한다. 이런 의미에서 교환은 가치를 창조하는 과정이라고 할 수 있으며 욕구나 수요를 충족시키는 수단으로서 상당히 중요하다고 볼 수 있다.

④ **시장**

마케팅에서 교환이 일어나는 장소적 의미로 시장이 필요하다. 시장은 어떤 제품이나 서비스의 실제 또는 잠재적 구매자들의 집합을 의미한다. 이러한 구매자들은 교환과 관계를 통해 충족될 수 있는 어떤 특별한 욕구와 수요를 소유하고 있다. 노동의 분업원리에 따라 운영되고 다양한 시장들이 존재하며 마케팅 기업들은 이들 시장에 대해 진지하게 관심을 기울인다. 기업은 마케팅을 통해 특별한 시장의 욕구와 수요를 파악하고, 최상으로 서비스를 제공할 수 있는 시장을 선정한다. 이러한 과정을 통해 기업들은 시장의 고객들에게 가치와 만족을 창출하는 제품과 서비스를 개발할 수 있으며, 그 결과로 기업은 판매와 이익을 얻게 된다.

2) 상담조직의 마케팅

(1) 상담조직 마케팅의 필요성

마케팅은 산업혁명 이후 상품의 공급이 소비자들의 수요를 초과하기 시작하면서 그 필요성이 대두되었다. 산업혁명 이후 대량생산으로 인해 사회적 기본욕구를 충족시킬 수 있는 수준보다 훨씬 많은 상품이 공급되었고, 이렇게 초과된 공급을 처분하기 위해 수요를 자극할 필요성이 생긴 것이다. 이러한 상황에서 마케팅은 사람들이 무엇을 갖고 싶은 욕구를 창출하는 작용을 한다. 현재 사회에서는 기업들이 제품 판매의 증대를 위한 일환으로 마케팅 기법이나 도구를 개발하여 시장에 활용함으로써 높은 성과를 보이고 있다. 즉, 기업은 고객이 원하는 상품을 제공하고 고객은 기업이 필요로 하는 금전을 지불하는 교환 과정을 활성화시키기 위한 수단으로 마케팅 기법이 활용되고 있다.

이와 같이 유형의 제품을 생산 판매하는 기업체를 중심으로 발달한 마케팅 개념이 상담조직에서 필요하게 된 배경을 살펴보면 다음과 같다.

첫째, 공공기관의 상담조직은 대부분이 정부의 보조금으로 운영되기 때문에 서비스 제공에 있어서 효율성과 효과성을 달성할 책임을 가지고 있다. 이러한 책임성의 요구에 부응하려면 비영리조직의 운영도 전략적인 마케팅 도입이 절실하다.

둘째, 내담자, 기관의 이용자, 지역사회를 고객으로 인식하여 욕구를 세분화하고 관리에 있어서 궁극적으로 고객만족을 이끌어 내는 마케팅 접근이 필요하다.

셋째, 상담조직의 특성상 외부환경에 강한 영향을 받게 되는데, 급변하는 정치적 · 경제적 · 사회적 · 문화적 환경을 세분화하고 분석하여 서비스 개발에 있어 상품의 가치를 높여야 한다.

넷째, 상담서비스를 제공하는 민간기관이 급속히 증가하고 있는 현실에서 한정된 재원을 놓고 상담조직 간의 경쟁적인 관계에 놓일 수밖에 없다. 따라서 다양한 프로그램 개발, 전략적인 홍보는 물론이고 잠재적 이용자의 개발, 이미 개발된 이용자의 일대일 고객 관리를 통한 재원 확보를 위한 노력을 해야 한다.

(2) 상담조직 마케팅의 특성

대부분의 상담기관에서는 물리적인 상품보다는 서비스를 주로 생산한다. 영리부분에서 생산하는 물리적인 상품과 상담조직에서 생산하는 무형의 서비스 간에는 차이가 있으므로 마케팅에 영향을 미칠 수 있다. 이러한 상담조직 부분의 서비스가 영리 부분의 상품과 다른 차이점은 다음과 같이 네 가지로 정리할 수 있다(정무성, 2000).

첫째, 서비스의 무형성(intangibility)이다. 영리를 추구하는 기업체에서 생산하는 제품은 유형의 형태를 갖는 반면, 상담조직에서 제공하는 서비스는 눈으로 확인할 수 있는 형체가 존재하지 않는다. 일반 기업체에서 생산하는 제품의 경우 외형, 맛, 냄새 등을 통해 상품의 품질을 평가하게 되고, 경험을 통해 품질에 대한 확신과 상품을 통해 얻게 될 이익에 대해 어느 정도 기대할 수 있다. 반면, 상담조직의 서비스는 그것을 이용해 보기 전에는 서비스 제공자의 주장을 확인할 수 있는 방법이 거의 없다. 이러한 비유형성으로 인해 서비스는 상품처럼 진열하거나 재고를 정리하기 어렵고, 상대방을 설득하기 위해 홍보를 하거나 특허를 내기도 힘들다. 서비스는 이용자가 직접 이용을 해 본 후에만 평가가 가능하기 때문에 마케팅의 어려움이 따른다.

둘째, 서비스의 다양성(heterogeneity)과 복잡성(complexity)이다. 상담서비스는 개별적인 욕구를 중시하기 때문에 다양한 서비스가 제공되고, 욕구를 충족시키는 과정이 매우 복잡하다. 영리기업의 상품은 대량 소비를 유도하기 위해 표준화를 통한 저비용을 유지하는 경우가 많아 다양성이 부족하다. 하지만 상담기관의 서비스는 개별적인 욕구에 초점을 맞추어 서비스를 제공하는 것이 중요한 실천 가치이기 때문에 대량생산이 불가능하고 이는 곧 상담서비스 생산의 단위 비용을 높이는 결과를 가져오게 된다.

셋째, 상담조직에서 제공하는 서비스는 생산과 소비가 동시에 일어난다. 영리기업의 상품은 생산이 먼저 이루어지고 난 후 소비가 발생하는 것과는 차이가 있다. 이와 같이 동시성은 서비스 생산자인 상담조직과 소비자인 내담자가 생산 과정에 동시에 참여하는 것을 의미하며, 이것은 상담마케팅에서 생산자와 소비자의 상호작용의 중요성을 나타내 주고 있다.

넷째, 서비스의 소멸성(perishability)이다. 영리기업에서 생산하는 제품은 판매 혹은 소비되지 않을 경우 재고로 남아 있지만, 상담조직의 서비스의 경우 한번 생산이 되어 제공되면 가령 서비스에 참여하지 않더라도 그 서비스를 비축해 둘 수가 없고 소멸된다. 유사한 서비스가 다음에 제공된다 할지라도 정확하게 똑같은 것은 아니며, 그 서비스가 제공되기까지 일정 기간을 기다려야 한다. 따라서 상담마케팅에서는 서비스가 가능한 최적의 조건에서 제공된다는 것을 확신시키는 전략과 실제로 최적의 맞춤형 서비스를 제공하는 노력이 요구된다.

한편, 상담조직에서의 마케팅은 효과적인 마케팅 전략을 수립하는 데 있어 몇 가지의 어려움이 있다(Lovelock, 1992).

첫째, 상담기관은 때에 따라서 복수의 이해집단과 교환 관계를 형성한다. 서비스를 소비하는 고객뿐만 아니라 지역주민, 정부기관, 관련 단체 등과 부단한 가치교환이 이루어진 복수의 이해집단과 교환 관계를 형성하는 상담조직은 표적시장과 표적집단의 다양성으로 어느 한 곳을 표적으로 하는 마케팅 전략을 사용할 수 없는 어려움이 있다. 특히, 재원의 측면에서 바우처 제도를 비롯한 정부보조금을 지급하는 정부기관 이용자를 동시에 마케팅을 적용해야 성공의 가능성이 크기 때문에 어려움이 있다고 볼 수 있다.

둘째, 일부 상담기관은 정부와 사회단체 등으로부터 조직 활동에 관해서 압력을 받을 수 있다. 이러한 이유로 상담조직이 수익성이 있는 적극적 마케팅을 벌일 경우 영리조직화되었다고 비난을 받을 것이다. 특히, 상담조직은 마케팅의 관점에서 경제성이 없는 빈곤계층과 취약계층의 이용자에 대해서도 서비스를 제공하므로 효과적인 마케팅 전략을 수립하기도 힘들며 효과도 반감될 수 있다는 제약조건을 갖는다.

3) 상담조직의 마케팅 전략: 마케팅 믹스(marketing mix)

마케팅 믹스란 마케팅의 요소를 통합하여 그 효과를 최대한 발휘하는 것을 말하는데 이러한 마케팅 기획 과정은 상품(product), 가격(price), 장소(place), 홍보(promotion)를 의미하는 4P로 구성된다. 여기에 비영리기관에서 4P만을 가지고 최적의 함수를 도출해 내는 것은 무리가 있다는 주장이 제기되면서 추가적으로 마케팅을 하는 주체인 생산자(producer), 마케팅을 통해 호소를 해야 하는 대상자인 구매자(purchaser), 과학적인 탐구 과정인 조사(probing) 등 3P가 함께 고려되어야 한다는 것이다. 이러한 맥락에서 상담기관이나 마케팅의 기본 틀을 다음과 같이 제시할 수 있다(정무성, 1998).

(1) 상품(product)

상품은 구매자의 욕구를 충족시키기 위한 산출물로, 상담조직의 상품은 서비스와 프로그램이라고 볼 수 있다. 하지만 상품의 성격은 그 기관의 사명과 목적에 따라 달라진다. 상품을 개발하는 데 있어 중요한 것은 생산자가 판매하려고 하는 것을 강조하는 것이 아니라 구매자가 사려는 것이 무엇인지 파악하는 것이 중요하다.

(2) 가격(price)

가격은 구매자가 그 상품을 얻기 위해 기꺼이 지불하고자 하는 대가를 의미한다. 생산자는 가격을 결정하기 전에 사람들이 그 상품에 어떤 가치를 부여하고 있는지를 반드시 파악해야 한다. 여기에서의 가치는 돈으로만 측정되는 것은 아니며, 구매자들이 지불하게 되는 시간, 노력, 생활양식의 변화, 다른 기회비용이 포함된다.

(3) 장소(place)

홍보는 의사소통(communication)이다. 홍보는 창의성과 다양성이 요구된다. 특히, 상담기관에서는 창의적인 아이디를 발휘할 것을 요구한다. 한편 상담서비스의 홍보와 보다 많은 재원을 확보하기 위한 통로는 매우 다양한데, 일반적으로 대중매체가 많이 사용되고 있지만 광고, 대면, 교육 프로그램 등 사람들과의 직접적인 대면방법도 사용된다.

(4) 홍보(promotion)

장소란 마케팅 상품이 구매자들이 구입하기에 가장 적합한 때와 장소에 있는 것을 말한다. 이는 상품에 대한 구매자의 접근용이성을 의미한다. 시장조사를 통해 잠재적 구매자들이 밀집되는 있는 곳이 있다면 홍보를 담당하는 팀은 그곳으로 찾아가서 적극적으로 알려야 한다. 예를 들어, 중 · 고등학생을 대상으로 하는 경우에는 학교로, 직장인을 대상으로 마케팅을 할 경우는 기업에 방문할 수 있는 통로를 개발해야 한다.

(5) 생산자(producer)

생산자는 구매자와 교환할 아이디어를 창출하고 메시지를 생산하는 마케팅을 위한 주체이다. 상담기관의 목표를 달성하기 위해 잠재적 구매자라 할 수 있는 사람들로부터 믿을 만하고 의지할 만한 기관으로서 신뢰를 받아야 한다. 마케팅 주체로서 상담기관은 교환하고자 하는 아이디어나 메시지에 책임을 질 수 있어야 한다.

(6) 구매자(purchaser)

기업의 마케팅에서 구매자는 일반적으로 잠재적인 구매자를 의미한다. 구매자인 잠재적 구매자가 될 사람들은 마케팅의 초기 단계에서 반드시 파악되어야 하며 효율적으로 하기 위해 대상을 특정 기준에 따라 여러 범주로 나누는 시장세분화가 필요하다.

(7) 조사(probing)

소비자 조사는 마케팅 담당자들이 잠재적 구매자를 찾기 위하여 사용하는 가장 중요한 도구이지만 때로 지나치게 남용될 수도 있다. 따라서 조사는 필요성이 매우 높을 때 행해져야 하며, 철저하고 주의 깊게 이루어져야 한다.

이를 종합하여 보면 마케팅 믹스란 표적시장에서 마케팅 목표와 가치를 달성하기 위해 시장 욕구 조사에서 표출된 결과를 바탕으로 제공할 서비스 및 특화된 프로그램(상품)을 결정하고, 프로그램 진행방법(전략), 이에 따른 서비스 이용료(가격), 지역사회 네트워크 구축, 고객 확보, 홍보 전략(유통, 촉진) 등을 종합적으로 결정하는 전략이라고 할 수 있다.

4) 상담에서의 마케팅 과정

이용자의 관점에서 마케팅 활동을 수행하기 위해서는 먼저 전체적으로 마케팅 활동이 어떤 과정을 거쳐 이루어지는가를 이해해야 한다. 상담마케팅 과정은 학자들에 따라 다양하게 제시되고 있다. 마케팅 활동은 기관의 외부환경 및 내부자원의 분석, 마케팅 조사, 마케팅 목표 설정, 시장분석, 마케팅 도구 설정, 마케팅 실행, 마케팅 평가 등의 과정을 거쳐서 이루어진다(김형식 외, 2002).

(1) 기관의 외부환경 및 내부자원의 분석(SWOT)

마케팅의 출발점은 기관 및 기관이 처한 환경에 대한 분석으로 시작된다. 기관이 속한 환경은 사회제도적 환경과 조직 내부의 환경으로 구분해 볼 수 있다. 사회제도적 환경은 상담과 관련된 각종 법규와 정부정책, 경제상황 등에 관한 내용이 포함되며, 조직 내부의 환경은 궁극적인 사업목적과 그에 따른 중장기계획 및 정책, 자원동원, 인적 구성 등의 내용이 포함된다. 이러한 기관의 환경적 요인을 분석하기 위해 SWOT(Strength: 강점, Weakness: 약점, Opportunity: 기회, Threat: 위협)분석을 통해 일하는 환경과 자원을 파악할 수 있다. 현재 우리 기관의 강점(예: 좋은 이미지, 조직력)과 약점(예: 내부의 지원 부족) 및 기회(예: 양극화, 자살 증가와 같은 정신건강의 중요성) 그리고 위협(예: 경제난, 저출산 고령화) 등이 무엇인지 충분히 검토하여, 최선의 기회를 포착하기 위해서는 조직은 독자적인 능력, 특히 조직이 특별한 강점을 지닌 자원과 능력에 관심을 기울여야 한다. 조직은 한 가지의 최고 강점을 잘 운영하는 것이 훨씬 효과적이라고 할 수 있다(사득환 외, 2013).

(2) 마케팅 조사

마케팅 조사란 우리의 고객이 누구인가를 찾아내는 작업이다. 즉, 누가 서비스를 구입하기를 원하는지(who), 어떤 서비스를 원하는지(what), 언제 서비스의 구입을 원하는지(when), 어디에서 구입하기를 원하는지(where), 어떤 방식으로 구입하기를 원하는지(how), 왜 경쟁기관을 찾지 않고 우리 기관의 서비스를 원하는지(why)를 찾는 작업이다. 이것을 위해 우선적으로 해야 할 일은 시장을 조사하는 일이다. 시장은 욕구를 만족시키는 상품이나 서비스를 구입하기 위해 돈을 쓰고자 하는 잠재적인 관심, 구매력과 의지를 지닌 사람이나 사업으로 정의될 수 있다.

마케팅을 하는 기관은 시장에 관해 최소한 다음 네 가지 점을 사전에 분명히 파악하고 있어야 한다(Kinnear & Bernhardt, 1990). 첫째, 상품이나 서비스에 대한 욕구가 있는가? 둘째, 욕구를 지닌 사람들이 상품이나 서비스를 사는 데 관심이나 잠재적 욕구가 있는가? 셋째, 그들이 상품을 사기 위한 돈이 있는가? 마지막으로 충분한 돈을 소유한 사람들이 그들이 원하는 상품이나 서비스를 위해 기꺼이 쓰고자 하는 의지가 있는가?

(3) 마케팅 목표 설정

정확한 문제의 진술, 표적집단의 성격과 규모, 기관의 정책, 자원동원 등의 변수들에 의해 목표 설정의 범위와 방향이 정해진다.

마케팅 목표 설정 시 조작적 정의에 의한 SMART 원칙에 준하여 세운다. 조작적 정의에 의한 SMART 원칙이란 목표를 구체적(specific)으로, 숫자나 기준 등을 제시하여 측정 가능(measurable)하도록 하며, 이는 곧 달성 가능한(attainable) 선에서, 현실적(result-oriented)이고, 시간적(time-boundary)인 요소들을 포함해야 한다(정무성, 2005).

(4) 시장분석

목표 설정 다음은 시장을 분석하는 일이다. 시장이란 욕구를 가진 소비자가 상품이나 서비스를 구매하려는 장소를 말하며 시장분석을 한다는 것은 표적시장에서 기관의 매력도를 분석하는 단계를 의미한다. 시장분석에는 상품이나 서비스에 대한 소비자의 관심과 욕구 여부 그리고 그 상품이나 서비스를 구매할 능력과 의사 여부를 파악해야 한다(Kinnear & Bernhardt, 1990).

시장분석은 시장세분화(segmentation), 표적시장 선정(targeting), 시장 포지셔닝(positio ning)의 세 단계로 구성된다. 시장세분화는 전체 시장을 비슷한 욕구, 특징, 행동에 따라 고객집단으로 구분하는 것이다. 또한 표적시장 선정은 시장세분화된 시장 중에서 기관이 공략 가능하다고 판단하여 선택하는 것을 말한다. 마지막으로 시장 포지셔닝은 표적시장의 고객들에게 자사 제품이 경쟁 제품에 비해 어떤 차별점이 있으며 고객의 욕구를 제대로 만족시켜 주고 있는지를 확신시켜 주는 것이다(권익현 외, 1999).

TIP 소비자 시장 변수

시장을 세분화할 때는 어떤 변수들이 소비자의 행동을 가장 두드러지게 나타내 주는지 구분되는 변수를 찾아내는 일이 중요하다. 소비자 시장의 변수는 다음과 같다.

- 지리적 변수: 지역단위, 지역의 규모, 인구밀도 등
- 인구통계학적 변수: 소득, 직업, 나이, 가족 수, 교육정도, 종교, 성별 등
- 심리적 변수: 사회계급, 개성, 생활방식, 소속감, 관계의 지속성 등
- 행동적 변수: 상품이나 서비스에 대한 소비자의 지식, 태도, 사용반응 등

(5) 마케팅 도구 설정

마케팅을 수행하는 적절한 방법을 설정하는 단계이다. 상담 및 다양한 프로그램 마케팅을 위해서는 인터넷, 대중매체광고, DM, SNS 등과 같은 방법을 활용할 수 있다. 그리고 마케팅 도구를 설정할 때는 과거 마케팅 경험의 적절한 활용과 기관 이용자에 따른 효과적인 마케팅 방법에 대한 분석도 필요하다.

(6) 마케팅 실행

마케팅 실행은 전략적인 마케팅 목표를 달성하기 위해 마케팅 기획을 활동으로 옮기는 과정으로 마케팅의 전 과정에서 가장 핵심적인 단계이다. 주로 활용하는 것으로 DM, 이벤트, 대중매체광고, ARS, 전화, 인터넷 활용, CRM 등이 있다.

실행을 위해서는 조직이 새로운 환경에서 목표 달성을 위해 전략을 개발하고 실행하는 데 요구되는 마케팅 정보 시스템, 마케팅 계획 시스템, 마케팅 통제 시스템, 평가 시스템을 구축하는 것이 필요하다.

(7) 마케팅 평가

마케팅 기획의 실행 후 마케팅 과정과 결과에 대한 평가를 한다. 마케팅 평과의 과정은 마케팅의 종료가 아닌 새로운 과정으로의 변환을 의미한다. 마케팅 평가는 다음과 같은 네 가지 특성을 포함하고 있다(여운승, 2003).

첫째, 포괄적이다. 마케팅 평가는 문제가 발생한 일부 분야에 한정하여 평가하는 것이 아니라 마케팅 활동의 전반적인 문제를 평가한다.

둘째, 체계적이다. 마케팅 환경, 내부 평가 시스템, 특정 마케팅 활동을 포괄하는 체계적인 평가 과정을 내포하고 있다.

셋째, 객관적이다. 마케팅부와 별개의 조직 또는 외부기관에서 행해지는 것을 말한다.

넷째, 주기적이다. 마케팅 평가는 서비스 제공의 부진 등 특정한 문제가 발생할 때마다 실시하는 것이 일반적이지만, 상담조직의 환경 변화에 적극적으로 대처하기 위해서는 주기적으로 평가를 실시해야 한다.

5) 마케팅의 기법

(1) **다이렉트 마케팅**(Direct Marketing: DM)

우편을 통해 내담자나 서비스 이용자나 잠재적 후원자에게 현재 기관의 운영상, 프로그램 진행 및 서비스 이용실적, 프로그램 또는 서비스에 대한 이용정보 등을 제공하는 방법이다.

(2) **고객관계관리 마케팅**(Customer Relationship Management Marketing: CRM)

신규 이용자 개발이나 기존 이용자의 관리를 위해 그들과 관련된 자료를 분석하고 그들의 욕구를 파악하여 맞춤형 서비스를 지속적으로 제공하는 방법이다.

(3) **기업연계 마케팅**(Cause-Related Marketing: CRM)

기업연계 마케팅의 기본 개념은 소비자의 가치에 따라 마케팅을 전개한다는 것이다. 기업의 기부나 봉사활동을 상담관련 기관과 연계하여 기업은 이윤을 사회에 환원한다는 가치를 확산시켜 긍정적인 기업이미지를 홍보할 수 있고, 상담기관은 효과적으로 적재적소에 필요한 자원을 활용하여 사회적 효율성을 달성하려는 기법이다. 이 기법을 효과적으로 달성하기 위해서는 기업이 원하는 것이 무엇인지 정확히 파악하여 기업의 생산성과 대국민 이미지 향상에 도움이 되는 방향의 기부 프로그램을 개발하는 것이 관건이다.

(4) **데이터베이스 마케팅**(Database Marketing: DM)

기관을 찾는 이용자의 개별정보, 즉 명단과 주소, 프로그램 이용 횟수와 시기 등의 정보뿐만 아니라 기관이나 프로그램에 대한 태도, 기호와 생활 스타일 등 각종 정보를 수집 분석하고 이를 데이터베이스화하여 활용하여 상담기관의 기부나 봉사 활동, 프로그램 참여 등에 활용하는 것이다.

(5) **인터넷 마케팅**(Internet Marketing: IM)

이메일이나 홈페이지, 배너 광고 등을 통해 이용자나 잠재적 이용자 등에게 정보를 전달하여 기관을 홍보하고 이익을 극대화하는 마케팅 기법이다. 개별적인 이용자 관리는 물론 홍보, 기관에 대한 만족도 조사 등 각종 평가조사까지 가능하므로 경제적인 측면에서 뿐만 아니라 마케팅 접근성에도 매우 효과적이다.

(6) **사회 마케팅**(Social Marketing: SM)

정부나, 지방자치단체, 시민과 지역사회를 위해 대중의 행동 변화를 통해 사회문제로부터 도출된 사회적 목적을 달성하기 위한 기법이다. 금연운동, 생태보호운동, 지구 온난화 캠페인, 아동학대 예방 캠페인이나 장애인 인식개선 캠페인 등이 사회 마케팅의 일종이다.

참고문헌

권욱상, 전대성, 홍석자, 서상범, 조미영, 홍전희(2004). 사회복지행정론. 유풍사.

권익현, 임병훈, 안광호(1999). 마케팅 관리적 접근. 서울: 경문사.

김익균, 고순철(1997). 한국지역사회복지론. 대학출판사.

김형식, 이영철, 신중섭(2002). 사회복지행정론. 동인.

사득환, 이태교, 박보식, 박인용, 최일문, 정연홍, 손진아(2012). 사회복지행정론. 서울: 신정

신복기, 박경일, 이명현(2013). 사회복지행정론. 경기: 공동체.

여운승(2003). 뉴 밀레니엄 마케팅 관리. 서울: 시그마프레스.

정무성(1998). 사회복지기관의 후원자개발을 위한 마케팅 전략에 관한 연구. 사회복지 리뷰, 제3권 1호. 경기: 가톨릭대학교 사회복지연구소.

정무성 역(2000). 사회복지 프로그램 기획과 관리. 서울: 나눔의 집.

정무성(2005). 사회복지 프로그램 개발론. 경기: 학현사.

정익준(1999). 비영리조직 마케팅. 서울: 영풍문고.

황성철, 정무성, 강철희, 최재성(2009). 사회복지행정론. 경기: 학현사.

Kinnear, T., & Bernhardt, K. L. (1990). *Principles of Marketing*. IL: Scott, Foresman, & Company.

Lovelock, C. (1992). *Managing services-marketing, operation and human resources* (2nd ed.). Englewood Cliff, NJ: Prentice-Hall.

Skidmore, R. A.(1995). *Social Work Administration*. Allyn & Books.

Terreberry, S. (1967). The Evolution of Otganizational Environments. *Administrative Science Quarterly, 12*.

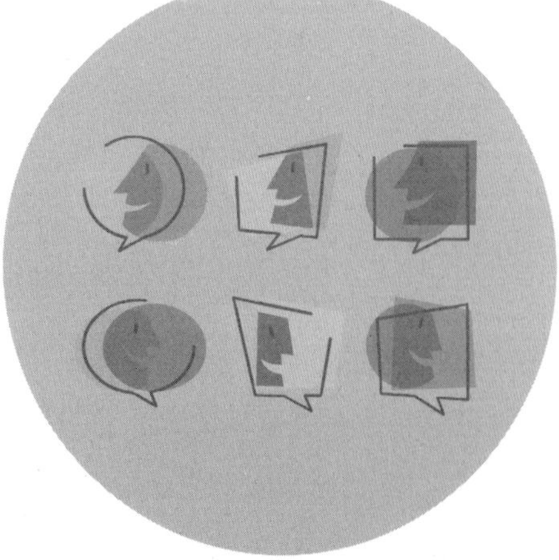

제3부

상담진행의 실제

제8장

접수면접과 초기 상담

초기 상담에서는 내담자의 문제를 파악하고 내담자를 이해하는 데 필요한 정보들을 탐색하며, 내담자를 총체적으로 이해하기 위해 사례개념화를 한다. 그리고 상담을 통해서 이룰 상담목표를 정하고 치료계획을 수립한다. 이러한 전체 과정에서 상담자는 내담자와 협의하고 내담자의 의견을 수렴하고 합의한다. 또한 상담이 무엇이며 어떻게 진행되는지에 대해 내담자에게 설명해 주고(구조화), 상담동기를 키우며 협조적 상담관계를 수립한다. 상담자가 마음을 활짝 열고 마음의 귀로 내담자가 내놓는 문제에 깊은 관심을 갖고 내담자와 동반해 나간다면, 그 과정에서 자연스럽게 협조적인 상담관계가 형성될 수 있을 것이다.

이 모든 과정과 작업은 어느 하나 중요치 않은 것이 없으며, 그중 하나라도 빠지게 되면 상담은 제대로 진행되기 어렵다. 그러나 가장 중요한 것은 내담자의 내담목적이자 치료의 출발점인 내담자의 문제와 고민을 상담자와 협조하여 극복하는 일일 것이다. 그 밖의 것들은 내담자의 문제를 잘 극복해 나가기 위해 필요한 조치들이다.

1. 상담 준비

상담을 실시하기 이전에 상담서비스를 제공할 준비가 되어 있어야 한다. 상담 준비와 관련하여 상담센터 환경과 상담자 자질이 점검되어야 한다.

[상담 준비]

상담센터 환경

- 상담기관은 전문기관으로서의 사회적 지위를 가지고 있어야 한다.
- 상담센터 내부의 물리적 환경은 상담에 필요한 조건을 갖추고 있어야 한다. 바람직한 권장 조건들은 다음과 같다.
  - 상담만을 위한 독립된 전용공간
  - 형태, 색상, 밝기 등에서 심리적 안정감을 느낄 수 있는 공간
  - 외부의 소음이나 간섭으로부터 차단된 공간
  - 생활환경에서 벗어난 공간
- 상담센터에는 상담에 필요한 시설, 자재 및 도구를 갖추고 있어야 한다.

상담자의 자질

- 상담자의 전문적 자질
  - 상담자는 수행역할에 맞게 정규 및 비정규 교육을 받아야 한다.
  - 상담자가 내담자에게 전문적 상담서비스를 제공하기 위해서는 상담자가 기존 상담이론에 대한 지식과 함께 자신이 제공하는 상담서비스 전반에 대한 이론적 기반, 즉 개인상담이론을 구축하고 있어야 한다.
  - 상담자는 수행역할에 맞는 공인 및 비공인 자격을 갖추고 있어야 한다.
  - 상담자는 고도의 상담윤리적 태도를 견지하며, 전문성에 대한 지속적인 자기계발과 발전을 위해 노력해야 한다.

- 상담자의 인성적 자질
  - 인격적 성숙이 요구된다. 구체적으로 '자신에 대한 알아차림, 경험, 개방성, 일치성, 자기관리능력, 그리고 내담자에 대한 알아차림, 수용성, 이타성, 지도성'이 요구된다.
  - 상담자에게는 인격적 성숙을 위한 지속적인 자기계발이 요구된다. 이를 위한 하나의 방안은 교육 분석이다.

2. 접수면접

접수면접은 내담자의 상담신청으로부터 정식상담에 이르게 하는 교량 역할의 절차라고 할 수 있다. 통상 아직 상담과정이 진행되지 않고 있는 신청 단계의 사람을 내담자라 하지 않고 접수자(Intaker) 또는 접수면접자(Intaker Interviewer)라고 부른다. 대개 규모가 큰 상담소에서는 접수면접의 절차를 거치지만 상담자가 한두 명인 작은 상담소의 경우 구태여 이 절차를 따로 설정할 필요는 없다. 접수면접자가 곧 상담자가 될 가능성이 많아 불필요한 반복이 될 수 있기 때문이다. 이런 경우 첫 회 상담이 바로 접수면접의 기능을 대신하게 된다.

1) 접수면접의 내용

접수면접은 상담과 치료의 효율을 높이기 위하여 필요한 정보를 수집하는 절차이다. 따라서 신청서에 기재된 내용 중 유용하고 필요한 부분을 보다 심도 있게 점검하여 정보를 수집한다. 예컨대, 신청서에 "죽고 싶다."는 말을 썼다면 그 부분에 대한 보다 상세한 정보를 수집하여 적절한 의사결정 및 조치를 취해야 하고, 신청서에 지나치게 모호하며 간략하게 기재된 항목이 있을 때에도 이를 보다 구체적으로 확인할 필요가 있는 것이다. 접수면접에서는 통상적으로 다음과 같은 내용을 다룬다.

- 내담자에 관한 기본정보
- 상담의 목적(호소문제)
- 상담 및 정신과적 처치경험과 의학적 정보
- 상담신청의 경위
- 개인사 및 가족관계

(1) 내담자에 관한 기본정보

신청서의 기재내용을 기초로 내담자의 성명, 생년월일, 연락처, 전화번호(가정, 직장)등의 정보를 기록하고 필요한 경우 그곳으로 전화를 해도 되는지를 알아본다. 접수자의 성명, 감독자(supervisor)가 있을 경우에는 그의 이름도 기록한다.

(2) 상담의 목적(호소문제)

내담자가 상담을 받으려는 이유, 즉 상담소에 찾아온 목적이나 배경 등을 점검한다. 문제의 발생 시기, 오늘에 이르기까지의 발전경로, 현재의 상태 등을 구체적으로 다루며 그 문제와 관련된 대인 관계나 사회생활상의 고충 등도 알아본다. 이 과정에서 주의해야 할 점은 내담자로 하여금 자신의 문제를 복합적으로 진술하게 하지 말고 이를 요점별로 구분해서 제시토록 도와주어야 한다는 것이다. 내담자의 문제는 통상 유기적으로 관련되어 있는 복합적인 생활경험이며 주관적인 현상 그 자체이기 때문에 그것을 간단명료한 언어로 기록한다는 사실 자체가 어려운 작업이다. 따라서 처음부터 자신의 문제들을 분류해서 제시하게 한 다음 그것들 간의 상호관련성을 찾아보는 것이 효과적이다. 또한 호소문제는 의학적 전문용어보다는 내담자의 말과 용어를 기초로 기록하는 것이 바람직한데, 그 이유는 그렇게 하는 것이 내담자가 공유한 상황을 보다 구체적으로 반영토록 할 뿐만 아니라 내담자의 문제가 더욱 현실과 가깝게 기술될 수 있기 때문이다.

(3) 상담 및 정신과적 처치경험과 의학적 정보

내담자는 가족이 상담이나 정신치료 혹은 정신과적 처지를 받은 경험이 있는지, 또는 내담자의 신체나 정신적 질병에 관한 정보, 현재 복용하고 있는 약물의 유무와 종류, 찾아가는 병원 등을 알아본다.

(4) 상담신청의 경위

상담신청서에는 상담에 임하게 된 경위를 기록하게 한다.

(5) 개인사 및 가족관계

내담자의 호소문제와 관련된 개인의 역사 또는 가족관계를 점검한다. 내담자에 따라서는 자신의 문제와 관련된 과거의 생활사와 가족과의 관계를 좀처럼 대답하지 않는다. 가족관계는 내담자와 함께 거주하고 있는 모든 가족(직계나 방계 또는 원족이라 하더라도)을 확인하기는 하되, 방만하게 정보를 수집할 것이 아니라 호소문제와 관련시켜서 정보를 수집하는 것이 효과적이다. 예컨대, 내담자가 우울을 호소했을 경우, "○○씨를 우울하게 만드는 것은 식구 중에 누구인가요?" "주로 화가 나게 하는 사람은 누구인가요?" 등으로 내담자의 문제와 관련하여 가족들의 태도나 행동을 알아낼 수 있도록 질문하는 것이 보다 효과적이다. 가족들의 직업과 독특한 성격들도 유념하는 것이 필요하다. 만약 가족관계가 복잡하고 이혼이나 별거 등의 문제가 있을 때에는 이를 정확히 알아보아야 한다.

<접수면접 질문지>

접수면접 질문지

본 질문지는 효과적인 상담서비스를 제공하는 데 필요한 기초정보를 수집하기 위해 만들었습니다. 아래의 질문에 대해 가능한 범위 내에서 솔직하게 답해 주시기 바랍니다. 여기에 답하신 내용에 대한 사적인 정보는 철저히 보호하고 있습니다.

※ 접수면접자 ○○○

<table>
<tr><td colspan="2">접수번호</td><td colspan="2">※ XXX-XXX</td><td>일자(시간)</td><td colspan="2">※ 10. 3. 25.</td></tr>
<tr><td colspan="2">성명</td><td>김○○</td><td>성 별</td><td>남/여</td><td>생년월일
(나이)</td><td>. .
(만 세)</td></tr>
<tr><td rowspan="2">주소</td><td>자택</td><td colspan="2"></td><td>전화번호</td><td colspan="2">XXX-XXXX</td></tr>
<tr><td>직장(학교)</td><td colspan="2">○○대학교</td><td>전화번호</td><td colspan="2"></td></tr>
</table>

1. 가족사항을 쓰십시오. (본인 포함)

이름	관계	연령	학력	직업	동거 여부	가족에 대한 느낌	기타 사항
○○○	어머니	53세	국졸	×	○	답답하다	
○○○	아버지	52세	국졸	상업	○	불쌍하다	
○○○	여동생	16세	고재	학생	○	얄밉다	

2. 우리 가족은 어느 정도 화목하다고 생각하십니까?
매우 화목하다 ( ) 화목한 편이다 ( ) 보통이다 ( )
화목하지 않은 편이다 ( ) 전혀 화목하지 않다 ( )

3. 우리 가족의 경제적 위치는 다음 중 어디에 속한다고 생각하십니까?
최상 ( ) 중상 ( ) 중 ( ) 중하 ( ) 최하 ( )

4. 상담을 받는 것에 대해 어떤 생각을 가지고 있습니까?
매우 기대된다 ( ) 기대되는 편이다 ( ) 보통이다 ( )
조금 억지로 한다 ( ) 어쩔 수 없이 한다 ( )

5. 상담을 받고 싶은 문제 또는 관심영역에 ✓표 해 주십시오.

______성적 부진	______의사결정	______건강문제	______여가활동
______시험 불안	______우유부단	______스트레스/압박감	______성격
______성적 하락	______자녀문제	______불안/초조함	______원치 않는 습관
______학교 가기 싫어함	______부부관계	______걱정/근심	______약물남용
______학교 적응	______가족관계	______기운 없음/피로감	______죽음/애도
______진학문제	______재정문제	______집중력 저하	______가출
______진로문제	______직장적응문제	______분노감	______비행
______취업	______자신감 결여	______고독감	______(집단)폭행
______지능	______이별/헤어짐	______우울감	______성폭행
______교우 관계	______성에 대한 관심	______체중증가	______자살
______이성교제	______임신	______체중감소	______노이로제
______외모 · 자아상	______종교 · 신앙문제	______불면증	______정신병

6. 위의 내용 중에서 가장 먼저 상담을 받고 싶은 문제를 간단한 문장으로 써 주십시오.
공부할 때 집중이 안됨
※ 상담문제 : 학습문제

7. 주된 상담문제가 당신을 힘들게 하는 정도를 표시하십시오.
매우 힘들다 ( ) 힘든 편이다 ( ) 보통이다 ( )
별로 힘들지 않다 ( ) 전혀 힘들지 않다 ( )

8. 주된 상담문제를 해결하고 싶은 정도를 표시하십시오.
매우 해결하고 싶다 ( ) 다소 해결하고 싶다 ( ) 보통이다 ( )
별로 해결하고 싶지 않다 ( ) 전혀 해결하고 싶지 않다 ( )

9. 상담문제와 연관된 과거의 특별한 사건이 있었습니까? (간단하게 쓰십시오)
아니요 ✓ 예 _____
(언제: ________ 어디서: ______________ 어떤 일: __________________________)

10. 주된 상담문제는 언제부터 시작되었습니까?
초등학교부터 까지 (동안)

11. 위의 주된 문제와 연관해서, 가족 중에 비슷한 문제를 가진 사람이 있습니까?
아니요 ✓ 예 _____ (누구:)

12. 희망하는 심리검사에 ✓표 해 주십시오.
지능 (✓) 적성 (✓) 성 (✓) 직업흥미 ( ) 학습흥미( )
자아개념 ( ) 가치관 ( ) 사회성숙도 ( )

2) 내담자의 관찰과 진단

내담자에 대한 진단과 평가는 상담과 심리치료의 전 과정을 통하여 계속되는 것이지만, 특별히 상담의 초기에 이루어지는 내담자 및 그가 가지고 있는 문제에 대한 진단과 평가는 매우 중요하다. 진단은 DSM-IV 등의 분류체계에 의하여 내담자의 상태를 명명하는 일이고, 평가는 그 문제가 발생 지속되게 하는 여러 가지 관련

요소들을 기술하는 작업이다. 상담자는 내담자의 옷차림, 두발상태, 표정, 행동특성, 예절 등 전반적인 외모와 행동에 대하여 관찰한다. 즉, 내담자의 호소를 들으면서 그 내용뿐만 아니라 말하는 방식, 행동적 특징, 표정, 감정상태 등을 세심하게 관찰한다. 보다 체계적으로 관찰하기 위하여 다음과 같은 정신건강상태검사서를 활용하기도 한다.

〈정신건강상태검사서〉

<table>
<tr><td colspan="4">정신건강상태검사서
(Mental Status Examination)</td></tr>
<tr><td>상담일자</td><td></td><td>소요시간</td><td></td></tr>
<tr><td>내담자</td><td></td><td>연락처</td><td></td></tr>
<tr><td>상담자</td><td></td><td>검사장소</td><td></td></tr>
<tr><td colspan="4">표시기호: 나타나지 않음 / 조금 나타남 ∨ 현저히 나타남 ◎</td></tr>
<tr><td colspan="4">① 겉모습(Appearance)</td></tr>
<tr><td colspan="4">〈주로 관찰에 의하여 정보를 수집한다.〉
〈질문요령〉 오늘 세수하셨어요? / 그 옷을 좋아하세요? /
오늘 그렇게 차려입은 이유라도 있으세요? / 장신구를 즐겨 사용하시나요?</td></tr>
<tr><td rowspan="3">외모 · 용모</td><td>1) 얼굴, 두발, 손이 더럽다.</td><td colspan="2"></td></tr>
<tr><td>2) 옷이 지저분하다.</td><td colspan="2"></td></tr>
<tr><td>3) 외모가 평범하지 않다.</td><td colspan="2"></td></tr>
<tr><td colspan="4">겉모습에 대한 소견:</td></tr>
<tr><td colspan="4">② 지각 (Perception)</td></tr>
<tr><td colspan="4">〈관찰 및 질문을 통하여 정보를 수집한다.〉
〈질문요령〉 환각을 경험해 본 적이 있으세요? / 어떤 이상한 소리가 들리지 않으세요?/ 존재하지 않는 것이 눈에 보이는 경험을 해 보셨나요?/ 다른 이상한 경험이 없었나요?</td></tr>
</table>

지각 · 환각	1) 착각	
	2) 환청	
	3) 환시	
	4) 기타의 환각	

지각에 대한 소견:

③ 행동(Conduct)

〈주로 관찰에 의하여 정보를 수집한다.〉
〈질문요령〉 지금 긴장되시나요? / 어디가 불편하신가요? / 좀 더 분명하게 말씀해 주시겠어요? / 술을 많이 드세요? / 한잔하면 주정을 좀 하는 편인가요? / 평상시에도 그런 자세를 하고 계세요?

자세	1) 긴장되고 굳어 있는 자세	
	2) 부적절한 자세	
	3) 축 처진 자세	
표정	1) 불안, 공포, 걱정	
	2) 우울, 슬픔, 절망	
	3) 분노, 적개심, 증오	
	4) 부적절한 표정	
동작	1) 많고 빠른 동작	
	2) 적고 느린 동작	
	3) 이상한 동작	
	4) 안절부절못하는 동작	
언어	1) 큰 음성	
	2) 작은 음성	
	3) 불분명한 언어	
	4) 이상한 언어	

행동에 대한 소견:

④ 감정(Emotion)

〈관찰과 질문을 통하여 정보를 수집한다.〉
〈질문요령〉 지금 화난 모습인데 누구에게 화가 나셨지요? / 화가 많이 나면 어떻게 하시나요? / 우울에 빠져 본 적이 있으세요? / 슬픈 일이 있으세요? / 생리주기와 감정상태는 관계가 있나요? / 특별히 두려워하는 것이 있나요? / 언제부터 무서워하시죠? / 종종 불안을 느끼시나요? / 불안이 어떤 장소나 상황과 관계가 있나요? / 참기 어려울 정도로 불안해질 때는 어떻게 하시나요? / 무슨 걱정거리가 있으신가요? / 잠은 잘 주무시나요? / 식사는 어떻게 하세요?

정서상태	1) 안정되어 있다.	
	2) 불안하다.	
	3) 들떠 있다.	
	4) 감정이 없다.	

감정, 정서상태에 대한 소견:

⑤ 생각과 사고(Consideration)

〈관찰과 질문을 통하여 정보를 수집한다.〉
〈질문요령〉 요즈음 하시는 일은 어떠세요? / 집중은 잘 되세요? / 계산 같은 것은 전처럼 잘 되나요? / 본래 지능은 어떠하셨는지요? (지능검사도 활용할 수 있다.) 오늘이 몇 년 몇 월 며칠인가요? / 지금 몇 시지요? / 여기가 어디인가요? / 집의 전화번호는 어떻게 되죠? / 생일이 언제이지요? / 건강해지면 맨 먼저 무엇을 하시겠어요? / 자살을 심각하게 생각해 본 적이 있나요? / 하기 싫어도 자꾸 하게 되는 생각이나 행동이 있나요? / 누군가가 당신을 해치려 한다는 생각을 해 본 적이 있나요? / 사실이 아닌 이상한 생각이나 의심이 자꾸 떠오르나요? / 망상을 경험해 본 적이 있으세요? / 요즈음 머리가 잘 회전된다고 느끼시나요?

인지기능	1) 지각, 의식수준	
	2) 주의, 집중력	
	3) 계산능력	

	4) 일반지능	
식별능력	1) 사람에 대한 식별력	
	2) 장소에 대한 식별력	
	3) 시간에 대한 식별력	
통찰력	1) 자신의 문제 인정	
	2) 문제 원인을 투사	
기억력	1) 최근의 일 기억	
	2) 단기기억력	
	3) 장기기억력	
병적사고	1) 강박적 사고	
	2) 공포, 불안	
	3) 현실감각	
	4) 자살, 살인	
	5) 망상(관계, 피해)	
사고특징	1) 연상작용	
	2) 빠른 사고	
	3) 느린 사고	
생각, 사고작용에 대한 소견:		
진단 및 평가의 요약		
진단의 근거		

3. 첫 회 상담

1) 첫 회 상담의 운영

대인 관계에서 첫인상이 중요한 것처럼 상담에서도 첫 번째의 상담은 상담의 성공적 운영에 절대적인 영향을 미친다. 상담자에 따라서는 이미 심리검사, 접수면접, 자료제공 등을 통하여 만난 일이 있다 하더라도 이것을 첫 회 상담으로 간주하지 않는다. 첫 회 상담은 공식적인 상담과정에서 상담자와 내담자가 처음으로 대면하는 것을 의미한다. 자칫 "이제 계속적으로 만날 터인데 뭐……." 하는 안이한 생각으로 첫 번째 상담면접을 소홀히 취급하는 사람이 많이 있고, 상담교육과 훈련과정에서도 별로 중요하게 다루지 않는 경향이 있는 것이 사실이다. 그러나 "첫 단추를 잘 끼워야 모든 단추를 잘 끼울 수 있다."는 말이 있듯이 첫 번째 상담에서 반드시 조성되어야 할 것, 다루어져야 할 내용들이 경솔하게 취급될 경우 전 과정을 통하여 회복할 수 없는 소중한 부분의 손상을 초래할 수 있다.

첫 회 상담에서 다루어야 할 중요한 것들로서는, ① 상담관계의 촉진, ② 분위기 조성, ③ 내담자와 문제의 파악, ④ 상담동기의 부여 등이 있다. 여기서는 첫 회 상담에서 효과적으로 전개하는 요령과 첫 회 상담에서 다루어야 할 내용을 살펴보기로 한다.

(1) 면접과 임시진단

상담기관에 따라서는 상담 시작 전에 내담자로 하여금 접수면접기록부를 작성하게 하는데, 이 경우 첫 회 상담에서는 면담과 관찰 그리고 확보된 정보를 종합하여 임시진단 혹은 첫 진단의 기회로 활용하게 된다. 내담자의 문제에 대한 정확한 진단과 평가는 상담의 진행, 감독 및 지도에 매우 중요한 정보가 된다. 접수면접순서를 별도로 갖지 않는 경우는 첫 회 상담을 이용하여 기록부의 작성, 면담과 관찰 그리고 진단을 하게 된다. 정확한 진단을 위해 정보원으로서는 면접 시의 관찰과 질문 외에도 MMPI-2, HTP, TAT, SCT 등의 인성 및 심리검사를 시행하는 것이 필요하다.

(2) 내담자에 대한 평가

상담 초기 단계에서 상담자는 내담자가 상담받으러 온 이유와 내담자의 개인적 특성과 관련된 정보를 수집하고 분류하여 내담자가 자신의 문제를 정의하고 명료화할 수 있도록 돕는다.

상담자는 내담자가 자신의 문제를 무엇이라고 생각하고 있으며, 상담은 어떤 것이라고 생각하고 있는지를 충분히 파악할 필요가 있다. 또한 상담효과와 상담방법 등 상담에 대한 내담자의 기대를 확인하고, 상담자가 그 기대에 적절하게 대응하는 것이 무엇보다 중요하다. 효과적인 상담방법을 계획하기 위해서도 내담자가 상담에 대해서 어떤 기대를 가지고 있고 어떤 변화를 원하는지 알아야 한다.

내담자가 가진 문제를 정확하게 평가하기 위해서 상담자는 무엇보다도 내담자로부터 많은 자료를 수집하여야 한다. 이때 상담자는 자신의 모든 감각을 동원하여 내담자가 제공하는 언어적인 정보와 비언어적인 정보를 모아 나가게 된다. 처음에는 내담자의 어떤 행동패턴을 감지하지 못하거나 내담자로부터 얻은 정보가 무엇을 의미하는지를 알아채지 못할 수도 있다. 그러나 내담자와 상담을 계속해 나가다 보면 그의 행동패턴이나 그 동안 수집했던 자료들을 이해할 수 있을 것이다. 즉, 내담자가 현실을 어떻게 지각하고, 지각한 현실에 어떻게 반응하는지를 이해하게 될 것이다. 그리하여 내담자에 대하여 막연하게 추측하던 것들이 점차 명백하게 드러나게 될 때 상담자는 내담자를 어떻게 도울 수 있을지를 구체적으로 알게 된다.

이러한 평가를 통하여 내담자를 맡을 것인가 맡지 않을 것인가를 결정할 필요가 있다. 정신분열증 등 발작이 심한 내담자인 경우 수용시설이 있는 정신병원에 위탁해야 할지를 판단해야 하고, 평소 위탁기관과의 협조 관계를 유지하는 것도 중요하다.

(3) 내담자의 기대치 파악

첫 회 상담에서 내담자가 원하는 것을 파악하는 일은 대단히 중요하다. 무엇을 원하는지도 모르는 채 상담에 임한다는 것은 자전거를 사러 온 사람에게 자동차를 보여 주는 것과 같은 격에 맞지 않는 일이 될 수 있기 때문이다. 내담자 중에는 자신의 병을 완전히 고쳐 보겠다는 비장한 결심으로 상담에 임하기도 하지만, 자기의 문제가 무엇인지를 알아보려고, 자신의 성격을 변화시켜 보려고, 단순히 위로나 받아 보려고 상담에 임하는 사람도 있고, 내담자에 따라서는 적극적으로 자신의 문제를 제시하면서 이것을 해결해 달라고 요구하는가 하면, 소극적으로 모든 것을 상담자에게 일임하기도 한다.

상담자는 성공적인 상담진행을 위하여 첫 회 상담에서, 이 사람은 ① 상담을 통해서 무엇을 얻고자 하는가?, ② 어떻게 해 주기를 바라고 있는가?, ③ 어떠한 수준까지의 변화를 원하고 있는가? 등을 정확히 파악하여 내담자의 기대와 정서에 합치되는 방향으로 상담이 운영되어야 한다.

(4) 자신감과 동기부여

첫 회 상담에서 내담자로 하여금 상담효과에 대한 기대와 소망을 갖게 하는 것은 상담의 전 과정을 효율적으로 운영하는 데 결정적인 요인으로 작용한다. 내담자는 "이 상담자가 나의 문제를 해결할 수 있을까?" "이렇게 상담을 받으면 치유될 수 있을까?" 하는 의문을 갖게 된다. 내담자가 상담의 결과에 대해 "한번 해보기는 하지만 별로 기대할 것은 없을 것"이라는 생각을 가지고 있는 경우와 "틀림없이 내 문제가 해결될 것"이라는 기대를 갖고 상담에 임하는 것은 상담 전 과정의 효율적인 운용뿐만 아니라 그 결과에도 심대한 영향을 미치게 되는 것이다.

Strong & Claiborn(1982) 등이 내세운 사회적 영향이론(Social Influence Theory)에 의하면, 내담자로 하여금 상담결과에 대한 긍정적 희망적 기대를 갖게 하는 요인으로 다음의 세 가지를 들고 있다. 첫째, 상담자의 전문성으로서 상담자의 학위, 면허증, 상담교육을 받은 기관, 전문가로서의 지명도는 내담자의 희망적 감정과 기대심리를 자극한다. 또한 이러한 것들이 실제 상담장면을 통하여 상담자의 전문가다운

노련미와 숙련성 등으로 확인될 때 내담자의 희망적 감정과 애매했던 기대가 확신으로 자리 잡게 된다. 둘째, 상담자의 매력으로서 상담자의 모습, 언어, 견해, 피부색, 출신배경 등이 내담자의 정서와 부합하고 심정적으로 끌리도록 하는 경우를 말한다. 이럴 경우 내담자는, 상담자가 어쩐지 "마음에 든다." "편하다." "통한다." 등의 기분이 된다. 셋째, 상담자의 신뢰성으로서 상담자에 대한 믿음에 관련된 요인이다. "상담자는 솔직하고 거짓말을 하지 않는다." "비밀을 엄수해 준다." "책임감이 있어 보인다." "존경스럽다." 등의 정서가 자리하게 된다.

(5) 희망적인 분위기 조성

내담자의 문제는 대부분 우울하고 고통스럽고 슬픈 것들이라고 볼 수 있다. 이러한 내담자의 정서에 공감하고 반영하다 보면 상담자와 내담자는 주로 부정적인 분위기에서 파괴적, 실패적 감정들을 교환하는 양상을 띠게 된다. 자칫 상담의 분위기는 어두워지고, 내담자는 괴롭고, 하고 싶지 않은 상처들만 들춘다는 감정을 갖게 된다. 흔히 상담초심자들은 내담자의 상처와 고통의 경험을 단시간에 많이 표출시키면 빨리 치유되는 것으로 오해하기 쉽다. 그러나 내담자의 부정적 정서는 조심성 있게 다루어져야 한다. 상담과정상 전개되는 각 단계에 합당하도록 그 양과 수준을 조정하지 않으면 안 된다. 부정적인 문제의 정서는 치유적, 해결지향적으로 처리되는 단계에 이르러 본격적으로 자극하고 다루어져야 한다.

감정반영은 상담의 중요한 기술이다. 그러나 상담의 초창기에 지나치게 "얼마나 속이 상하세요." "우울하시겠군요." "몹시 슬프시군요." 등의 부정적 감정반영을 반복하다 보면 내담자의 부정적 감정을 조장하고 강화하는 결과가 되어 처음부터 자신감을 잃고 비관적인 기분에 휩싸이는 우울한 분위기를 조성하여 성공적인 상담으로 연결하기 어렵다는 것이다.

이런 경우 단순한 공감적 이해의 수준에서의 반응보다는 그 부정적 정서의 근저에 깔려 있는 성장 동기를 발견하여 외현화시켜 주는 것이 중요하다. 즉, 내담자의 부정적인 생각이나 감정의 토로에 집착하여 단순한 공간과 반영에만 급급하지 말고 그러한 부정적 감정으로부터 생산적, 긍정적 성장 동기를 찾아내어 반영하는 것이다. "우리 집은 너무 시끄러워서 공부도 안 되고 정말 신경질 나요."라고 불평하는 경우, "너희 집은 너무 시끄러워 짜증이 나는구나."라고 감정반영을 할 수도 있겠으나 그 대신에 "너도 공부를 열심히 해 보고 싶겠구나."라고 성장 동기를 자극하는 반영을 할 수 있는 것이다. 이러한 방식으로 상담의 분위기를 긍정적 · 희망적으로 이끌어 나갈 때 내담자의 성취 동기를 부여하여 성공적 사담을 전개할 수 있다.

(6) 구조화

구분	설명
상담여건에 대한 구조화	상담시간, 빈도, 총 상담횟수, 상담장소, 상담시간에 늦거나 약속을 지키지 못할 일이 발생했을 경우 연락하는 방법
상담관계에 대한 구조화	상담자 역할, 내담자 역할, 관계의 성격 등
비밀보장	비밀보장의 한계에 대한 정보

① 상담여건의 구조화

상1: 저는 지금 상담을 일주일 1회로 합니다. 긴급하고 위기적인 일이 발생하면 일주일에 2회를 하기도 합니다. 상담시간은 45분 정도이고, 제 상담비용은 1회 5만 원입니다. 혹여 상담비용을 내는 데 어려움은 없습니까? 혹여 일정을 바꿀 경우 하루 전날에 전화를 주시면 좋겠습니다. 혹여 궁금한 점은 없습니까? 질문할 것이 있습니까?

② 상담관계의 구조화

상1: ○○ 씨는 상담센터에 왔을 때 어떤 도움을 받을 수 있을 거라고 생각하셨습니까?

내1: 상담선생님께 저의 어려운 상황을 이야기하면, 제 이야기를 듣고 뭔가 도움을 주실 거라 생각했어요.

상2: 그러셨어요? 저는 ○○ 씨가 말씀하신 사람들 앞에 나서기 어려워하는 문제를 어떻게 하면 해결할 수 있는지 ○○ 씨와 함께 생각해 보게 될 것입니다.

○○ 씨도 상담에 와서 솔직하게 마음을 털어놓고 자신의 문제를 해결하기 위해 적극적으로 노력해 주시기 바랍니다. 그런데 상담시간에 ○○ 씨가 어떤 느낌이 들든지 그것을 말로 표현하는 것은 되지만, 화가 나서 화장지를 던진다거나 책상을 발로 차는 등 행동으로 표현하는 것은 안 됩니다.

③ **비밀보장에 대한 구조화**

상1: ○○ 씨와 상담한 내용은 ○○ 씨와 저 사이의 비밀이기 때문에 ○○ 씨의 허락 없이는 아무에게도 얘기하지 않습니다. 하지만 부득이하게 제가 비밀을 지켜 주지 못할 경우가 있는데, 그런 경우는 제가 판단하기에 ○○ 씨가 자기 자신이나 다른 사람을 해칠 위험이 있을 경우에 한해서입니다.

(7) 상담사례개념화

내담자 문제의 원인과 결과, 그리고 상담진행 계획이 모두 포함된 것이 상담사례개념화이다. 상담자는 지금까지 수집한 여러 가지 정보를 토대로 내담자 문제에 대한 가설을 세운다. 이때의 가설은 내담자 문제에 대한 어떤 단정적인 결론이 아니라 잠정적인 설명 혹은 추론의 성격을 띤다. 사례개념화의 목적은 상담자의 가설을 입증하는 것이 아니라 내담자 문제의 성격과 원인을 정확하게 이해하고 효과적인 개입전략의 모색을 돕는 데 있다. 따라서 상담자는 자신이 세운 가설에 집착하지 말고 필요에 따라 가설을 수정, 보완할 수 있는 유연한 자세를 가져야 한다. 가설의 타당성 여부를 검증해 보기 위해 상담자는 내담자의 반응, 추가적 정보, 슈퍼바이저나 동료들과의 논의 등을 적극적으로 활용해야 한다.

사례개념화를 돕기 위한 질문들을 제시하면 다음과 같다.

① 상담자가 파악한 내담자 문제의 성격은 무엇인가?
② 문제가 생기게 된 경로나 발달사적 요인은 무엇인가?
③ 내담자 문제의 원인은 무엇인가?

이러한 질문에 대해 상담자가 스스로 답을 해 나가면서 다음과 같은 점을 유의있게 살펴본다면 내담자에 대한 가설 설정에 도움이 될 것이다.

① 내담자가 진술하는 내용에서 반복적으로 나타나거나 공통되는 주제나 패턴이 있는지 찾아본다.
② 내담자의 문제행동이나 증상의 역기능적인 측면뿐 아니라 기능적 측면을 파악한다.
③ 내담자 문제와 관련하여 내담자의 개인적인 특성뿐만 아니라 가족역동, 주변 사람들과의 관계 특성, 환경적 특성에 이르기까지 포괄적으로 정보를 수집, 탐색하고 활용한다.

(8) 상담목표 설정

상담자는 내담자와 협의하여 상담을 통해 달성할 구체적인 목표를 설정하여야 한다. 즉, 상담자는 앞으로의 상담에 대한 대체적인 계획안을 짜게 된다. 이 계획안은 상세하지 않아도 되며 계속 이 계획을 그대로 지켜 나가지 않아도 된다. 그러나 효과적인 상담을 위해 계획을 세우는 것이 바람직하다. 그러나 어떤 내담자 혹은 상담자조차도 목표를 설정하는 것에 저항을 느끼는 경우가 있다. 목표를 설정하는 이유는 내담자로 하여금 문제와 관련된 상황이나 행동 과정을 탐색하고, 조정하게 하며, 상담과정에 적극적으로 참여하게 하기 위해서이다(Hackney & Cormier, 2001).

상담에서 목표 설정이 중요한 또 다른 다른 이유는 상담에서 이루어지는 구체적인 개입이 이 단계에서 설정한 목표에 의해 결정된다는 점이다. 상담자는 상담목표를 달성하기 위해 상담을 어떻게 진행할 것인지를 결정해야 할 뿐만 아니라, 만약 내담자의 변화를 돕기 위한 개입들이 성공적이지 못했다면 내담자가 상담을 통하여 변화하고자 하는 의지가 어느 정도인지를 점검하고, 상담을 지속하는 것이 바람직한지를 심각하게 고려해 보아야 한다.

그런데 상담자가 명심해야 하는 또 다른 측면은 내담자의 문제와 그 문제를 어떻게 다룰지에 대해서 고정된 선입견을 가지지 말아야 한다는 것이다. 상담의 목표를 분명하게 정하고 상담계획을 잡는 것이 바람직하지만 상담자는 내담자와 지속적인 접촉을 해 나가면서 그때그때 요구되는 바에 따라 상담자 자신의 지각과 가설을 수정해 나가야 한다. 목표는 변화가 요구되는 새로운 정보나 통찰이 생기면 변경될 수 있는 것이다. 때로 목표가 적절하지 않음이 확인될 수도 있는데, 만약 그렇다면 그 목표는 수정하여야 한다. 상담목표의 주요 기능은 상담자와 내담자에게 나아가야 할 방향을 제시해 주는 것이다(Hackney & Cormier, 2001).

다음은 목표 설정 과정이다.

① 상담목표 설정의 목적과 필요성에 대해 내담자가 납득할 수 있도록 자세히 설명한다.
② 목표를 선정한다.
③ 내담자가 세워진 목표에 합의하는지 확인해 본다.
④ 목표 달성이 가져다 줄 이점과 손실을 검토하고 목표 달성에 장애가 될 수 있는 요인을 정확하게 파악한다.
⑤ 필요한 경우 목표 실행 과정에서 원래 정한 목표를 수정하여 새로운 목표를 설정한다.

2) 첫 회 상담에서 지양해야 할 점

(1) 내담자와 논쟁하거나 내담자를 경시하거나 도전하지 말아야 한다.

어떤 내담자가 너무나 분명하게 편견되고 왜곡된 견해를 말한다면, 어떤 상담자는 내담자의 의견에 반론을 제기하거나 이의를 제기하려고 할지도 모른다. 이는 부적당하다. 상담자는 "나는 아직 그 문제에 대해 명확한 말씀을 드릴 만큼 충분하게 알지 못합니다."라고 말한다.

(2) 내담자를 칭찬하거나 불확실한 확신을 주지 말아야 한다.

내담자들은 자존감이 손상되어 있으므로 설령 그들에게 칭찬이 주어진다고 해도 수용하기 어렵다. 내담자가 적응에 심한 어려움을 보이거나 심리치료를 받을 기회를 가지려고 하지 않을 경우, 심리치료에 대한 확신을 줄 수 있다.

(3) 거짓된 약속을 하지 말아야 한다.

접수면접자는 치료의 과정이 어떻게 될지, 내담자들이 어떻게 진전해 가는지를 관찰하기 전에는 그 결과를 보증할 길이 없다.

(4) 내담자 문제의 역동을 해석하거나 추측하지 말아야 한다.

내담자는 상담자와의 작업 동맹이 확고해지기 전까지는 해석을 받아들일 준비가 확실하게 되어 있지 않다. 초기의 설명은 내담자의 준비되지 않은 땅에 씨 뿌리기를 시도하는 것과 같다. 내담자는 해석을 받아들이지 않을 뿐만 아니라 나중에 해석을 시도할 때 해석의 효과를 망치게 된다. 이와 유사하게 내담자 문제의 역동을 추측하는 것은 내담자 저항을 유발하게 된다.

(5) 내담자가 진단을 내려 주기를 원해도 진단을 제시하지 말아야 한다.

흔히 진단은 피학적인 도구로 사용될 수 있기 때문이다. 실제로 얼마간의 기간을 두고 내담자를 관찰하지 않고 완전한 진단을 내라는 것은 불가능하다.

(6) 내담자에게 생활의 예민한 부분에 대한 질문을 하지 말아야 한다.

외모, 지위, 성적인 어려움 그리고 생활에서의 실패와 같은 내담자의 예민한 부분은 질문하지 말아야 한다. 상담관계가 과중한 긴장과 불안을 견디어 낼 수 있도록 충분히 견고해질 때까지 방어는 존중되어져야 한다.

(7) 내담자에게 치료를 강요하지 말아야 한다.

치료를 받을 것인지 아닌지는 반드시 내담자가 선택해야 된다.

(8) 내담자가 부모, 배우자. 친구, 동료 등에 대해 하는 비난에 동조하지 말아야 한다.

내담자들은 자신이 비난하는 사람들에 대해서 양가적인 감정을 느끼므로, 상담자가 이런 사람들에 대해서 하는 비판은 내담자의 분노를 사게 될 수도 있다. 치료자의 가장 좋은 응답은 비난받는 사람들을 지지하거나 매도하거나 너그럽게 봐 주거나 하지 않고, 공감적 경청을 하는 것이다.

(예) "지금 말씀하신 내용들은 당신의 마음을 어지럽게 하겠네요."
"그런 상황은 당신을 정말 실망시키겠네요."
"정말 당황하셨겠네요."

(9) 다른 상담자에 대한 비난에 관여하지 말아야 한다.

설령 내담자가 다른 상담자의 비전문적인 행동에 대해 말한다 하더라도 상담자는 다른 상담자에 대한 비난에 가담하지 않는 것이 좋다. 아무리 그 증거가 분명하다 하더라도 상담자는 내담자의 이야기가 오해나 전이에 의해 얼마나 각색되었는지 알 수 없기 때문이다.

3) 첫 회 상담의 어려움

(1) 비자발적인 내담자

법원 명령이나 학교장의 명령 등으로 상담을 받게 되는 경우나, 부모 혹은 교사에 의하여 상담이 개시된 비자발적인 내담자와 첫 면접을 하는 경우가 드물지 않다. 상담에 끌려온 청소년이 가장 자주 접하는 흔한 예라 할 수 있다. 이런 경우 다음의 사항들을 고려하고 상담을 진행한다.

① 상담자는 치료적 상황에 오게 된 내담자가 분노와 어려움을 표현할 수 있도록 도와야만 한다.
② 상담자는 자신이 내담자를 치료에 의뢰했던 사람들과 같은 입장이 아니라는

것을 알게 해 준다. 같은 입장이라는 것은 내담자를 문제 있는 사람으로 보거나 처벌해야 한다고 믿는 사람들일 수 있다.

③ 특히, 비자발적인 내담자는 종종 상담자에게 매우 호전적으로 보이고 도움을 주려는 상담자의 어떤 시도든 거절하기 때문에, 이런 내담자는 상담자에게 강한 역전이 반응을 일으킬 가능성도 있다. 비자발적인 내담자의 적대감과 경멸에 상담자가 부정적으로 반응할 때 내담자는 상담자를 믿을 수 없으며, 상담자가 진정으로 내담자에게 관심을 가지고 대할 수 없다고 확인하게 된다. 그러므로 일단 내담자가 드러내는 거부적 태도와 공격성들에 대하여 놀라지 말고 그러한 감정이 왜 생겼는가를 드러내게 해서 그것을 수용하고 공감한다.

④ 그리고 어느 정도 내담자가 이완되고 거부적 태도를 줄이게 되면, "오늘 이 시간에는 당신이 힘든 무언가를 얘기하는 시간인데, 어떤 것이라도 좋으니 얘기해 보자." 라고 권한다.

(2) 얘기하기를 꺼려 하고 주저하는 내담자

자발적으로 왔으나 현실적인 자신의 고민을 직접 내놓기를 꺼려 해서 빙빙 돌려 얘기하거나, 자신의 고민을 한마디 얘기하고 더 탐색해 들어가면 특정한 내용에 대하여 더 이상 얘기하거나 노출하지 않는 경우이다. 이와 같이 자신을 노출하기를 어려워하는 내담자들을 대하는 가장 좋은 방법은,

① 정보를 내놓도록 압력을 가하지 말고, 뭔가를 얘기하면 금방이라도 위험이 닥칠 것처럼 느끼고 있는 내담자의 심정을 알아주는 것이다.

② 얘기하기를 두려워하고 있음을 무시한다는 것은 무책임한 일이며, 두려움을 단 한번에 직면하라고 하는 것은 냉정한 반응이다.

③ 자신을 드러내는 것을 어려워하는 내담자를 다루는 상담자의 가장 좋은 자세는, 자신을 노출하도록 압력받는다는 느낌이 들지 않도록 하는 것이며, 정보를 내놓을 때 내담자의 불안을 인식하고 이해하는 것이다.

심리치료를 받으러 오는 대부분의 사람들은 비밀을 간직하고 있다. 비밀의 역동은 복잡하며, 일반적으로 상담자가 그들이 비밀을 갖게 된 원인을 이해하는 데는 많은 시간이 걸리기도 한다. 민감한 상담자는 내담자의 비밀에 주의를 기울이는 데 너무 소홀하지도 않으며, 내담자가 그것들을 드러내도록 압력을 가하지도 않는다. 상담자와 내담자 둘 다 깨달아야 하는 중요한 점은, 내담자가 비밀을 드러내기 어려워할 때 그는 위험을 느끼며, 그것은 내담자가 이해하고 결과적으로 성취해야 할 위험한 상황이라는 것이다.

(3) 자살 혹은 타인을 해칠 가능성의 평가와 조치

대개 내담자로부터 자살에 관한 언급이 직접적으로 혹은 암시적으로 나올 때, 아예 이를 알아차리지 못하거나 알아차려도 회피 혹은 그냥 지나쳐 버리는 경우가 종종 있으므로 이 부분에 대한 평가와 조치가 필요하다.

① 평가

상황적 맥락에 따라 자연스럽게 자살 생각의 수준이나 계획의 구체성, 자살방법의 현실적 실현 가능성, 자살 준비가 어느 정도 행동에 옮겨졌는지, 자살기도를 했다면 어디까지 갔었는지, 혹은 살인 가능성을 평가한다.

② 조치

가. 자살이나 살인의 계획을 구체적으로 갖고 있고 언제라도 행동으로 옮길 물리적 준비가 되어 있는 경우

나. 자살이나 살인의 가능성을 내담자 본인이 강하게 느끼고 있으며 그것에 대한 공포를 매우 현실적으로 가깝게 느끼고 있는 경우

다. 내담자가 다소 거부적이라도 상담자의 판단이나 직감에 의해 자살 혹은 살인의 위험성이 다분히 보일 때

→ 방법) 자문, 자살하지 않겠다는 약조, 입원 등

4. 상담계약

1) 상담의 계약 과정

상담계약은 내담자와 상담자가 내담자의 현재 문제를 논의하고 상담목표와 치료방법에 관한 어느 정도의 이해와 합의에 도달하는 과정을 포함해야 한다(Choca, 1980). 상담에서 다룰 내담자의 문제와 도달할 목표에 대한 합의가 이루어지면, 상담자는 내담자에게 그에 대해 일목요연하게 정리하여 설명해 주어야 한다. 그리고 목표에 도달하기 위해서 어떤 과정과 방법을 사용하며, 내담자는 어떤 자세로 임하고 어떤 역할을 해야 하는지에 대해 종합하여 설명해 주어야 한다. 이러한 설명에 대한 내담자의 입장을 듣고 상담자는 치료 과정에 대한 내담자의 의견을 수렴한다.

다음 표는 상담을 계약하는 과정에서 이루어지는 작업을 정리한 것이다.

<상담의 계약 과정>

1. 내담자로부터 정보 얻기
① 내담자의 어려움(문제)과 관련 정보를 듣는 과정
② 내담자의 욕구와 원하는 결과(상담목표)를 듣는 과정

2. 전문가로서 상담자의 작업
① 내담자의 문제에 대한 평가, 진단, 사례개념화
② 사례개념화에 토대를 두어 목표 설정
③ 사례개념화와 목표에 토대를 두어 치료계획 수립

3. 상담계약을 하는 과정
① 상담의 조건(시간, 장소, 비용) 합의
② 내담자와 함께 내담자의 문제를 규명하고 합의

④ 치료계획에 대한 설명과 의견조율
⑤ 종합적인 구조화: 합의한 문제와 목표, 치료계획과 방향, 상담자와 내담자의 역할, 다음 시간부터는 내담자가 원하는 이야기를 한다는 것 등을 종합하여 설명해 준다.

※ 종합적인 구조화를 끝으로 초기 상담은 끝을 맺게 되며, 이후 변화를 위한 치료 작업을 하는 중기로 넘어가게 된다.

2) 상담에서 다룰 문제의 합의

내담자의 문제에 대한 합의는 내담자의 문제를 탐색하는 과정에서부터 시작된다. 내담자가 내어놓는 문제를 내담자가 안내하는 대로 잘 따라가게 되면 순조롭게 문제를 합의할 수 있다. 상담에서 다룰 문제를 내담자로부터 이끌어 내어 합의하는 것은 변화를 이끌어 가는 주체가 바로 내담자 자신이기 때문이다. 만일 고쳐야 할 내담자의 문제를 상담자 혼자만 짐작하고서 상담을 진행한다면 상담자가 내담자를 등에 업고 등산을 하는 것이나 다름없으며, 내담자는 자신의 문제 극복의 책임을 상담자에게 의탁하고서 문제 해결을 위한 노력을 소홀히 하고 의존성을 더욱 키워 나가게 될 것이다.

상담에서 고칠 수 없는 문제, 예컨대 신체적 고통이나 환경 및 타인의 문제를 다루기로 합의한다든지, 자신의 문제를 상담자가 해결해 줄 것이라고 상담에 대한 잘못된 인식을 갖고 상담에 임하는 내담자는 상담자를 지나치게 이상화할 수 있다. 그러나 내담자가 꿈꾸는 상담자에 대한 이러한 환상은 종국에는 깨어질 수밖에 없으며, 실제 모습과의 괴리가 클수록 상담자에 대한 실망과 좌절감도 크게 되어 자칫 상담이 난국으로 흐를 수 있다. 그렇게 되면 내담자는 상담에 대해 부정적인 인식을 갖게 될 뿐 아니라 상담자에 대한 실망과 불신감을 깊게 새기게 될 수 있다. 그리고 이러한 상담경험은 내담자가 향후 다른 상담자와 상담을 하는 데도 지속적으로 영향을 미칠 수 있다.

상담자가 파악하고 있는 내담자의 모든 문제를 내담자와 합의하는 것은 적절하지도 않을뿐더러 치료적이지도 않다. 상담자가 세운 사례개념화의 어떤 부분은 내담자에게는 아직 무의식의 영역에 속해 있는 것이므로, 상담자의 입장에서는 내담자의 무의식의 모습이 분명하게 인식되었다 하더라도 그것을 내담자에게 전달하는 것은 성급한 해석을 하는 것과 같아 위험할 수 있다. 정신역동적 입장의 사례개념화인 역동적 공식화는 특히 그렇다. 분석가가 형성하는 피분석가에 대한 역동적 공식화는 피분석가가 최종적으로 통찰해야 할 자신의 무의식의 모습이기 때문이다. 이는 아직은 그것을 감당할 만한 자아의 역량이 부족한 내담자에게 큰 고통을 안겨 줄 뿐 아니라 내담자로 하여금 견고한 방어를 형성하도록 작용하여 이후의 치유 작업을 더욱 어렵게 할 수도 있다.

또는 상담자가 내담자의 이야기를 충분히 들어 보지 않고 처음에 가져온 피상적인 이야기만 듣고서 내담자가 별로 중요하게 여기지 않는 문제나 별로 원하지 않는 문제를 다루자고 제의하고 힘없는 내담자가 마지못해 그에 합의한다면 내담자는 향후 상담에 소극적으로 참여하게 될 것이다. 내담자가 아직 인식하지 못하는 문제나 중요하지 않은 문제 또는 원치 않는 문제를 다루기로 합의하게 되면, 내담자 속에는 문제에 대한 불편한 심경과 그런 문제를 다루어 가는 상담자에 대한 거부감이 잠복해 있다가 나중에 표출되거나 상담에 대한 동기가 줄어들고 때 이른 종결로 이어질 수 있다.

그러면 상담자가 이해한 내담자의 문제, 즉 상담자가 형성한 사례개념화 내용 중 어느 만큼을 내담자에게 전달하고 합의해야 하는가? 초기 상담에서 상담자는 내담자가 인식하고 있는 문제 중에서 내담자가 상담자에게 전달한 부분만큼을 상담에서 다룰 문제로 합의하는 것이 적절하다. 그 이유는 내담자가 원하는 문제를 다루기 때문에 내담자도 상담에 적극적으로 참여하려 할 뿐 아니라 성급하게 무의식을 건드리는 위험도 적기 때문이다. 그 과정에서 상담자는 내담자로 하여금 자신의 문제들과 관련된 내용들을 구체화하도록 노력을 기울이지만, 신체 증상을 호소하거나 상황 또는 타인에 대한 불평을 주로 하는 내담자의 경우에는 모호하고 조야한 형태로나마 자신의 심리적인 문제로 전환할 수 있도록 잘 해 나가야 할 것이다.

5. 초기 단계에서 사용되는 기법

상담 초기 단계에서 주로 사용되는 기법은 관심 기울이기, 경청, 개방적 질문이 있다. 상담 초기에 사용되는 이러한 기법들에 대하여 알아보자.

1) 관심 기울이기

관심 기울이기는 내담자를 대하는 상담자의 비언어적인 태도이다. 이는 시선, 자세와 몸짓, 얼굴 표정, 목소리에서 나타나게 된다. 관심 기울이기 행동은 상대방으로 하여금 가치 있는 존재로 받아들여지고 있고, 존경받고 있으며, 이해되고 있다는 느낌을 갖게 한다. 신체적 및 심리적으로 상대방에게 주의를 집중하므로 우리는 그에게 관심을 갖고 있다는 사실을 전달하게 되는 것이다. 효과적인 관심 기울이기 행동을 통하여 우리는 상대방으로 하여금 보다 안전하고 평안한 느낌을 가지고 대화를 할 수 있도록 도울 수 있으며, 그와 더불어 쉽사리 친밀한 관계를 형성할 수 있게 된다. 관심 기울이기 행동은 대략 다음과 같은 것을 내포한다.

① 온화한 시선의 접촉: 상대방에게 부드러운 시선의 접촉을 유지함으로써 우리의 관심을 그에게 전달할 수 있다. 그렇다고 시종(始終) 상대방을 뚫어지게 응시하게 것은 오히려 그로 하여금 위협을 느끼게 하거나 기분 상하게 하는 결과를 초래할 것이다. 온화한 시선을 줌으로써 그의 언동에 주의를 기울이고 있으며, 그가 전달하고자 하는 의사의 내용을 경청하고 있다는 사실을 상대방에게 알릴 수 있다.

② 좋은 자세: 몸의 위치, 움직임, 표정 등이 관심도를 전달하기 때문에 우리들이 타인과 관계할 때 신체적으로 이완되고 평안하고 자연스러운 자세를 취하는 것이 대단히 중요하다.

③ 상냥한 얼굴 표정과 음색: 유쾌한 얼굴 표정, 격려적인 미소, 그리고 수용적

(受容的)이고 친절한 음조는 상대방에 대한 우리들의 진정한 관심과 흥미를 전달하게 한다.

④ 즉각적인 언어 및 비언어적 반응: 상대방이 전달하고자 하는 의사를 이해하려고 애쓰고 있다는 사실을 나타내는 언어 및 비언어적 반응들을 상대방의 언동 직후에 해 주도록 하라. 예를 들면, 상대방의 말이 끝난 직후에 고개를 끄덕인다든지 "아! 그래요?" "그랬었군요." 등과 같은 간단한 언어적 반응을 보여 주는 것이다. 이렇게 하여 우리는 상대방에 대한 우리의 관심을 나타내 보일 수 있는 것이다.

2) 경청

일상 대화에 있어서 가장 기본이 되면서 중요한 것은 상대방의 말을 주의 깊게 귀담아듣는 태도이다. 상대방의 말을 잘 듣지 않고서는 그의 현재 감정과 생각을 이해할 수 없기 때문이다. 그러므로 대화를 할 때 상대방에게 관심을 가져 주는 것도 중요하지만 더 중요한 것은 상대방이 하는 이야기의 내용이나 감정을 적극적으로 청취하는 것이라고 말할 수 있다. 그리고 적극적 청취(Active Listening)는 상대방이 하는 말을 건성으로 듣는 것이 아니라 그 사람이 말하는 깊은 뜻을 주의 깊게 정성들여 듣는 태도를 말한다. 다시 말해서 적극적 청취는 상대방이 하는 이야기의 내용을 파악하는 것은 물론이고, 상대방의 몸짓, 표정 그리고 음성 등에서 나타나는 미묘한 변화를 알아차리고 저변에 깔려 있는 심층적인 의미와 감정을 감지하고, 더 나아가 감지한 것을 표현하는 과정을 포함한다.

3) 개방형 질문

상담자가 내담자에게 하는 질문 중에서 내담자의 대답이 "예." "아니요." 또는 한두 마디의 단어로 한정되지 않도록 하는 형태의 질문을 개방형 질문이라고 한다. 상담자는 이러한 개방형 질문을 통하여 내담자의 감정을 명료화하는 것을 돕고, 어떤 상황을 구체적으로 탐색하도록 한다. 개방형 질문은 초기, 중기, 종결 단계에서 모두 사용되지만, 특히 초기 단계에서 상담자는 개방형 질문을 통해 내담자와 관계를 형성해 나가면서 내담자의 문제를 구체적으로 파악해 들어가야 한다.

반면에 "예." "아니요." 또는 한 두 마디의 단어로 한정된 형태의 질문을 폐쇄적 질문이라 한다. 폐쇄적 질문은 초기 단계에서 사실적인 정보를 탐색하기 위해 사용할 수 있지만 자주 사용하게 되면 상대방에게 권위적으로 군림하는 인상이나 대화에 관심이 적은 인상을 줄 위험이 있다.

(1) **개방형 질문의 예**

- 당신의 학교생활에 대해서 좀 더 얘기해 줄 수 있는지요?
- 오늘은 무엇부터 이야기를 할까요?
- 그것에 관해서 어떻게 느끼고 있습니까?
- 무엇이 당신을 슬프게 하고 있습니까?
- 거기에 대해 어떻게 느끼는지요?

(2) **폐쇄형 질문의 예**

- 몇 시에 사무실을 나갔습니까?
- 사무실을 나서서는 어디로 갔습니까?
- 몇 번이나 그와 같은 일이 있었습니까?

참고문헌

강숙정 외(2007). 상담사례공부하기. 서울: 박영사.
김정남(2011). 심리상담센터 운영의 실제. 예소.
천성문 외(2014). 상담심리학의 이론과 실제. 서울: 학지사.

주은선 역(2016). 상담의 기술: 탐색-통찰-실행의 과정. 서울: 학지사.

Hackney, H., & Cormier, S. (2001). *The professional Counselor: A Process Guide to Helping* (4th ed). Boston: Allyn & Bacon.

Strong, S. R., & Claiborn, C. D. (1968). *Change through interaction: Social psychological process of counseling and psychotherapy*. New York: Wiley.

제9장

상담 중기와 종결

1. 중기 단계

상담 초기 단계를 지나 중기 단계로 접어들면 내담자는 상담자를 진실하고 신뢰할 만하며, 자신을 이해하고 수용하는 사람으로 인식하게 된다. 결과적으로 내담자는 상담이 안전하다고 느끼며, 자신의 깊은 마음속 이야기를 해도 상담자가 자신을 거절하지 않을 것이라고 느끼기 시작한다. 뿐만 아니라 내담자는 상담이 어떤 방식으로 진행되는지, 상담이 효과적으로 진행되기 위해서 자신이 어떻게 해야 하는지, 상담자가 자신에게 해 줄 수 있는 도움의 한계 등을 인식할 수 있어서, 처음 상담자를 만날 때보다는 덜 혼란스럽고 상담에 대해 더 분명한 생각을 가지게 된다.

그리고 중기 단계에서는 상담자와 내담자 간의 신뢰가 한층 깊어지고 내담자는 상담시간에 심리적인 안정을 느낀다. 이러한 내담자의 심리적인 안정을 바탕으로 중기 단계에서 내담자는 자신의 문제에 대해 심층적으로 탐색하는 과정을 통해 자신의 심리적인 문제에 대한 통찰을 얻고 문제가 해결되는 단계이다. 즉, 상담 중기 단계는 상담자와 내담자가 함께 수립한 상담목표에 도달하기 위해서 노력하는 단계로서 상담의 핵심 단계라고 할 수 있겠다.

상담자는 지금까지 상담을 진행하면서 수집된 자료들을 토대로 내담자의 심리적 문제들을 확인할 수 있고, 내담자의 성격, 문제의 근원, 처해진 환경, 사고 과정, 감정, 행동패턴 등에 대해 깊이 있게 이해하게 된다. 따라서 상담자는 내담자에 대해 훨씬 정확하게 반응할 수 있으며, 상담자가 어떤 반응을 보이면 내담자가 저항을 할지 미리 예측할 수 있게 된다.

상담 중기 단계는 내담자의 심리적인 문제에 대한 통찰이 이루어지고, 이러한 통찰을 현실에 효과적으로 적용하기 위해서 상담자는 다양한 상담기법들, 예를 들면 심층적 공감, 감정의 반영, 재언급, 직면, 즉시성의 활용, 해석 등을 자주 사용하게 된다.

1) 상담 중기의 핵심 과제(목표)

상담의 중기는 상담을 상담자와 내담자가 목표로 하는 것을 실제로 얻고자 집중적으로 노력하는 과정이다. 이에 중기의 목적은 설정된 목표를 얻고자 노력하여 실제로 성취하는 것이고, 중기 과제는 이를 이루기 위해 상담자와 내담자가 해야 할 일들이다. 다음은 상담의 중기에 달성되어야 할 목표들이다.

- 내담자로 하여금 자신을 탐색하도록 촉진한다.
- 내담자의 상담과 탐색에 대한 저항을 다룬다.
- 내담자가 자신과 문제에 대해 자각(인지, 정서, 행동 및 관계에 대해)하게 한다.
- 내담자로 하여금 자각한 내용을 생활에서 실현하게 한다.
- 다양한 생활 영역의 변화와 반복적 실천을 강화한다.
- 실천 중에 나타나는 변화에 대한 저항을 다룬다.

2) 핵심 과제의 성취를 위해 피해야 할 것들

(1) 통찰 단계로 성급히 들어가기

치료적 관계를 성립하고 내담자가 자기 문제를 적절히 탐색한 후에 상담자가 그 문제를 깊이 이해한 후 통찰 단계로 들어가기

(2) 통찰 만드는 데 지나친 책임 갖기

상담자가 내담자의 과거 경험과 현재 행동을 연계시켜 새롭게 보아야 하는, '모든 것을 통합'하는 작업을 해야 한다고 느끼지 않아야 한다.

(3) 하나의 이론적 관점만 고집하기

여러 이론들의 특징, 내담자의 문제를 잘 파악하여 사용하기

(4) 감정이입을 망각하기

내담자의 문제를 파악하는 데 혈안이 되어 감정이입적인 태도를 잊어버리지 말아야 한다.

(5) 통찰을 원하거나 필요로 하지 않는 내담자

① 어떤 내담자들은 통찰을 원하지도, 필요하게 여기지 않을 수도 있다.

② 상담자는 (이론적 배경 및 철학에 따라서) 자신을 이해하려 하지 않는 이런 내담자들의 선택을 존중하고 우리의 가치관을 강요하지 않는다.

3) 중기에 활용될 수 있는 기법과 기술

상담자는 내담자의 역동을 파악하고 평가할 때 다음과 같은 질문을 사용할 수 있을 것이다. 이 질문에 대한 해답 이후 제시되는 기법들을 적절히 활용할 수 있다.

- 내담자에 의해 표현된 감정과 행동, 사고의 모순이나 반박이 있는가?
- 무엇이 내담자가 이 시점에 이러한 방식으로 행동하도록 만드는가?
- 무엇이 내담자로 하여금 이 시점에 변화하지 못하도록 하는가?
- 이 상황에서 작용하는 내담자의 방어, 저항, 전이는 무엇인가?
- 나는 이 치료적 관계에서 어떻게 느끼고 있으며, 다른 사람들도 이 내담자에게 유사하게 반응하는가?
- 나의 미해결 문제가 이 관계의 역동에 어떠한 영향을 미치는가?

(1) 심층적 공감

상담 초기에 촉진적 상담관계를 형성하기 위해서 필요한 상담자의 자세이면서 기술이 내담자에 대한 공감이다. 그런데 초기 단계에서의 공감은 내담자의 경험과 감정을 이해하고 이해한 것을 표현하되, 그 경험과 감정은 주로 내담자가 알고 있거나 표현하고 있는 것이었다. 그러나 상담 중기의 공감은 초기와는 달리 내담자 스스로 자기를 탐색하고 통찰을 가져오기 위해서 보다 깊은 수준의 공감이 필요하다. 이러한 공감을 심층적 공감이라 한다. 심층적 공감이란 내담자의 대화 속에 포함되어 있기는 하지만 분명하게 겉으로 표현되지 않은 것을 상담자가 파악하는 것(Patterson & We1fel, 2000)이며, 내담자가 자각하기 두려워 깊이 감춰 둔 감정의 영역을 상담자가 발굴해 내는 것이다(Truax & Carkhuff, 1967). 이와 같이 심층적 공감은 내담자가 표현하지 않은 부분까지 상담자가 찾아내 전달함으로써 내담자로 하여금 자신을 더 깊이 이해하도록 돕는 기법이다.

(2) 감정의 반영

내담자가 말한 내용에 귀를 기울이기보다는 그 내용 뒤에 숨겨진 감정을 파악하고, 그 감정을 다시 내담자에게 전달하는 것을 반영이라 한다. 그런데 내담자가 이야기한 내용에 대한 반영뿐만 아니라, 내담자가 직접 언급하지 않은 감정까지도 재빨리 파악하여 반영해 줄 수 있으며, 몸의 자세에서 느껴지는 인상을 통해서도 내담자의 감정을 파악하여 반영해 줄 수 있다. 예를 들어, 숨소리나 말의 속도가 변했을 때 얼굴을 붉히는 것, 말을 더듬는 것, 어떤 특정 단어를 힘주어 말하는 것, 입술이나 눈동자의 변화 등이다. 상담자가 정확한 감정적 반영을 해 주게 되면 내담자는 "네, 꼭 맞았어요." "정말 그래요."로 대꾸하게 된다.

(3) 재진술(재언급)

재진술은 상대방의 이야기를 듣고서 상담자가 자기의 표현양식으로 바꾸어 말해 주는 방식이다. 이것은 상대방을 이해하고 있음을 전달하고, 좀 더 간결한 방식으로 상대방의 대화 내용을 요약하며, 상대방의 말을 상담자가 올바로 이해하고 있는지 확인해 보기 위한 목적으로 사용된다. 감정의 반영이 대화 뒤에 숨겨진 '내담자의 느낌'에 강조점을 두는 반면, 재언급은 대화의 '내용' 즉, 인지적 측면에 강조점을 둔다.

(4) 자기개방

자기개방은 상담자가 자신의 생각, 가치, 느낌, 태도 등 여러 가지 정보를 내담자에게 드러내 보이는 것이다. 상담자는 자기개방을 통하여 또 상담자도 내담자와 비슷한 감정을 겪었고, 비슷한 느낌을 갖는다는 것을 보여 주기도 한다. 상담자의 자기개방은 내담자로 하여금 개방하도록 촉진할 수 있으며, 적절히 사용하면 상담자가 내담자를 이해하고 있다는 감정을 증진시킬 수 있다.

(5) 피드백 주기

피드백은 내담자의 사고, 감정, 행동에 대해 상담자가 보고 관찰한 것을 전달함으로써 내담자의 현재 모습을 지지하거나 변화시키기 위해 사용된다. 피드백을 할 때 상담자가 기억해야 할 중요한 점은, 피드백은 내담자의 사고, 감정, 행동을 판단, 평가, 비판하기 위해서가 아니라 내담자의 편에서 그를 지지하거나 내담자가 시도하는 변화를 위한 주기 위해 사용되어야 한다는 점이다.

피드백은 상담 초기보다는 중기나 종기에 많이 하게 된다. 특히, 부정적인 피드백, 교정적인 피드백일수록 내담자가 상담자를 충분히 신뢰할 수 있는 중기나 종기에 하는 것이 좋다(Stockton & Morran, 1981). 그런데 상담 중기는 내담자에 대한 심층적 탐색과 자각이 이루어지는 시기이기 때문에 주로 내담자의 사고, 감정, 행동에 대해 피드백을 주는 한편, 내담자의 새로운 실천행동을 계획하고 실천하는 시기인 상담 종기에는 상대적으로 내담자가 새로 했던 시도, 행동의 변화 과정 등에 대해 피드백을 많이 하게 된다.

(6) 직면

직면화 또는 맞닥뜨림은 상담자가 내담자를 보고 느낀 점 중에서 어떤 모순점이나 의혹이 있을 때 그것을 내담자에게 되물어 주는 것이다. 직면은 내담자 말과 행동 사이의 모순이나 불일치 또는 내담자가 언급한 두 가지 말 사이의 불일치, 행동과 행동 사이의 불일치, 현실적 자아와 이상적 자아 사이의 불일치, 언어적 행동과 비언어적 행동 사이의 불일치, 환상과 현실 사이의 불일치, 상담자의 지각과 내담자의 지각 사이의 불일치 등 여러 가지 면에서 지적할 수 있다.

그런데 상담자가 직면기법을 사용할 때는 내담자의 특성이나 상태에 맞게 적절한 시기에 사용하여야 한다. 왜냐하면 직면은 내담자의 통찰을 일으키게 하는 강력한 기법인 것은 틀림없지만 강력한 만큼 위험이 따르는 기법이다. 만약 내담자가 받아들일 준비가 안 되었는데도 상담자가 무리하게 내담자를 직면시킨다면 내담자의 저항으로 인하여 상담이 효과적으로 진행되지 않을 수도 있다. 따라서 상담자는 직면기법을 효과적으로 사용하기 위해서 적절한 시기를 선택하여야 한다. 즉, 내담자가 상담자를 신뢰할 수 있을 때, 내담자가 상담자의 어떤 이야기든 받아들일 준비가 되었다고 느껴질 때, 내담자가 자신의 성장과 변화에 대한 관심이 높을 때 사용되어야 하며, 상담자의 욕구를 충족시키기 위해서 사용되어서는 안 된다. 그리고 상담자는 반드시 내담자를 직면시키는 이유와 직면을 통해 성취하려는 것이 무엇인지 분명히 알고 직접적이고 쉬운 언어로 직면시킬 수 있어야 한다.

(7) 해석

해석은 내담자가 명확하게 의식하지 못하는 것에 대한 여러 가지 형태의 교육적 설명이다. 해석은 겉으로 보기에는 따로따로 분리되어 있는 말이나 사건들의 관계를 연결 짓거나 방어, 감정, 저항 또는 전이(상담자-내담자 관계)를 설명해 주는 형태로 이루어질 수도 있고, 주제, 흐름, 사고방식 또는 내담자의 행동이나 성격 속의 인과 관계를 지적하는 것으로 이루어질 수도 있다. 해석을 하는 적절한 시기는 내담자가 받아들일 준비가 되어 있는 때에 이루어지는 것이 효과적이다. 따라서 해석은 상담관계 형성이 이루어진 상담 중기나 종결 단계에 주로 쓰는 기법이다.

4) 중기 단계에서 나타날 수 있는 문제

심층적 탐색과 자각 단계인 상담 중기에는 내담자 자신의 사고, 감정, 행동 그리고 삶의 패턴에 불일치와 모순이 조금씩 나타나기 시작하는 단계이기 때문에, 내담자는 자신에 대해 점점 더 많은 것을 자각하게 되는 동시에 그 자각 때문에 자신이 이야기하는 내용에 대해 불안해할 수 있다. 예를 들면, 내담자는 이야기를 잠시 멈추고 "제가 알기에는 많은 사람들이 저와 같은 일을 하는데요." "이런 것이 정상 아닌가요?" "선생님 생각에는 제가 못된 아버지인가요?" 등과 같은 질문을 하게 된다. 이때 어떤 내담자에 대해서는 "무슨 생각이 들어서 그러지요?" "무엇이 염려스러운지요?" 등의 탐색으로 충분하지만, 때에 따라서는 안심시킬 필요가 있는 내담자도 있다(MacKinnon & Michels, 1971).

상담 초기의 자유롭고 편안한 상태를 지나 상담 중기에 내담자는 자신에 대해 조금씩 알아가면서 정서적으로 힘겨워하는 경우가 있다. 이때 상담에 대한 저항이 다양한 방식으로 나타날 수 있다. 이를테면, 상담시간에 늦거나 자신의 상태에 희망이 없다고 느낄 수 있고, 또는 자신은 문제가 없는데 상담 때문에 더 나빠진다는 느낌을 가질 수도 있다. 반대로 자신의 불일치나 모순이 보이기 시작할 때, 내담자는 자기가 할 일을 이해해 달라고 할 수 있다(Fine, 1982). 이때 상담자는 내담자의 저항에 대하여 앞에서 제시한 대로 적절한 시기에 적절한 방법에 따라 직면시키거나 해석을 하게 된다. 예를 들어, 상담시간에 자주 늦는 내담자의 경우 상담자는 늦는 하나의 패턴이 명백해질 때까지는 해석하지 않고 있다가, 그것이 패턴이 됐다고 생각할 때 해석을 하거나 직면할 수 있다.

상담 초기를 지나 중기나 종기에 들어서면 어떤 내담자의 경우는 했던 이야기를 반복하거나 별 관련 없는 주제 사이를 오가며 상담에 진전이 없어 보이는 경우가 있다. 이때는 내담자에게 현재 일어나고 있는 일에 대해 즉시적 반응을 하거나, 상담자의 자기노출을 하거나, "지금까지 우리가 30회 정도 만났는데, 이 상담이 어디로 가고 있다고 생각하는지요?" 또는 "우리의 상담이 얼마나(또는 어떤 점에서) 생산적이라고 생각하는지요?" 등의 질문을 통해 상담과정을 재검토하고 다시 상담의 초점을 분명하게 하는 것이 좋다.

2. 종결 단계

종결 단계는 중기 단계에서 얻은 통찰을 바탕으로 좀 더 현실생활에 적응할 수 있는 새로운 행동을 시험하고 평가해 보는 시기다. 내담자는 초기 단계와 중기 단계를 거치면서 심리적 문제를 일으키는 자신의 사고, 감정, 행동, 생활양식에서의 모순과 문제를 알게 될 뿐만 아니라, 내담자가 앞으로 활용할 수 있는 강점과 사회적 자원에 대해서도 알게 된다. 따라서 종결 단계에서의 상담은 이러한 것을 바탕으로 앞으로 실천할 행동을 결정하고, 그 행동을 어떻게 실천할 것인지에 대한 구체적인 계획을 세운다.

상담 초기부터 상담자와 내담자는 지금까지 살아오면서 맺어 온 어느 인간관계보다 중요한 관계를 맺어 왔다. 그러나 이러한 관계가 아무리 중요하다 해도 결국에는 관계를 종결할 수밖에 없다. 따라서 상담자는 내담자에게 그가 얼마나 중요한 사람인지, 자신의 행동이 내담자에게 얼마나 많은 영향을 미치고 있는지 알아야 하며, 또한 이러한 상담관계를 끝낼 때 내담자가 느낄 수 있는 여러 가지 감정을 충분히 다뤄야 한다.

하지만 상담초보자들이 상담의 종결에 관해 일어나는 여러 가지 일들을 생각해 보는 것은 쉬운 일이 아닐 것이다. 상담초보자들은 어떻게 상담을 시작해야 할 것인지에 대해 우선적 관심이 있을 수밖에 없으므로 종결 과정은 거리가 먼 문제처럼 보일 수도 있다. 그렇다 하더라도 모든 상담은 필연적으로 종결을 맞게 되므로 상담을 성공적인 종결로 이끌기 위해서는, 상담종결이 어떻게 이루어지며 종결 단계에서 상담자로서 해야 할 일이 어떤 것인지를 알아 두는 것이 앞으로 진행될 상담에 큰 도움이 될 것이라 생각된다.

그러면 어떻게 해야 상담관계를 효과적으로 종결하고, 종결 후에도 내담자가 지금까지 성취해 온 상담성과를 잘 유지하면서 상담을 통해 얻은 통찰을 현실생활에 잘 적용할 수 있도록 할 수 있을까? 그것은 상담자의 치밀한 계획하에 점진적으로 종결이 이루어질 때 가능하다. 상담자는 내담자와 상담관계 형성 과정에 몰입했던 만큼 많은 회기를 종결 과정에 할애하며 정성을 들여야 한다.

그러면 상담의 종결 단계에 대해 구체적으로 살펴보자.

1) 상담종결 과정의 핵심 과제(목표)

상담의 종결기에는 상담 초기에 세웠던 상담목표 달성 정도의 파악, 행동 변화의 요인에 대한 평가, 상담과정을 통해 학습한 새로운 학습의 내용에 대한 확인, 이에 대한 생활 속의 전이, 명확하게 해결되지 않은 문제들에 대한 이유 및 대안 탐색, 그리고 구체적 종결 시점에 대한 결정 등이 이루어져야 한다. 다음은 상담의 종결 과정에 달성되어야 할 목표들이다.

- 내담자가 행동을 결정하는 데 도움 주기
- 행동을 위한 기술을 발달시키기
- 시도하는 변화에 대한 피드백 제공하기
- 행동 수정과 행동을 평가하는 데 내담자를 돕기
- 행동에 대한 내담자의 감정의 진행을 격려하기

이러한 목표 달성을 위해 상담자가 해야 할 작업은 다음과 같다.

(1) 상담목표 달성 정도의 파악

내담자가 상담과정 중에 보고한 내용, 내담자의 회상, 구체적으로 드러난 행동 등을 통해서 주관적인 달성 정도를 수치를 활용하여 보고한다. 상담자는 내담자의 이러한 주관적 보고에 대한 객관화를 해야 한다. 이때 상담자 자신과의 경험 및 상호작용, 주변 인물들의 평가 그리고 심리검사 등을 활용할 수 있다.

(2) 행동 변화의 요인에 대한 평가

내담자 변인, 상담자 변인, 환경적 변인으로 나누어 평가해 봄으로써 변화의 요인을 구체화한다. 특히, 내담자 요인에서 탐색된 변화의 요인은 바람직한 변인으로 이것이 지속될 수 있도록 철저한 강화를 요한다.

(3) 행동 변화가 미진한 이유에 대한 평가

상담과정 중에 모든 문제를 다룰 수 없고, 다루어진 모든 문제의 완벽한 해결은 불가능하다. 그러므로 상담 초기에 세운 목표나 호소문제 중에 미진한 이유를 내담자와 함께 분석해 볼 필요가 있다.

(4) 앞으로 무엇을 어떻게 해야 할 것인가에 대한 논의

상담의 성과와 미진한 부분을 중심으로 앞으로 어떻게 현실상황에서 대처해 나갈 것인지에 대해 충분히 논의가 이루어져야 한다.

(5) 상담종결 시점의 결정

예정대로 종결할 것인지, 아니면 미해결과제의 해결이나 상담과정 중에 새롭게 등장한 과제를 상담에서 더 깊게 다룰 것인지에 대한 논의를 한다.

(6) 추후상담에 관한 논의

상담종결 후 상담자와 내담자는 일정한 간격을 두고 당분간 만남을 지속하면서 내담자의 변화에 대한 추이를 지켜볼 필요가 있다. 대개는 상담종결 후 1개월, 3개월, 6개월 그리고 1년 후에 이루어진다.

2) 핵심 과제의 성취를 위해 피해야 할 것들

(1) 행동으로 너무 빨리 들어가는 것

탐구와 통찰의 확실한 기초를 세우기 전에 실행에 성급히 들어가지 말기

(2) 내담자의 변화에 너무 많이 투자하기

내담자를 위해 과하게 밀어붙이는 것은 일반적으로 역효과를 초래한다. 내담자는 의존적이 되고, 미래의 변화에 필요한 기술을 발달시키지 못하게 된다. 상담자에게 적용되는 것이 내담자에게 적당하지 않을 수 있다. 내담자가 해야 하는 것에 집중하면 지지하며 듣기 어려워진다.

(3) 상담자의 가치를 내담자에게 강요하는 것

상담자가 자신의 삶의 가치에 대해 경직되고 완고한 생각을 가지고 있으면 내담자에게 가능성을 탐색하도록 허락하지 않을 것이다.

(4) 충분하지 않은 도전

내담자가 스스로 변화를 선택해야 하기는 하지만, 상담자는 내담자가 곤경에 처해 있거나 분투하고 있을 때 내담자를 격려해야 하고 도전할 수 있도록 해야 한다.

(5) 지지적이지 않은 것

격려와 강화는 행동 변화와 변화를 위한 노력에 둘 다 중요하므로 지지가 필요하다.

(6) 하나의 계획만 고집하기

내담자가 할 수 없고 따르지 않을 것이 분명한 계획일 때조차도 계획을 세우고

고집하는 경우가 생기지 않도록 하는 것이 중요하다.

3) 조기종결 문제 다루기

상담자는 조기종결 징후를 잘 알아차려야 하는데, 종결에 관한 질문을 할 때 그 문제를 충분히 탐색해야 하고, 종결하고 싶어서 향상을 보고하는 경우에 대해 알아차려야 한다. 내담자가 종결을 원할 때 종결하고 싶은 동기를 파악해 보아야 하고, 내담자가 종결하고 싶어 할 경우 종결하는 것이 좋다. 그리고 상담성과가 미진하고 원인 파악이 안 될 때는 과감하게 종결을 고려해야 한다.

또한 상담을 받으러 오지 않았을 경우, 두 가지 대책을 강구할 수 있다((Rogers, 1972).

첫째, 그 동안의 상담기록, 특히 바로 전의 상담기록을 면밀히 검토하여 오지 않게 된 원인을 규명하는 일이다.

둘째, 상담자가 상담을 도로 받을 수 있게 길을 터 주는 일이다. 그와 동시에 오지 않는 것도 내담자의 자유라는 것을 인식시켜 주는 일이다. 이 점을 전달하기 위해서는 이메일이나 편지를 쓰는 것도 좋다. "일전 수요일 약속 시간에 오지 않아서 이제 상담받기를 원치 않는 사람도 있다는 것을 저는 이해합니다. 그러나 만일 다시 상담에 오기를 원한다면 전화로 연락하여 주십시오." 이 점은 중요한데, 왜냐하면 만일 내담자가 상담받기를 다시 원할 때 아무 죄책감 없이 돌아올 수 있게 되기 때문이다.

참고문헌

강숙정 외(2007). 상담사례공부하기. 서울: 박영사.

김정남(2011). 심리상담센터 운영의 실제. 예소.

천성문 외(2014). 상담심리학의 이론과 실제. 서울: 학지사.

주은선 역(2016). 상담의 기술: 탐색-통찰-실행의 과정. 서울: 학지사.

Fine, R. (1982). *The healing of the mand: The technique of psychoanalytic psychotherapy*. New York: The Free press.

MacKinnon, R. A., & Michels, R. (1971). *The psychiatric interview in the clinical practice*. philadelphia, PA: Saunders Co.

Patterson, L. E., & We1fel, E. R. (2000). *The counseling process* (5th ed). Pacific Grove, CA: Books Cole.

Rogers, C. R. (1972). *Becoming Partners: Marriage and its alternatives*. New York: Delacorte.

Stockton, R., & Morran, D. K. (1981). Feedback exchange in personal growth group: Receiver acceptance as a function of valence, session, order delivery. *Journal of Counseling Psychology*, *28*, 490-497.

Truax, C. B., & Carkhuff, R. R. (1967). *Toward Effective Counseling and psychotherapy*. Chicago: Aldine.

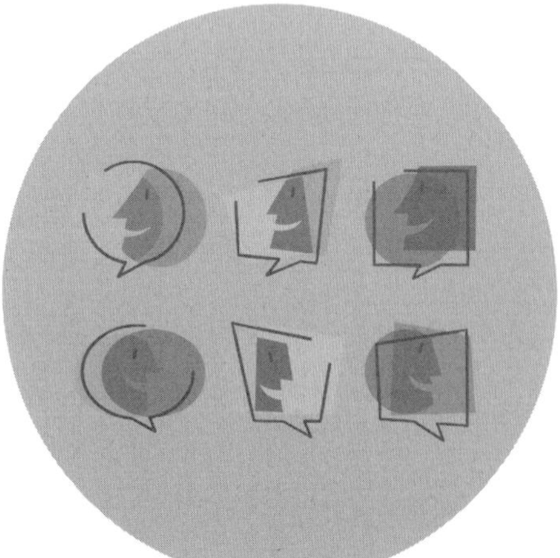

제4부

상담윤리 및 법률

제10장

상담윤리의 이해와 실제

1. 상담윤리의 이해

미국심리학회(APA)의 전문가직무기준위원회(Committee on Professional Practice and Standards, 2003)에서는 윤리를 정신건강자문단체 구성원들의 직무수행에 적용되는 기준으로 말하고 있는데, 모든 윤리규정에는 정부의 법규에 따라 상담자가 직무수행을 해야 한다고 명시되어 있다. 때문에 상담자는 전문적인 판단을 해야 하는 상황에서 법률과 연관되는 경우가 발생하기 때문에 상담과정에서 일어날 수 있는 법적인 문제에 관해서도 알아야 한다. 또한 독특한 내담자의 상황을 고려하여 문제 발생 시 기계적으로 윤리규정을 적용하지 말아야 하며 매회, 매 순간 다른 해결책이 필요하다. 윤리규정은 모든 딜레마를 해결하기 위한 기준을 삼기 위해 만든 것이 아니며, 개인의 판단능력과 추론의 필요성을 없애기 위해 고안된 것도 아니며(Pope & Vasquez, 2007), 다음의 세 가지 목표를 이루기 위한 것이다(Herlihy & Corey, 2006). 첫째, 상담자의 업무상 문제를 다뤄야 할 때 자각 수준을 높이고 가치관을 명료하게 할 수 있도록 건전한 윤리적 직무수행에 관해 전문가를 교육하는 것이다. 둘째, 상담자는 자신의 행동뿐만 아니라 동료에게도 윤리적 직무수행을 장려해야 할 의무가 있으므로 직업적 책임을 위한 장치이다. 셋째, 상담자가 윤리적 딜레마에 관한 입장을 분명히 하는 데 도움이 되는 직무수행을 하는 촉매제 역할을 한다. 따라서 윤리규정의 목적은 내담자의 권익을 최대한 보장함으로써 내담자의 복지를 도모하고, 상담이 이루어지는 동안 내담자를 보호하고 최상의 서비스를 제공할 수 있도록 전문가를 이끌기 위함이다.

다음은 윤리관에 대한 설명이다.

1) 윤리적 가치

Kitchener(1984)는 윤리적 가치에 대해 선의(beneficence), 비해악성(nonmaleficence), 자율성(autonomy), 충실성(fidelity) 그리고 정의(justice) 등이 상담과 심리치료에 적용될 수 있는 윤리적 가치라고 하였으며, Brincat와 Wike(2000)은 여기에 정직(integrity)와 인간 존중(resepect for persons)을 첨가하였다. 미국심리학회(American Psychological Association: APA) 윤리기준(2000)은 Brincat과 Wike가 제시한 일곱 가지 가치를 비슷한 것끼리 서로 짝지어 선의와 비해악성, 충실성과 책임감, 정의와 정직과 인간 존중을 윤리적 원칙으로 제시함으로써 윤리적 표준을 삼았다. Corey 등(Corey, Corey, & Calanan, 2003)은 윤리적 가치를 매일의 삶을 안내하는 데 유용한 신념, 태도, 또는 도덕적 미덕이라고 하였다. 또한 Skovholt와 Jennings(2004)는 심리치료 대가들을 연구해서 이들이 가지고 있는 상담윤리 가치들을 제시하였는데, 상담능력, 관계, 비해악성, 자율성 그리고 선의였다. 그러면 여기서 이 가치들, 즉 자율성, 선의, 비해악성, 정의, 정직, 인간 존중, 능력, 관계 등이 무엇이고 상담에서는 어떻게 적용되는지 알아본다. 마지막 두 개—능력, 관계—는 상담대가들이 가치 있게 여기는 것으로 추가된 것이다.

(1) 자율성

자율성은 선택의 자유가 주어지는 것을 말한다. 자율성은 스스로 결정하고 스스로 자기를 주도해 나갈 수 있는 권리다. 그러나 이 선택의 자유는 때로 다른 사람의 '자율성'을 제한하기도 한다. 상담자에게도 상담자의 자율성과 내담자의 자율성이 부딪칠 때가 있는데 상담자가 너무 지나치게 내담자를 간섭하거나 내담자가 스스로 결정할 수 있는 것을 방해한다면 윤리적으로 문제가 된다.

상담자가 지나친 선도나 조언, 지도를 자제하는 것이 윤리적이다. 대신 상담자가 내담자에게 필요한 정보를 단도직입적으로 정직하게 주거나 내담자에게 적절한 방법으로 정보를 제공하여 내담자가 스스로 그 정보를 활용할 수 있게 하면 내담자가 자신의 자율성을 기를 수 있을 것이다. 상담윤리에서 자주 등장하는 상담자의 역량, 전문적 자기공개, 주지된 동의, 사적 권리, 비밀보장 등이 이 자율성과 관련된 개념이다.

(2) 선의

현재의 내담자는 물론이고 잠재 내담자, 더 나아가 일반인을 도와야 하는 의무까지도 포함하는 선의는 기본적으로 다른 사람에게 유익하게 행동할 책임 또는 의무가 있다는 것을 의미한다. 상담자는 조력의 정신을 가지고 전문적 활동을 해야 하지만 자신이 할 수 있는 범위 내에서 해야 하고, 개인뿐 아니라 공공의 복지를 위해서도 활동을 해야 한다. 다시 말해, 상담자는 내담자가 기대하고 있는 전문성을 발휘해야 하며, 이미 공지되고 있는 서비스를 제공해야 한다. 그래서 선의와 관련된 윤리규범은 상담자의 전문적 상담역량이 확보되어야 하는 것, 주지된 동의와 이중관계와 관련한 것이다.

(3) 비해악성

비해악성은 고의적이든 비고의적이든 내담자에게 고통을 가하는 것을 피하거나 극소화시키거나 예방하는 것이다. 그래서 비해악성은 상담자와 같이 조력하는 전문가에게는 가장 근본적인 윤리 가치다. 상담자는 의도치 않게 내담자를 괴롭힐 수 있다. 사실 내담자는 약자에 해당하고 상담자의 주도성을 순순히 따르는 경우가 많다. 상담자가 개인적 갈등이나 방어 등 자신의 미해결 과제에 의한 역전이 문제를 일으킬 수 있다는 것은 많은 교과서에서 지적하고 있다. 상담자에게 여행, 운동, 개인 심리치료와 같은 자기치료를 권장하는 이유도 여기에 있다. 이는 비해악성은 의도하지는 않았지만 어쩌다 발생할 수 있는 해까지도 고려해서 상담을 해야 한다는 것으로 상담자의 전문역량, 주지된 동의, 이중 관계, 공적 발표와도 관련되어 있다.

(4) 정의

정의는 치료하는 과정이나 평가 혹은 치료에 필수적인 자원이라도 공정해야 하고 공평해야 한다는 것을 말한다. 즉, 동일한 상담기관에서 일하는 상담자들도 그 전문적 역량이 다를 수 있지만, 그렇다고 해서 상담할 때 내담자에게는 그러한 차별성이 있어서는 안 된다는 것을 말한다. 내담자가 가난하거나 타 문화의 사람이라는 사회적 약자라고 해서 미숙한 상담자가 담당하는 등의 태도는 정의 가치에 위반된다.

(5) 충실성

실제로 상담에서 신뢰 있는 관계는 상담의 성과에 가장 중요한 요소인데, 충실성은 정직, 충성 등 끝까지 성실하게 상담하겠다는 약속을 의미한다. 때문에 상담에서는 충실성이 매우 중요한 가치가 된다. 상담자는 내담자에 대해 더 이상 관심이 없어졌다고 해서 상담을 그만둘 수 없다. 일반 사람들은 관계가 싫으면 자발적으로 끊을 수 있지만 상담자는 그렇지 않다. 즉, 충실성은 상담자와 내담자가 맺는 사회적 계약의 성격을 갖기 때문에 법적인 문제로 여기는 경우도 있지만, 그보다는 상담자가 전문적 자기공개, 주지된 동의, 비밀보장의 유지, 사실의 은폐 부인, 이중 혹은 다중 관계를 갖지 않는 등의 상담실제와 관련되는 가치다.

(6) 정직

정직은 진실되게 상담하고 거짓말하지 않는 것을 의미한다. 더 나아가 내담자와 맺은 약속을 지키려 애쓰고 잘 모르는 기법이나 개입은 실시하지 않는다는 것을 의미한다. 해보다는 이득이 많기 때문에 필요에 따라 거짓이 있었다 할지라도 그 이후의 책임을 지는 것까지 정직에 포함된다. 상담에서의 주지된 동의, 비밀보장, 이중 및 다중 관계의 부인 등이 정직과 관련된 개념이다.

(7) 인간 존중

인간 존중은 모든 사람의 존엄과 가치를 존중하고, 개인의 사생활, 비밀보장 그리고 자기결정 등에 대한 권리가 있음을 의미한다(최해림 외, 2014). 이런 면에서 상담자가 비밀보장이나 사생활, 자기결정 등이 쉽게 깨질 수 있는 사람들의 권리와 복지를 보호하는 것이 필요함을 인식해야 한다. 따라서 나이, 성 정체감, 문화, 인종, 민족, 문화, 종교, 장애, 언어 및 사회경제적 지위에 의해 권리가 쉽게 위협받을 수 있다는 것을 인식하는 것과 이로 인한 편견이나 의도하지 않은 방해 등을 제거하기 위해 노력하는 것이 중요하다. 상담의 주지된 동의, 비밀보장, 다문화에 대한 민감성, 영적 민감성 등이 인간 존중의 가치와 관련이 있는 것이다.

(8) 능력

상담의 대가들을 연구해서 나온 가장 명쾌한 가치는 뛰어난 상담능력이었다(Skovholt & Jennings, 2004). 대가들은 현재의 실력에 안주하지 않고 더 높은 수준에 이르려고 지속적으로 노력하였다. 역량을 키우려는 욕구는 한계에 부딪히는 자신을 발견하는 데서 비롯되며, 이러한 욕구는 평생학습자로의 모습을 가지게 한다. 이들은 자신의 사례를 통해서뿐만 아니라 자문이나 슈퍼비전을 하면서 학습할 기회를 얻는다. 이렇게 역량을 키우다 보면 자연스럽게 윤리적 민감성이 발달된다. 또한 모호함에 대해 더 잘 견디게 되고, 아무리 복잡하거나 독특한 사례라도 견디는 힘이 생긴다.

(9) 관계

상담에서 상담대가들은 관계를 만들고 유지하며 중요하게 여기는 것이 상담에서 매우 중요한 가치라고 하였고, 내담자와의 관계도 중요하게 생각하지만 동료, 가족, 친구와의 관계도 가치 있게 여긴다. 특히, 동료와 굳건한 전문적 관계를 만드는 것을 매우 중요하게 여기는데, 이러한 관계가 대가들의 역량을 유지하게 하는 데 기여하기 때문이다. 물론 가장 중요한 관계는 내담자와의 관계이며, 내담자와의 관계는 상담성과에 직접적으로 영향을 미친다.

2) 전문적 · 윤리적 · 법적 행동

우리는 비전문적인 행동을 비윤리적 행동이라고 지적할 때가 있는데, 예를 들어 상담자가 상담시간에 늦는다거나 상담시간에 나타나지 않는다면 이것은 비윤리적 행동이기보다는 비전문적 행동이며, 분명 상담성과에도 영향을 미칠 수 있는 행동이다. 때문에 전문적 · 윤리적 · 법적 행동을 살펴보면 윤리적 행동은 오랜 시간 동안 사회와 문화가 수용해 온 결과에 의해 그 사회의 기본적 규범이 된 것이고, 법적 행동은 역사적 사건에 의해 명문화된 결과에 따라 결정되는 행동이다. 그러나 윤리적 행동은 전문적 행동과 법적 행동과 달리 오히려 윤리기준에 한해서 규정된다.

최해림 외(2014)의 전문적, 윤리적, 법적 행동을 살펴보면 다음과 같다.

(1) 전문적 행동

전문적 행동은 상담자가 속해 있는 기관에의 직무 규범에서 정하는 행동을 말한다. 즉, 전문인을 고용한 기관이 요구하는 최소한의 규범이다. 약 30년 전 필자가 한때 일했던 대학교의 학생생활상담센터에서는 블루진 스커트나 민소매 옷, 슬리퍼 등을 금하는 상담자의 복장 규정이 있었는데, 이것은 비윤리적 행동이 아니라 기관 규정에 의한 비전문적 행동에 해당한다. 30년이 지난 현재 대개의 상담센터에서는 이러한 행동이 비전문적 행동으로 인식되지 않으며, 청소년 상담기관에서는 보다 캐주얼하게 옷을 입는 것이 권장되기도 한다. 이처럼 전문적 행동은 기관의 규정과 더 관련 있다. 그래서 상담자들은 자신이 일하는 곳에서 명문화되어 있거나 암묵적으로 요구되는 전문적 행동이 있는지 확인하는 것이 필요하다. 암묵적으로나 명시적으로 요구되는 전문적 행동은 시대나 삶의 원칙에 따라 다르다. 만약 수용하기 어려운 행동의 요구가 있을 때는 동료나 슈퍼바이저와 논의하는 것이 필요하다.

(2) 윤리적 행동

원래 윤리적 행동은 보편타당한 기준에 의해 이루어진 행동이다. 보편타당성은 역사적으로 오랜 시간 동안 그 사회와 문화가 수용해 온 결과다.

윤리적 행동은 특정 전문 분야가 명문화해 놓은 조직의 규정에 의해 좌우된다. 대부분의 윤리적 행동은 내담자의 권리, 적절한 상담관계, 상담자격 조건과 관련되어 있다. 즉, 내담자의 존엄과 복지를 촉진하고 해악을 피하며, 지식의 기본과 능력을 확립하고 유지하며, 비밀보장을 확실하게 하고, 이중 관계와 이익의 갈등을 피하고 전문직의 청렴을 강조한다. 이러한 윤리적 행동은 법, 자신이 자격증을 받은 단체나 학회에서 정한 윤리기준 및 자신의 사회·도덕적 가치관 등 세 가지 출처에 근거한다. 한국상담심리학회의 윤리강령은 내담자를 보호하기 위해 만들었지만, 상담자를 보호하기도 한다.

(3) 법적 행동

때로는 비윤리적 행동이 비법적, 즉 범법 행동일 때가 있다. 초등학교에서 일하는 전문상담교사가 학생을 상담하는 중에 부모가 아이를 자주 굶기고 때리기까지 한다는 말을 듣고도 아이의 마음과 행동만을 대상으로 상담한다면 이것은 분명 범법 행동이다. 왜냐하면 「아동복지법」 제26조(아동학대 신고의무와 절차)에는 누구든지 아동학대를 알게 된 때에는 아동보호전문기관 또는 수사기관에 신고해야 한다고 명시해 놓고 있으며, 이러한 의무를 가지는 제1항의 대상이 「초·중등 교육법」 제19조의 규정에 따른 교원이기 때문이다. 아동학대를 알게 된 누구든지 신고를 할 수 있다는 임의 규정이 아닌 교사는 강제 규정이기 때문에 이를 시행하지 않으면 법에 저촉된다. 이처럼 동일한 행동도 누구에게는 윤리적 행동이지만 다른 사람에게는 법적 행동이 된다.

사실 상담자가 예고 없이 상담에 늦거나 빠진다는 것은 비윤리적 행동이고 비전문적 행동이다. 그러나 윤리기준에 예고 없는 상담자의 결석이 명시되어 있지 않다면 이는 비전문적 행동에 해당한다. 상담자가 내담자의 사적 정보를 자신의 가족에게 이야기하였다면 이것은 비전문적 행동이며 동시에 비윤리적 행동이다. 특히, 비밀보장과 관련된 내용은 대개의 전문가 집단의 윤리기준에 명시되어 있다. 상담하는 아동의 학대를 무시하는 것은 분명 비전문적 행동이고 비윤리적 행동이다. 그러나 학대받는 아동에 대한 신고는 상담자의 의무로서 법에 명시되어 있기 때문에 비법적 행동, 즉 범법 행위로 간주된다. 다시 말해, 전문적 행동과 윤리적 행동 그리고 법적 행동은 그 정하는 내용이 어디에 명시되어 있느냐와 관련된다.

<표 10-1> 비전문적 행동, 비윤리적 행동 및 비법적 행동의 판단기준 비교

	비전문적 행동	비윤리적 행동	비법적 행동
판단 기준	일하는 기관의 직무 규범에 어긋난 행동	조직의 강령에 어긋난 행동	법령에 어긋난 행동
예	• 상담자의 상담시간 지각, 고지하지 않은 결석 • 너무 화려하거나 선정적인 복장	• 상담자의 일방적 상담 종료 • 비밀 누설 • 이중 관계	• 상담자가 상담 중 알게 된 아동학대를 신고하지 않는 것

자료: 최해림 외(2014). 전문적 상담현장의 윤리. 학지사.

3) 소망적 윤리의무와 법적 윤리의무

윤리적 의무를 두 가지로 나누어 생각해 보면 우리가 지켜야 하는 의무의 범주를 가늠할 수 있다. 아주 최소한의 기준은 윤리의 가장 기초에 해당하는 것으로 법적으로 정해 놓은 윤리적 의무다. 가장 이상적인 수준은 윤리의 최상을 의미하는 소망 수준의 의무다(Gert, 1981), 일반적으로 사람들은 법적 의무를 지키지 못하면 비판을 받거나 벌을 받는다. 그렇다고 해서 그것을 아주 성공적으로 이행했다고 해서 칭송을 받는 것은 아니다. 반대로 소망적 의무를 따르지 못했다고 해서 아무도 비판하거나 벌을 주지 않는다. 그러나 그러한 기준들을 잘 따르는 사람은 칭송을 받는다. 대체로 '하지 말아야 할 것'은 법적 의무에 해당하고, '해야 할 것'은 소망적 의무에 해당한다. 도둑질하지 말아야 하는 것은 법적 의무에 해당하고, 친구를 위해 기꺼이 희생하는 것은 소망적 의무에 해당한다. 이런 면에서 윤리기준에 있는 조항들은 법적 의무에 해당한다.

이러한 소망적 의무와 법적 의무를 혼돈하지 않는 것은 중요하다. 만약 어떤 사람이 소망적 의무를 법적 의무로 오해하고 있다면 자신은 '매우 윤리적이지 못하다.'고 하면서 자책할 수 있다. 내담자를 인격적으로 존중하고 문제를 잘 해결해 주는 것은 매우 소망적인 의무에 해당한다. 초심 상담자들은 이러한 소망적 의무를 법적 의무로 생각해 자신을 한없이 질책하면서 위축되기도 한다. 반대로 법적 의무를 소망적 의무라고 혼돈하면, 분명히 하지 말아야 하는 것을 지키면 좋고 안 되어도 할 수 없다는 식으로 되어 버린다. 비밀보장이 되면 좋지만 안 되어도 그렇게 문제가 되지 않는다는 태도가 있다면 여기에 해당한다. 이렇게 생각하는 상담자는 없겠지만, 이러한 태도는 전문가로서 책임감 있는 태도를 도모하는 훈련에 상당 부분 실패한 셈이다(최혜림 외, 2014).

2. 윤리규정의 한계

1) 문제점

다양한 윤리규정을 전문적인 직무수행과 관련하여 어떻게 해석할 것인가는 당신의 윤리적 인식과 문제 해결 기술에 달려 있다. 윤리규정은 막중한 책임이 따르는 전문적 행동을 상세히 알려 주는 요리책이 아니라서 건전한 윤리적 결정을 위한 요리법이 나와 있지 않다(Welfel, 2010). 윤리규정 가운데 오해의 여지없이 명확한 지침이 나와 있는 문제는 몇 가지 안 된다. 예를 들어, 미국심리학회(2002)는 윤리규정에 모든 해답이 들어 있지도 않고 심리학 관련 실무자가 맞닥뜨릴 수 있는 모든 딜레마가 구체적으로 제시되어 있지도 않다고 명백히 밝히고 있다. 요약하면, 윤리규정은 윤리적 책임을 행사하는 데 필수적이지만 충분하지는 않다. 이러한 규정들의 제한점을 인식하는 것이 중요하다(APA, Herlihy & Corey, 2006; Herlihy & Remley, 1995; Pope & Vasquez, 2007 참조). 윤리적으로 책임 있게 행동하려고 노력할 때 겪을 수 있는 문제점들을 소개하면 다음과 같다.

- 윤리규정에 의존하는 것만으로는 해결할 수 없는 문제들도 있다.
- 명확성과 정밀성이 부족하여 윤리적 딜레마를 평가하는 데 어려움을 초래하는 규정들도 있다.
- 단순히 윤리규정과 직무수행 지침을 공부하는 것만으로는 윤리적인 직무수행을 보장할 수 없다.
- 여러 단체의 윤리규정들 간에는 상충되는 점들이 있고, 심지어 한 단체의 윤리규정 내에도 갈등 요소가 있다.
- 여러 전문가단체에 소속되어 있는 상담실무자는 주면허(state license)를 소지하고 전문영역의 자격증을 보유하고 있으면서 다수의 윤리규정들에 기초하여 전문적 직무수행을 할 책임이 있지만, 그런 규정들이 동일하지 않다는 데 문제점이 있다.
- 윤리규정은 사전예방(proactive)이라기보다는 사후처리(reactive)에 가까운 특성을 갖고 있다.
- 상담실무자의 개인적 가치관이 윤리규정에 나온 특정 기준과 상충될 수도 있다.
- 윤리규정이 몸담고 있는 기관의 방침과 관례에 일치하지 않을 수도 있다.
- 윤리규정은 문화적 틀 내에서 이해할 필요가 있다. 그러므로 규정은 특정 문화적 배경에 맞춰 융통성 있게 적용해야 한다.
- 신고의 의무와 관련해서 윤리규정이 주정부 법률이나 법규와 일치하지 않을 수도 있다.
- 정신건강 전문가단체 안에도 다양한 관점이 존재하기 때문에 소속 단체 윤리규정의 모든 사항에 구성원 모두가 동의하지 않을 수도 있다.

2) 윤리규정을 지침으로 활용하는 방법

윤리규정은 모든 윤리적 딜레마를 해결하기 위한 청사진으로 삼기 위해 만든 것이 아니며, 개인의 판단능력과 윤리적 추론의 필요성을 없애기 위해 고안된 것도 아니다. 윤리적 책임을 지기 위한 능동적이고 신중하며 창의적인 접근을 형식적인 윤리원칙들이 대체할 수는 없다(Pope & Vasquez, 2007). 윤리규정을 기계적으로 적용하지 말아야 하는 이유는 각 내담자의 상황이 독특하여 그때마다 다른 해결책이 필요하기 때문이다.

3) 윤리규정과 법

윤리(ethics)는 정신건강 전문가단체 구성원들의 직무수행에 적용되는 기준이고, 법(law)은 지역사회, 국가에 거주하는 사람들의 행위에 적용되는 규율이다.

4) 사생활보호

법률상 사생활보호(privacy)란 개인이 간섭을 받지 않고 자신의 개인정보를 통제할 수 있는 헌법상의 권리를 가리킨다(Wheeler & Bertram, 2008). 상담실무자는 내담자의 사생활보호와 관련하여 주의를 기울여야 한다.

3. 상담윤리의 실제

실제 상담현장에서 상담윤리가 적용되는 것은, 때론 모호하고 복잡한 상황에 의해 지침대로 적용하기 어려운 경우가 많다. 때문에 상담자와 상담기관은 이론적인 상담윤리를 숙지해야 할 뿐만 아니라 돌발적이고 다양한 실제상황에 대한 이해가 필요하다. 다음은 현장에서 생길 수 있는 여러 윤리적 문제들과 법령들을 살펴보고 전문적인 상담윤리를 이해해 보고자 한다.

1) 경제사정이 나쁜 상담바우처 대상자가 상담바우처를 현금화해 달라고 부탁을 한다면 들어주어야 하는가?

상담자는 내담자와 오랜 기간을 상담하거나 친밀해질 경우, 종종 바우처 비용을 현금화해 달라는 부탁을 받을 수 있다. 상담을 하지 않고 상담서비스 제공 비용을 받아 현금화할 경우, 법적 기준에 의해 상담기관은 처벌 대상이 된다. 때문에 어떠한 이유라도 상담바우처 비용에 있어 서비스를 제공하지 않고 현금화하여 개인적인 용도로 사용해선 안 된다.

☞「사회서비스 이용 및 이용권 관리에 관한 법률」 제21조, 제36조에 의해 부당이득 징수에 해당된다.

- 징수주체: 상담기관 등록증을 발급한 시장 · 군수 · 구청장
- 징수대상: 비용을 지급받은 제공자
- 징수범위: 비용에 상당하는 금액의 전부 또는 일부
- 처분방법: 제공된 서비스 비용 환수, 경고, 영업정지 및 취소, 과징금, 과태료

2) 상담자가 이전에 근무했던 내담자와 상담기관의 비밀에 대하여 현재 비밀을 누설해도 되는가?

상담제공자나 제공자였던 자, 제공자의 종사자거나 종사자였던 자 등이 내담자와 기관에 대한 비밀을 누설할 경우, 2년 이하의 징역 또는 1천만 원 이하의 벌금에 처한다.

☞「사회서비스 이용 및 이용권 관리에 관한 법률」 제33조(비밀 누설 금지)에 해당된다

3) 상담기관은 내담자의 소득이나 성격이 마음에 들지 않는다는 이유로 내담자를 거부할 수 있는가?

상담자와 상담기관은 정당한 사유 없이 상담을 거부하거나 내담자를 선택해서 상담을 제공하지 않아야 하며, 내담자를 선별하여 상담하는 문제는 윤리에 위반된다.

☞ 「사회서비스 이용 및 이용권 관리에 관한 법률」 제23조 제1항에 의해 경고, 영업정지 및 취소 처분에 해당된다.

- 징수주체: 상담기관 등록증을 발급한 시장 · 군수 · 구청장
- 처분범위: 경고, 영업정지 및 상담기관 등록취소

4) 내담자가 상담바우처를 이용하며 자기부담금을 감면해 달라고 요구하거나 상담기관이 영리를 목적으로 내담자가 내야 하는 부담 비용(소득에 따른 자기부담금)을 감면해도 되는가?

내담자가 상담바우처를 이용할 때는 소득에 따른 자기부담금이 발생한다. 이때 정해진 상담의 횟수를 줄이거나 다른 내담자를 소개하며 자기부담금을 감면해 달라고 조르는 경우가 발생하기도 하고, 때로는 상담기관이 영리를 목적으로 내담자를 유치하기 위하여 자기부담금을 감면해 주는 경우가 발생하기도 한다. 또한 이용자 유치를 위해 금전, 물품, 향응, 노무, 그 밖의 이익 제공 또는 제공을 약속하면 안 된다. 이는 모두 위반행위로서 상담바우처 이용 시 내담자는 정해진 자기부담금을 기한 안에 내야 한다.

☞ 「사회서비스 이용 및 이용권 관리에 관한 법률」 제19조 7항 제3호 의해 경고, 영업정지 및 취소 처분에 해당된다.

- 징수주체: 상담기관 등록증을 발급한 시장 · 군수 · 구청장
- 처분범위: 경고, 영업정지 및 상담기관 등록취소

5) 자살할 것이라고 말하는 내담자의 비밀유지를 해야 하는가?

상담자는 사전에 내담자에게 타인에게 해를 끼치는 상담내용이나 구체적인 자살내용 또는 미성년자 학대와 같은 경우에는 비밀유지를 깨뜨리고 공개할 수 있다는 것을 설명해야 한다. 또한 사전 동의를 할 능력이나 미성년자나 자격이 없는 성인 내담자의 경우에도 사전 허락을 받는 것이 필요하다. 허락(assent)과 사전 동의(informed consent)는 정신과 치료 등과 같은 의료 분야에서 자주 사용하는 것인데, 상담서비스 분야에도 사용되는 유익한 윤리규정이다.

6) "왜 상담을 받은 지 6개월이 지났는데 상담실 외의 장소인 학교(다른 장소)에서는 변화가 없나요?"

상담의 성과는 일정한 시간이 지난다고 해서 뚜렷한 효과가 나타난다기보다는 개인차와 개인의 환경에 대한 조건이 함께 작용한다. 따라서 단기간에 상담의 효과가 나타나기도 하지만, 오랜 기간 상담을 지속했을 때 상담의 효과성이 나타나기도 하고 개인의 주관적인 잣대가 함께 작용되기 때문에 상담자가 단정해서 효과성을 알려 주기는 쉽지 않다. 또한 협의의 영역에서 나타난 상담의 효과가 광의의 영역으로 확대되기에 내담자를 비롯하여 내담자의 보호자는 기다릴 수 있는 버티기가 필요하다.

7) 고용된 상담원은 자신의 상담내용에 대해서 상담소 소장이 요구할 때 상담내용에 대하여 알려야 하는가?

상담자는 내담자의 동의 없이는 상담내용을 공개해서는 안 되며, 내담자로 하여금 상담내용 공개에 대해 동의하게끔 유도하는 발언을 해서도 안 된다. 상담자는 상담소장에게 상담내용 공개목적에 대하여 질의를 하고 그 내용이 내담자의 복지향상에 도움이 되는가를 판단하여야 한다. 도움이 된다고 판단되는 경우 내담자와 상의를 통하여, 그리고 합의된 경우에 한하여 상담내용을 소장에게 공개할 수 있다.

〈예외적으로 상담내용을 공개하는 경우〉

- 사전에 업무 규정에 따라 슈퍼바이저 역할 등으로 소장에게 전달하는 경우

8) 상담자는 내담자의 상담내용에 대하여 함께 근무하는 동료들과 공유할 수 있는가?

상담자는 내담자의 상담내용에 대해 같은 상담실에서 근무하는 다른 동료에게 전달하지 말아야 하며, 공개하지도 공유하지도 말아야 한다. 그러나 상담을 지속적으로 진행하다가 부득이한 상황, 즉 출산이나 질병으로 상담실에 단기간 근무할 수 없을 때에는 내담자의 동의를 얻어 다른 상담자에게 의뢰하는 과정에서 공유할 수 있다.

〈예외적으로 상담내용을 공개하는 경우〉

- 상담실 내에 상담자들에게 공개
- 상담실 내에 상담기록일지 서버가 구축되어 가동되는 상담실인 경우

9) 법정 요구에 의해 상담기록 일지를 제출해야 하는가?

상담관련 문서를 제공하거나 공개해서는 안 된다.

〈예외적으로 상담문서를 제공하는 경우〉

- 수색영장을 발부받아 올 때 자료를 제출
- 법원의 심리 도중 판사가 관련 자료를 제출하라는 문서 송부 촉탁 명령을 내린 경우, 단 상대편에 의한 일방적 자료 요청은 상담자와 내담자의 비밀보장을 우선시하는 것이 더 합당한 것으로 판단되므로 법원의 경우에도 내담자 또는 보호자 동의 없이 모든 자료를 제출할 것인지에 대해서는 다툼의 여지가 있다.

10) 동료 상담자의 비윤리적 행위에 대해서 비밀보장이 필요한가?

동료 상담자의 비윤리적인 행위라면 비밀보장을 파괴해도 된다. 이는 상담자 전체의 공익성을 보호하고 건강한 상담서비스를 제공해야 할 상담자들이 보호받아야 할 복지 차원에서도 그렇다. 동료 상담자의 비윤리적인 면을 알게 되었을 때 상담을 중단하도록 적극적으로 권유하는 것도 좋은 방법일 수 있다. 또한 동료 상담자의 비윤리적인 사실을 알게 된 상담자는 소속 윤리위원회에 보고할 의무가 있다.

11) 상담자는 내담자가 동성애자인 것을 알고 집단상담에 참가시켜야 하는가?

내담자의 인권보장 및 윤리적 측면에서 참가를 거부할 이유는 없다. 집단상담 시에 내담자의 자기노출 또한 전적으로 내담자의 의지에 달려 있다. 또 다른 이유로 내담자가 순수하게 집단상담을 통해서 자신을 치유하고 싶어 한다면 상담자는 거절할 필요가 더욱 없다.

12) 상담자는 내담자가 에이즈 환자인 것을 알고 비밀유지를 해야 하는가?

내담자는 자신의 인종, 성별, 신체 건강상태 등에 따라 차별대우를 받아서는 안 되기 때문에 에이즈 환자인 것을 비밀로 유지해야 한다. 「후천성 면역결핍증 예방법」 제7조에 의하면, 국가와 지방자치단체에서 후천성 면역결핍증의 예방 관리와 감염인의 보호 지원에 관한 사무에 종사하고 있는 자는 퇴직 후에도 정당한 사유 없이 감염자에 관하여 업무상 알게 된 비밀을 유지할 것을 명시하고 있다.

☞ 「사회서비스 이용 및 이용권 관리에 관한 법률」 제33조(비밀 누설 금지)에 해당된다.

〈예외적으로 비밀유지를 파기해야 할 경우〉

- 내담자가 아무하고나 성관계를 맺어 다른 사람들도 감염시키고 싶다는 의도를 표하거나 실행에 옮겼을 경우(상담자는 제삼자의 감염 위험자에게 공개할 수 있

는 것에 대한 서면 사전 동의가 필요하다)
- 상담의 최고의 목표를 염두하고 내담자 스스로가 공개할 수 있도록 돕는 일

13) 상담자가 내담자에게 흥미를 느끼지 못할 때 상담을 계속해야 하는가? 중단해야 하는가?

상담자가 내담자에게 흥미를 느끼지 못한다고 해서 상담을 중단해서는 안 되며, 내담자의 어떤 점 때문에 흥미를 못 느끼는지를 파악하여 전문성을 저해하지 않도록 해야 한다.

또한 상담자와 상담기관은 정당한 사유 없이 상담을 거부하거나 내담자를 선택해서 상담을 제공하지 않아야 한다.

☞ 「사회서비스 이용 및 이용권 관리에 관한 법률」 제23조 제1항에 의해 경고, 영업정지 및 취소 처분에 해당된다.
- 징수주체: 상담기관 등록증을 발급한 시장 · 군수 · 구청장
- 처분범위: 경고, 영업정지 및 상담기관 등록취소

〈예외적으로 상담자를 변경해야 하는 경우〉
- 내담자의 문제가 처음 진단할 때와 달리 자신이 감당하기 어려운 판단이 드는 경우(상담자는 내담자와 상의하여 다른 상담자에게 의뢰)

14) 상담자는 친인척 또는 연인 관계의 경우 상담을 요청할 때 상담해 주어야 하는가?

이중 관계이기 때문에 하지 말아야 한다. 이러한 경우 지나치게 사적인 관계로 인하여 내담자의 솔직성과 개방성이 방해받게 되고, 결국 상담의 효과성을 저해하게 된다. 때때로 상담소가 이윤을 목적으로 소장이나 상담사의 자녀를 내담자로

둔갑시켜 상담료를 국가에서 지불받는 경우가 있다. 이는 명백한 불법이다.

☞ 「사회서비스 이용 및 이용권 관리에 관한 법률」 제23조 제1항에 해당된다.

15) 내담자가 개인의 영리나 물건을 팔 목적으로 상담소를 방문했을 경우 그 물건을 사 주어야 하는가?

때때로 방문판매나 보험 상품 가입을 위해 내담자로 가장하여 상담소를 방문하는 경우가 있다. 이때 상담자는 이윤을 남기거나 개인의 이익을 위하여 내담자의 요구를 들어주어서는 안 된다.

☞ 「사회서비스 이용 및 이용권 관리에 관한 법률」 제21조에 해당된다.

16) 상담자가 비전문 분야에 직면했을 때에 어떻게 해야 하는가?

〈한국상담학회의 윤리강령 참고〉

상담자는 자신의 교육과 수련, 경험 등에 의해 준비된 범위 안에서 전문적인 서비스와 교육을 제공해야 하며, 자신의 능력의 한계를 인정하고 교육이나 훈련, 경험을 통해 자격이 주어진 상담활동만을 해야 한다. 또한 상담자는 자신이 가진 능력 이상의 것을 주장하거나 암시해서는 안 되며, 타인에 의해 능력이 잘못 알려졌을 때는 수정해야 할 의무가 있다. 따라서 상담자는 전문 분야가 아닌 영역에 대하여 다른 전문상담사에게 내담자를 의뢰하여야 한다.

17) 상담자와 내담자 간의 성적인 관계가 가능한가?

상담자와 부적절한 관계를 가진 내담자는 심각한 정서적, 행동적 장애를 가져오며 거부감, 죄책감, 수치심, 고립감, 분노, 우울, 신뢰감의 손상, 자존감의 상실, 분노 표현의 어려움, 정서적 불안정, 정신, 신체적 장애, 성적혼란, 자살 위험의 증가를 나타낸다(shebib, 2006). 따라서 상담자는 내담자와 성적인 관계를 맺거나 부적절한 관계를 맺어서는 안 된다. 가족상담학회에서는 제5조 제3항에서 "상담자는 내담자와 성적으로 친밀한 관계를 맺어서는 안 된다."라고 명시하고 있다.

종종 현장에서는 미혼인 상담자와 내담자가 이성교제와 성적인 관계를 포함하여 결혼까지 하는 경우가 있는데, 이는 상담이 종결된 지 2년 후에 가능하다. 하지만 이 역시 이중 관계 윤리에 위반된다.

18) 내담자가 자신의 상담자와 다른 상담접근에 대해 비교하여 질문을 한다면 화를 내거나 설득을 통해 내담자를 굴복시켜야 하는가?

상담자는 자신의 상담방식과 다르더라도 다른 전문적인 상담접근을 존중해야 한다. 또한 상담자는 함께 일하거나 자신의 상담영역과 다른 상담집단을 이해하고 있어야 하며, 다른 전문적 상담자와 협조적이며 수용적인 태도를 취할 필요가 있다. 만약 내담자가 다른 정신건강 전문가에게 상담을 받는 사실을 알게 되면 긍정적이고 협력적인 치료 관계를 맺도록 노력한다.

- 예: 심리상담을 받는 아동이 언어치료를 받는 경우 상호 협조한다.
- 주의: 상담자는 다른 전문가로부터 의뢰비용을 받으면 안 된다.

19) 상담자는 자격증 취득 후 상담자격이 주어졌는데도 불구하고 상담연구를 포함하여 학문적으로 연구하여야 하는가?

상담자는 전문가로서의 태도를 갖추어야 하며, 자신의 활동 분야에서 최신의 과학적이고 전문적인 정보와 지식을 유지하기 위해 지속적으로 교육과 연수를 받아야 한다.

- 예: 자격증 취득 후 일정기간 경과 후 보수교육을 받는다.

20) 등록된 상담서비스 제공기관이 아님에도 소정의 사용료를 등록된 기관에 제공하고 상담을 진행해도 되는가?

상담은 등록된 상담장소와 제공인력에게 제공받아야 하며, 상담서비스의 이익을 두고 등록되지 않은 제공기관과 거래가 이루어져서는 안 된다.

☞ 「사회서비스 이용 및 이용권 관리에 관한 법률」 제21조에 해당된다.

참고문헌

최해림, 이수용, 금명자, 유영권, 안현의(2014). 전문적 상담현장의 윤리. 서울:학지사.

American Psychological Association(2002). Ethical principles of psychologists and code of conduct.

Brincat, C. A., & Wike, V. S. (2000). Morality and the professional life: Values at work. Prentice Hall.

Corey, G., Corey,M.S., & Calanan, P. (2003). *Issues and ethics in the helping professions*(5th ed.). pacific Grove, CA: Brooks/Cole Publishing Company.

Gert Stange. (1981). The ocellar component of flight equilibrium control in dragonflies. *Journal of comparative physiology, 141*(3), 335-347.

Herlihy, B., & Remley, T. P. (1995). (Unifi ed)ethical standards: A challenge forprofessionalism. *Journal of Counseling and Development*, *74*(2), 130–133.

Herlihy, B., & Corey,G. (Eds.). (2006). *ACA ethical standards casebook* (5th ed.). Alexandria, VA: Amercan Counseling Association.

Kitchener, K. (1984). Intuision, critical evaluation, and ethical principles: The foundation for ethical decisions in counseling Psychology. *Counseling Psychologist, 12*, 43-55.

Pope, K. S., & Vasquez, M. J. T. (2007). *Ethics in Psychotherapy and Counseling: A Practival guide for psychologists*. San Feancisco: Jossey-Bass Publishers.

Skovholt, T. M., & Jennings, L. (2004). *Master therapists: Exploring expertise in therapy and counseling*. Boston, MA: Pearson Education.

Welfel, E. R. (2010). *Ethics in counseling and Psychotherapy: Standards, research, and emerging issues* (4th ed.). Belmont, CA: Brooks/Cole, Cengage Learning.

Wheeler, A. M., & Bertram, B. (2008). *The counselor and the law*. Alexandria, VA: American Counseling Association.

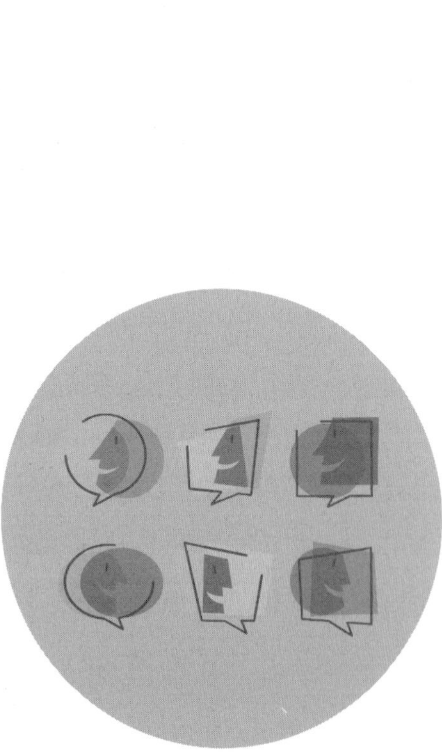

제11장

상담관련 법률의 이해

1. 상담바우처와 관련한 점검규정

- 시 · 도지사 또는 시장 · 군수 · 구청장은 「사회서비스 이용 및 이용권 권리에 관한 법률」 제32조 및 사업지침의 규정에 따라 관계 공무원 등으로 하여금 관할 지역 내 등록되어 있는 기관을 대상으로 운영 전반에 대하여 점검하게 하는 것을 원칙으로 함
  - 관내 상담기관의 운영 전반에 대하여 점검하는 것을 원칙으로 하되, 시 · 도지사 또는 시장 · 군수 · 구청장이 관내 서비스 제공 현장의 여건에 따라 필요하다고 인정하는 경우 당해 연도 점검 계획을 수립하여 대상 범위를 일부 조정하거나 아래의 중점 점검사항을 중심으로 실시할 수 있음

※ 수시 점검은 실적보고를 하지 않거나 실적이 저조한 기관, 자체 및 복지부(사회보장정보원) 모니터링 결과 이상결제 건수가 많은 기관, 기타 복지부 및 지방자치단체에서 사업 관리를 위해 점검이 필요하다고 인정하는 기관에 대해 실시

- 상담제공(이용)계약서 작성 및 이용자 교육 등 적성 여부
- 상담제공 사실(서비스 제공 기록지 작성 등) 여부
- 상담품질 관리(기준정보 준수 및 적정 제공인력 투입, 교육) 적정 여부
- 제공인력 급여 · 4대보험 · 근무상황, 배상보험, 퇴직급여 적립 여부
- 회계처리의 적정성(회계규칙 준수 여부, 수입 · 지출 증빙서류 구비 여부)
- 상담제공시간 및 이용자 권익 준수 여부

[중점 점검사항]

- 관계 공무원이 점검하는 것을 원칙으로 하되, 전문성과 객관성을 제고하기 위하여 관계인 또는 전문가 등으로 점검단을 구성하거나, 합동 또는 교차점검으로 실시할 수 있음
  - 시 · 도지사 또는 시장 · 군수 · 구청장은 보건소 등 관련 부서(기관, 단체) 전문가(학계), 이용자 등과 합동점검을 실시할 수 있음
  - 시 · 도지사 또는 시장 · 군수 · 구청장은 타 시 · 도 및 타 시 · 군 · 구와 교차하여 지도 · 점검을 실시할 수 있음
- 정기점검의 경우 지도 · 점검 기간을 제공기관에 사전 통보하고 실시하는 것을 원칙으로 하되, 민원제보 등에 의한 수시점검은 사전 통보 없이 실시할 수 있음

  ※ 상담기관은 정기점검 전에 체크리스트를 통한 자체점검을 실시하고 그 결과를 관할 지자체에 제출하여야 함
- 미흡 시 필요한 조치를 취하여야 함
- 상담기관의 관계인(운영자, 책임관리자 등)은 현장점검 시 관계 공무원에게 적극 협조하여야 하며, 공무원은 위반사실에 대하여 제공기관 운영자 및 책임관리자에게 관련 사항에 대한 확인서를 청구할 수 있음

1) 행정사항

- 시 · 도지사 및 시장 · 군수 · 구청장은 현장점검을 통하여 등록된 상담기관의 적정한 품질 관리가 이루어질 수 있도록 점점 담당자의 역량을 개발하여야 함
  ※ 현장점검 방식과 결과의 편차 발생을 최소화하거나 예방하기 위하여 시 · 도별로 현장점검 담당자를 대상으로 점검사항 등 관련 교육 추진
- 시 · 도지사는 매년 제공기관 점검 실시 계획 및 결과(점검결과에 대한 자체평가 포함)를 보건복지부장관에게 보고하여야 함
  - 점검 실시 계획서는 당해 연도 3월말까지, 결과 보고서는 다음 해 2월말까지 제출(시 · 군 · 구별로 별도의 계획을 수립한 경우 해당 내용을 반드시 포함하여 제출)
    ※ 점검 계획은 배경(목적), 점검대상(적정 품질 관리 등) 조치계획 등을 포함하여 지자체 상황을 고려하여 수립 · 실시하고, 점검결과 서식은 복지부 점검계획서의 결과 서식에 의거하여 작성
- 상담기관에 대한 1차적인 관리 주체는 등록증을 발급한 시장 · 군수 · 구청장이 되며, 매년 등록된 제공기관의 70%에 대한 점검 계획 수립 및 현장점검 실시

2. 행정처분(현장점검에 따른 조치)

1) 부당이득 징수

(1) 징수요건(「사회서비스 이용 및 이용권 권리에 관한 법률」 제21조)

- 제공자가 거짓 등 부당한 방법으로 서비스 제공 비용을 지급받은 경우

(2) 징수주체 및 절차(「사회서비스 이용 및 이용권 권리에 관한 법률」 시행규칙 제4조)

① 징수주체: 제공자 등록증을 발급한 시장 · 군수 · 구청장

② 징수대상: 거짓 등 부당한 방법으로 바용을 지급받은 제공자

- 이용자가 거짓 보고 또는 증명 등을 한 경우 시장 · 군수 · 구청장은 이용자에게 제공자와 연대하여 징수금 납부 조치 가능

③ 징수범위: 그 비용에 상당하는 금액의 전부 또는 일부

④ 징수방법: 징수사유 발생 사실, 징수금액, 납부기한(통지한 날부터 30일 이상), 수납기관, 이의신청방법 등을 서면 통지

※ 미납 시에는 국세 또는 지방세 체납처분의 예에 따라 징수

⑤ 징수절차: 시 · 군 · 구의 현장점검, 사회보장정보원의 부당지급서비스에 관한 조사를 통해 부정청구 여부 확인 후 시 · 군 · 구에서는 직접반납을 통보하거나 사회보장정보원에 과 · 오 청구액(부당이득)의 차감지급을 요청할 수 있음

- 반환금액 확정: 시 · 군 · 구청장은 서비스 제공일수 등을 감안하여 제공기관이 반환해야 하는 금액, 납부기일, 납부방법 등을 확정하여 사회보장정보원 및 제공기관에 통보
- 서비스 비용 반환: 제공기관의 장은 시 · 군 · 구로 직접 반납을 통보받은 경우 지체없이 시 · 군 · 구로 반환
- 부당이득 차감지급: 사회보장정보원은 시 · 군 · 구가 징수 대행을 요청한 경우 제공기관에 서비스 비용 지급 시 해당 금액을 차감하고 지급

2) 경고, 영업정지 및 취소 처분

(1) 처분요건(「사회서비스 이용 및 이용권 권리에 관한 법률」 제23조 제1항)

- 거짓이나 그 밖의 부정한 방법으로 등록을 한 경우
- 정당한 사유 없이 등록한 후 1년 이내에 영업을 시작하지 아니하거나 1년 이상 휴업한 경우

- 제16조 제2항에 따른 등록기준에 맞지 아니하게 된 경우
- 제17조 결격사유 각호의 어느 하나에 해당하는 경우
- 제19조에 따른 제공자 준수사항을 위반한 경우
- 소속 종사자가 사회서비스 이용자에 대하여 폭행, 상해, 성적 수치심을 주는 성희롱 또는 성폭력에 해당하는 행위를 한 경우
- 영업정지기간에 영업을 한 경우

(2) 처분주체 및 종류

① 처분주체: 제공자 등록증을 발급한 시장 · 군수 · 구청장

② 처분범위: 경고, 영업정지 및 등록취소

- 영업정지 시 최대 6개월 범위 내에서 그 기간을 정하여 처분 가능

(3) 세부기준

① 처분 누적 및 가중 · 감경 규정

- 횟수에 따른 행정처분기준 적용은 그 위반행위가 있는 날 이전 최근 2년간 같은 위반행위로 행정처분을 받은 경우 적용
- 위반행위가 둘 이상이며 해당 처분기준이 각각 다른 경우 가장 무거운 처분기준에 따름

  ※ 둘 이상의 처분기준이 모두 영업정지인 경우 가장 긴 기간에 나머지 기간의 1/2씩 가중
- 다음 표에 따른 처분기준이 영업정지인 경우 위반행위 정도, 동기와 그 결과 등을 고려하여 처분기간의 1/2 범위에서 가중 · 감경이 가능

〈개별 기준(시행규칙 별표2)〉

<table>
<tr><th rowspan="2">위반행위</th><th colspan="4">행정처분기준
(최근 2년간 동 행정처분 횟수)</th></tr>
<tr><th>1차</th><th>2차</th><th>3차</th><th>4차 이상</th></tr>
<tr><td>· 정당한 사유 없이 서비스 제공 거부
· 제공자에게 부과되는 비용을 이용자에게 부담
· 거짓 정보 공개
· 영리를 목적으로 이용자 부담 비용 감면
· 이용자 유치를 위해 금전, 물품, 향응, 노무,
· 그 밖의 이익 제공 또는 제공 약속
· 소속 종사자가 서비스를 제공받는 이용자에 · 게 폭행, 상해, 성적 수치심을 주는 성희롱 또는 성폭력에 해당하는 행위를 한 경우
· 등록기준에 맞지 아니하게 된 경우</td><td>경고</td><td>영업정지
1개월</td><td>영업정지
3개월</td><td>등록취소</td></tr>
</table>

<table>
<tr><th rowspan="2" colspan="2">위반행위</th><th colspan="4">행정처분기준
(최근 2년간 동 행정처분 횟수)</th></tr>
<tr><th>1차</th><th>2차</th><th>3차</th><th>4차 이상</th></tr>
<tr><td rowspan="4">· 거짓이나 부정한 방법으로 제공 비용 청구
- 서비스를 제공하지 않고 서비스 제공 비용 청구
- 거짓 등 부정한 방법이나 고의로 실제 제공한 서비스 대가 이상으로 서비스 제공 비용 청구</td><td>부담청구액 비율[1]
2% 미만</td><td>경고</td><td rowspan="4">영업정지
3개월</td><td rowspan="4">등록취소</td><td rowspan="4"></td></tr>
<tr><td>2% 이상
3% 미만</td><td>영업정지
10일</td></tr>
<tr><td>3% 이상
4% 미만</td><td>영업정지
20일</td></tr>
<tr><td>4% 이상
5% 미만</td><td>영업정지
30일</td></tr>
<tr><td colspan="2">· 거짓 등 부정한 방법으로 등록을 한 경우
· 정당한 사유 없이 등록 후 1년 이내 영업 개시하지 않거나 1년 이상 휴업한 경우
· 영업정지기간에 영업을 한 경우</td><td>등록취소</td><td></td><td></td><td></td></tr>
</table>

1) 부당청구금액 비율(%): (대상기간 총 부당청구액/대상기간 이용권 관련 총 수입금액) × 100으로 산정함(대상기간은 최소 1개월로 함)

3) 과징금

(1) 처분요건(「사회서비스 이용 및 이용권 권리에 관한 법률」)

- 제23조에 따라 영업정지를 명하여야 할 경우로서 영업정지가 이용자 등에게 심한 불편을 주거나 공익을 해칠 우려가 있는 경우

(2) 처분의 주체 및 범위

① 처분주체: 제공자 등록증을 발급한 시장 · 군수 · 구청장

② 처분범위: 영업정지처분을 갈음하여 최대 1천만 원 이하의 과징금 부과 가능

③ 통지방법: 서면통지(위반행위 종류와 과징금 금액을 구체적으로 기재)

④ 납부방법: 통지받은 날부터 20일 이내[2]에 시 · 군 · 구에서 정한 기관에 납부하고 수납기관은 납부자에게 영수증을 발급한 뒤에 시 · 군 · 구에 통지

※ 천재지변이나 그 밖의 부득이한 사유로 그 기간 내 과징금을 낼 수 없을 때에는 그 사유가 없어진 날부터 7일 이내 납부

※ 과징금 부과처분을 받은 자가 과징금을 기한까지 납부하지 아니하면 국세 체납처분 또는 지방세 체납처분의 예에 따라 징수

(3) 처분 세부기준(「사회서비스 이용 및 이용권 권리에 관한 법률」 시행규칙 제17조)

- 일반기준
  - (산정방식) 영업정지기간 × 1일당 과징금
- 영업정지기간은 보건복지부령으로 정하는 기간(늘리거나 줄이는 경우에는 늘거나 줄어든 기간)을 말하며, 1개월은 30일로 산정
- 1일당 과징금(다음 표 참조)은 위반행위를 한 제공자의 연간 사회서비스이용권 관련 총 수입금액 기준으로 산정
  - 처분일이 속한 해의 전년도 1년간 총 수입금액 기준. 단, 신규영업, 폐업 ·

---

2) 부당청구액 비율이 5% 이상인 경우: 1%마다 3일씩 영업정지 기간을 가중함(소수점 이하의 부당청구액 비율은 1%로 간주)

휴업 등으로 1년간 총 수입금액 산출이 불가하거나 적절하지 않다고 인정되는 경우 분기별, 월별 또는 일별 금액을 연간 금액으로 환산하여 산정

• 영업정지 1일당 과징금 산정기준(시행령 별표1)

등급	연간 총 수입금액(단위: 백만 원)	영업정지 1일당 과징금(단위: 원)
1	10 미만	30,000
2	10 이상 ~ 30 미만	35,000
3	30 이상 ~ 50 미만	42,000
4	50 이상 ~ 70 미만	50,000
5	70 이상 ~ 100 미만	60,000
6	100 이상 ~ 200 미만	72,000
7	200 이상 ~ 300 미만	85,000
8	300 이상 ~ 400 미만	100,000
9	400 이상 ~ 500 미만	115,000
10	500 이상 ~ 600 미만	130,000
11	600 이상 ~ 700 미만	145,000
12	700 이상 ~ 800 미만	160,000
13	800 이상 ~ 900 미만	175,000
14	900 이상 ~ 1,000 미만	190,000
15	1,000 이상 ~	200,000

4) 과태료

(1) 부과요건(「사회서비스 이용 및 이용권 권리에 관한 법률」 제40조)

• 제18조를 위반하여 휴업 · 폐업 신고를 하지 아니한 때

• 정당한 사유 없이 제32조에 따른 출입 · 검사를 거부 · 방해 또는 기피, 질문에 대하여 진술을 거부하거나 거짓으로 진술, 자료제출을 하지 않거나 거짓 보고 또는 거짓 자료를 제출한 경우

(2) 처분주체

- 복지부장관, 제공자 소재 관할 시 · 도지사 또는 시장 · 군수 · 구청장

(3) 부과 세부기준(「사회서비스 이용 및 이용권 권리에 관한 법률」 제 9조 및 별표2)

- 위반행위의 횟수에 따른 기준은 최근 1년간 같은 위반행위로 과태료 부과처분을 받은 경우에 적용
  - 과태료 부과처분을 한 날과 다시 같은 위반행위를 적발한 날을 기준으로 계산
- 금액 강경 사유(다음 각호 해당 시 과태료 금액 1/2 범위 내 감경 가능, 단 과태료를 체납하고 있는 경우는 제외)
  - 「질서위반행위규제법 시행령」 제2조의2 제1항 각호의 경우

「질서위반행위규제법」 시행령 제2조의2 제1항 각호

1. 「국민생활기초 보장법」 제2조에 따른 수급자
2. 「한부모가족지원법」 제5조 제5호의 2 제2항 · 제3항에 따른 보호대상자
3. 「장애인복지법」 제2조에 따른 1급부터 3급까지의 장애인
4. 「국가유공자 등 예우 및 지원에 관한 법률」 제6조의 4에 따른 1급부터 3급까지의 상이등급 판정을 받은 사람
5. 미성년자

  - 사소한 부주의나 오류로 인한 것으로 인정되는 경우
  - 법 위반상태 시정 해소 노력이 인정되는 경우
  - 그 밖에 위반행위의 정도, 동기와 그 결과 등을 고려하여 금액을 줄일 필요가 있다고 인정되는 경우

- 위반행위의 정도, 동기와 결과 등을 고려하여 과태료 금액 1/2 범위 내 가중 가능

위반행위	과태료 금액(단위: 만 원)		
	1차 위반	2차 위반	3차 이상 위반
•「사회서비스 이용 및 이용권 관리에 관한 법률」 제18조를 위반하여 휴업 · 폐업 신고를 하지 않은 경우	50	100	200
• 정당한 사유 없이 「사회서비스 이용 및 이용권 관리에 관한 법률」 제32조에 따른 출입 · 검사를 거부 · 방해 또는 기피한 경우, 질문에 대하여 진술을 거부하거나 거짓으로 진술한 경우, 자료 제출을 하지 않거나 거짓 보고 또는 거짓 자료를 제출한 경우	100	200	300

(4) 벌칙

• 부과요건 및 세부기준(「사회서비스 이용 및 이용권 관리에 관한 법률」 제35조, 제38조)

요건	벌칙 내용
• 거짓 또는 그 밖의 부정한 방법으로 알아낸 이용권 정보를 보유하거나 이를 사용하여 이용권을 사용한 자	5년 이하의 징역 또는 3천만 원 이하의 벌금
• 「사회서비스 이용 및 이용권 관리에 관한 법률」 제10조 제6항을 위반하여 정보 또는 자료를 사용하거나 제공한 자(시 · 군 · 구 공무원 또는 공무원이었던 자 관련 규정)	3년 이하의 징역 또는 2천만 원 이하의 벌금
• 제공자 등록을 하지 아니하거나 「사회서비스 이용 및 이용권 관리에 관한 법률」 제19조 제6항을 위반하여 서비스를 제공한 자	
• 사회서비스를 제공하지 아니하고 제공 비용을 청구하거나, 거짓 등 부정한 방법 또는 고의로 실제 제공한 사회서비스 대가 이상으로 제공 비용을 청구하는 행위 및 이를 중개 · 알선한 자	
• 제공자나 제공자였던 자, 제공자의 종사자이거나 종사자였던 자 등이 비밀을 누설한 경우	2년 이하의 징역 또는 1천만 원 이하의 벌금
• 거짓 또는 그 밖의 부정한 방법으로 사회서비스이용권을 발급받거나 다른 사람으로 하여금 사회서비스이용권을 발급받게 자	1년 이하의 징역 또는 5백만 원 이하의 벌금
• 정당한 권한이 없는 자에게 사회서비스이용권을 판매 · 대여하거나 그 권리를 이전한 자	
• 사회서비스이용권이 기재된 사회서비스를 대신하여 대가성 있는 금전 등 금품을 받은 자	

- 준용되는 「형법」 조문
  - 사회서비스이용권을 「형법」 제214조부터 제217조까지, 제220조, 제223조 및 제224조에서 규정한 유가증권으로 보아 그에 해당하는 위반행위를 한 자는 「형법」 규정상 정한 형으로 각각 처벌

「형법」 관련 조문

- 행사할 목적으로 유가증권을 위조 또는 변조한 자, 유가증권의 권리의무에 관한 기재를 위조 또는 변조한 자는 10년 이하의 징역에 처한다. (제214조)
- 행사할 목적으로 타인의 자격을 도용하여 유가증권을 작성하거나 유가증권의 권리 또는 의무에 관한 사항을 기재한 자는 10년 이하의 징역에 처한다. (제215조)
- 행사할 목적으로 허위의 유가증권을 작성하거나 유가증권에 허위사항을 기재한 자는 7년 이하의 징역 또는 3천만 원 이하의 벌금에 처한다. (제216조)
- 위조, 변조, 작성 또는 허위기재한 전3조 기재의 유가증권을 행사하거나 행사할 목적으로 수입 또는 수출한 자는 10년 이하의 징역에 처한다. (제217조)
- 제214조 내지 제219조의 죄를 범하여 징역에 처하는 경우에는 10년 이하의 자격 정지 또는 2천만 원 이하의 벌금을 부과할 수 있다. (제220조)
- 제214조 내지 제219조와 전조의 미수범은 처벌한다. (제223조)
- 제214조, 제215조와 제218조 제1항의 죄를 범할 목적으로 예비 또는 음모한 자는 2년 이하의 징역에 처한다. (제224조)

- 양벌 규정(「사회서비스 이용 및 이용권 관리에 관한 법률」 제39조)
  - 법인의 대표자나 법인 또는 개인의 대리인, 사용인, 그 밖의 종사자나 법인 또는 개인의 업무에 관하여 「사회서비스 이용 및 이용권 관리에 관한 법률」 제35조부터 제38조까지의 어느 하나에 해당하는 위반행위를 하는 경우
  - 행위자를 벌하는 외에 그 법인 또는 개인에게도 해당 조문의 벌금형을 과함
  - 법인 또는 개인이 그 위반행위를 방지하기 위하여 해당 업무에 관하여 상당한 주의와 감독을 게을리하지 아니한 경우는 그러하지 아니함

3. 상담기관 현장점검 절차 및 주요 내용

• 절차 및 주요 내용

현장점검(검사) 절차	주요 내용
계획 수립	현장 여건을 반영하여 현장점검 계획 수립. 수립 내용에 대상기관 수, 점검기간, 점검항목 및 점검 착안사항 등 포함
↓	
점검반 구성	공무원의 업무 여건에 따라 점검반 구성 - 한국보건복지개발원 등 전자바우처 시스템 전문가를 포함하여 구성
↓	
일정 통보	현장점검에 앞서 제공기관은 자체점검 체크리스트를 통한 자체점검 실시
↓	
현장점검	현장점검 계획에 의거, 자체점검표와 점검 항목을 비교하여 점검 실시
↓	
행정조치	행정점검 결과 위반 사항에 대한 행정조치 이행

1) 일정 통보

• 현장점검(검사)은 제공기관이 제공하는 서비스 품질 향상을 도모하기 위하여 실시하는 것이므로 지자체와 제공기관 간의 상호 협조가 필요하다.

• 이에 현장점검 일정이 정해지면 지자체는 전체적인 일정과 점검 목적 등을 제공 기관에 통지한다.

2) 상담기관 자체점검

- 상담기관 스스로 운영일반, 재무회계, 제공인력 관리, 서비스 품질 관리 등 각 분야에 대한 자체점검을 실시하도록 하여 제공기관 운영의 자율성이 제고될 수 있도록 한다.
- 지자체는 상담기관이 제출한 현장점검 체크리스트에 의해 점검을 실시하도록 안내하고, 담당 공무원은 제출받은 체크리스트를 확인하여야 한다.

3) 현장점검

현장점검단 또는 담당자는 제공기관에 도착하여 점검 로드맵에 따라 현장점검표를 작성하면서 현장점검을 실시한다.

4) 행정조치

점검 결과에 따라 주의 · 시정 · 경고 · 영업정지 · 등록취소 등 법령에 의한 행정조치를 취하여야 한다.

※ 행정처분을 받은 제공기관은 처분이 부당하다고 판단될 경우 관련 법령에 따라 행정 심판 등을 청구할 수 있다.

5) 보고 및 검사 후 결과 처리

- 등록 시장 · 군수 · 구청장은 제공기관의 위반사항 적발 혹은 통보받은 위반사항에 대해 법령에 근거한 처분 실시
- 처분결과를 행복e음을 통해서 시스템에 입력하고 1개월 이내 복지부 사회서비스정책과 및 사회서비스사업과, 사회보장정보원에 통보
- 그 외 점검실시 후 점검결과 보고서를 작성하여 1개월 이내에 시 · 도 및 보건복지부에 결과 보고

보고 및 검사 시 유의사항

- 사업 제공범위가 여러 시 · 군 · 구에 해당하는 경우에도 원칙적으로 기관 등록 시 · 군 · 구가 1차적 관리 주체가 됨
  - 타 시 · 군 · 구에서 발생한 사업에 대해서도 시 · 군 · 구 간 협조를 통한 합동 점검 및 시 · 도 점검 등을 통해 사후 관리 가능

참고문헌

보건복지부(2015). 지역사회서비스 투자사업 안내. 서울: 보건복지부.

부록

부록 1: 상담서식 및 서류 관리

- 예약 및 문의 기록서
- 접수대장
- 상담 및 심리검사 신청서
- 부부상담 신청서
- 아동초기면접 기록지 (부모 기재)
- 상담동의서
- 접수면접 일지
- 상담 및 심리치료 기록지
- 심리검사 보고서
- 사례개념화
- 상담종결보고서
- 집단상담 일지
- 서비스 제공 계획서
- 개인정보 제공 · 활동 동의서
- 서비스 제공(이용) 계약서
- 서비스 신청서
- 치료계획서
- 진전평가서
- 종결보고서

부록 2: 한국상담학회 윤리강령 – 전문

부록 3: 한국상담심리학회 윤리강령 – 전문

부록 4: 청소년상담사 윤리강령 – 전문

부록 1: 상담서식 및 서류 관리

예약 및 문의 기록서

기 록 일 :　　년　월　일 (　시　분)　사례번호(이후에 기록) :
기 록 자 :　　　　　　　　　　　　상 담 자(이후에 기록) :

<table>
<tr><td colspan="4">문의자 정보</td></tr>
<tr><td>성 명</td><td></td><td>성 별</td><td>남 (　) 여 (　)</td></tr>
<tr><td>소속(직업/학교)</td><td></td><td>내담자와의 관계</td><td></td></tr>
<tr><td>연 락 처</td><td>집(　　) 핸드폰(　　)</td><td>E-mail</td><td>@</td></tr>
<tr><td>문의동기</td><td colspan="3">본인이 원해서 (　) 친구나 주위 사람들이 권해서 (　) 선생님이 권해서 (　)
안내포스터나 팸플릿을 보고 (　) 기타(　　　)</td></tr>
<tr><td>문의목적</td><td colspan="3">개인상담 (　) 심리검사 (　) 집단상담 (　) 놀이치료 (　)
미술치료 (　) 진로학습상담 (　) 영재교육상담 (　) 리더십교육 (　)</td></tr>
<tr><td>내담자에게 도움을 주고자 하는 것</td><td colspan="3"></td></tr>
<tr><td colspan="4">내담자 정보</td></tr>
<tr><td>성 명</td><td></td><td>성 별</td><td>남 (　) 여 (　)</td></tr>
<tr><td>생년월일</td><td>년　월　일 만(　)세</td><td>소속(직업/학교)</td><td></td></tr>
<tr><td>종 교</td><td></td><td>병 역</td><td>필(　) 미필(　) 면제(　)</td></tr>
<tr><td>연 락 처</td><td>집(　)　핸드폰(　)</td><td>E-mail</td><td>@</td></tr>
<tr><td>건강상태</td><td></td><td>경제수준</td><td></td></tr>
<tr><td>현 주 소</td><td colspan="3"></td></tr>
<tr><td>가족사항</td><td colspan="3"></td></tr>
<tr><td>주요문제</td><td colspan="3"></td></tr>
<tr><td>상담 및 심리검사 경험</td><td colspan="3">없다 (　)
있다 (언제:　　어디서:　　어떤 내용으로:　　)
종결하게 된 이유 (　　　)</td></tr>
<tr><td>상담에 대한 내담자 의견</td><td colspan="3"></td></tr>
<tr><td>상담에 대한 가족(부모) 의견</td><td colspan="3"></td></tr>
</table>

접수대장

번호	상담일시	사례번호	회기	성명	성별	상담내용	검사내용	상담원	상담료
	. .	- -							
	. .	- -							
	. .	- -							
	. .	- -							
	. .	- -							
	. .	- -							
	. .	- -							
	. .	- -							
	. .	- -							
	. .	- -							

상담 및 심리검사 신청서

신 청 일 : 년 월 일 사례번호 : -

성 명		성 별	남 ( ) 여 ( )
생년월일	년 월 일 만( )세	소속(직업/학교)	
종 교		병 역	필( ) 미필( ) 면제( )
현 주 소			
주 거 지	자택 ( ) 하숙 ( ) 자취 ( ) 기숙사 ( ) 친척집 ( ) 친구집 ( ) 기타 ( )		
연 락 처	집( ) 핸드폰( )	E-mail	@
건강상태	매우 건강하다 ( ) 건강한 편이다 ( ) 자주 아픈 편이다 ( ) 늘 아프다 ( )		
상담 및 심리검사 경험	없다 ( ) 있다 (언제: 어디서: 어떤 내용으로:) 종결하게 된 이유 ( )		
방문동기	본인이 원해서 ( ) 친구나 주위 사람들이 권해서 ( ) 선생님이 권해서 ( ) 안내포스터나 팸플릿을 보고 ( ) 기타( )		
방문목적	개인상담 ( ) 심리검사 ( ) 집단상담 ( ) 놀이치료 ( ) 미술치료 ( ) 진로학습상담 ( ) 영재교육상담 ( ) 리더십교육 ( )		
원하는 심리검사	성격검사 ( ) 정신건강검사 ( ) 진로검사 ( ) 학습검사 ( ) 지능검사 ( ) 창의력검사 ( ) 기타 ( )		

어떤 문제로 상담을 받고자 합니까? (구체적으로)

가족사항	관계	연령	직업	학력	종교	동거여부	가족에 대한 느낌
	※ 가족 외에 함께 사는 사람도 모두 적어 주세요.						

1. 다음 중 현재 고민하고 있거나 상담받기를 원하는 부분에 "모두" ○ 표시해 주십시오.

성격문제	자신의 성격에 대한 불만과 회의( ) 성격문제로 타인과 마찰( )
정서문제	자신감 저하( ) 우울 · 의욕상실( ) 불안 · 긴장( ) 두려움 · 공포( ) 분노 · 짜증( ) 외로움 · 소외감( ) 기타( )
가족문제	부모와의 갈등( ) 형제와의 갈등( ) 자녀와의 갈등( ) 기타( )
부부문제	배우자와의 갈등( ) 외도( ) 가정폭력( ) 기타( )
진로 · 학습문제	성적문제( ) 취업문제( ) 적성문제( ) 시험불안( ) 학습방법( ) 진학문제( ) 집중력 저하( ) 전공선택( )
교우관계	친구와의 관계( ) 선후배와의 관계( ) 기타( )
이성 · 성문제	이성과의 관계( ) 성문제( ) 임신( ) 성병( ) 기타( )
실존문제	삶에 대한 회의( ) 가치관 혼란( ) 종교( ) 죽음( ) 기타( )
행동 · 습관 문제	주의집중 곤란( ) 불면( ) 강박적 행동( ) 우유부단( ) 공격적 행동( ) 음주문제( ) 약물문제( ) 기타( )
외모문제	체중증가( ) 체중감소( ) 외모 및 자아상( ) 기타( )
현실문제	생활비( ) 주거환경( ) 기타( )

2. 현재 자신의 문제가 어느 정도 심각하다고 생각합니까?
심각하지 않다 ⬅ 1( ) - 2( ) - 3( ) - 4( ) - 5( ) ➡ 매우 심각하다

3. 상담을 통해 문제가 해결될 것으로 기대하는 정도
매우 기대하고 있다 ⬅ 1( ) - 2( ) - 3( ) - 4( ) - 5( ) ➡ 전혀 기대하지 않는다

4. 가족 전체의 화목정도
매우 화목하다 ⬅ 1( ) - 2( ) - 3( ) - 4( ) - 5( ) ➡ 매우 불화가 심하다

5. 가정의 경제수준
매우 나쁘다 ⬅ 1( ) - 2( ) - 3( ) - 4( ) - 5( ) ➡ 매우 좋다

6. 귀하의 가족이나 친척 중에 심리적 장애나 정신질환을 겪은 사람이 있습니까?
있다 ( ) 없다 ( )
있다면 누구입니까? ( ) 어떤 문제입니까? ( )

※ 위 내용은 여러분을 이해하기 위한 자료로만 사용되며, 모든 정보는 비밀을 유지합니다. 감사합니다!

부부상담 신청서

신 청 일 :　　년　　월　　일　　　　　　　　　　　　사례번호 :

성 명		배우자 성명	
생년월일	년　월　일 만(　)세	직 업	
현 주 소			
결혼일시	년　월　일 만(　)년	교재방법	연애(　), 중매(　)
결혼 전 교재 기간	(　)년 (　) 개월	결혼 후 첫아이 임신까지 기간	(　)년 (　)개월 혼전임신(　)
연 락 처	집(　　) 핸드폰(　　)	E-mail	@
건강상태	매우 건강하다 (　) 건강한 편이다 (　) 자주 아픈 편이다 (　) 늘 아프다 (　)		
상담 및 심리 검사 경험	없다 (　) 있다 (언제:　　어디서:　　어떤 내용으로:　　) 종결하게 된 이유 (　　)		
방문목적	본인이 원해서 (　) 친구나 주위 사람들이 권해서 (　) 선생님이 권해서 (　) 안내포스터나 팸플릿을 보고 (　) 기타(　　)		

어떤 문제로 상담을 받고자 합니까? (구체적으로)

가족사항	관계	연령	직업	학력	종교	동거여부	가족에 대한 느낌

※ 가족 외에 함께 사는 사람도 모두 적어 주세요.

1. 당신이 지금의 배우자와 결혼을 하게 된 동기는 무엇입니까?

2. 지금 당신의 배우자에게 가장 바라는 점은 무엇입니까?

3. 현재 당신의 부부문제가 어느 정도 심각하다고 생각합니까?
   심각하지 않다 ← 1( ) - 2( ) - 3( ) - 4( ) - 5( ) → 매우 심각하다

4. 당신은 얼마나 자주 이혼이나 별거 등을 생각하십니까?
   전혀 생각하지 않는다 ← 1( ) - 2( ) - 3( ) - 4( ) - 5( ) → 항상 생각한다

5. 당신은 배우자와 얼마나 자주 싸우십니까?
   전혀 싸우지 않는다 ← 1( ) - 2( ) - 3( ) - 4( ) - 5( ) → 아주 자주 싸운다

6. 싸운다면 주로 어떤 문제로 싸우십니까? 구체적으로 적어 주십시오.
   (   )

7. 배우자와 다툰 후에 주로 어떻게 하십니까?
   집을 나간다 ( ) 말을 하지 않는다 ( ) 각 방을 쓴다( )
   기타(   )

8. 상담을 통해 어떤 문제가 어떻게 해결되었으면 좋겠습니까?
   (   )

9. 당신의 부부관계의 미래에 대한 당신의 생각을 가장 잘 표현한 것은 다음 중 어느 문장입니까?
   나는 우리의 관계가 잘 되어 가기를 간절히 바라며, 그렇게 되도록 무엇이든 하겠다 ( )
   나는 우리의 관계가 잘 되어 가기를 바라며, 내가 할 수 있는 것이라면 하겠다 ( )
   나는 우리의 관계가 잘 되어 가기를 바라며, 그것을 위해서 내가 할 몫은 하겠다 ( )
   우리의 관계가 잘 된다면 좋겠지만, 그것을 위해서 지금 내가 하고 있는 것보다 더 잘할 수는 없다 ( )
   우리의 관계가 잘 된다면 좋겠지만 내가 지금까지 노력하였던 것을 더 이상 계속할 생각은 없다 ( )
   우리 관계는 잘 될 수가 없으며, 우리 관계가 좋아지도록 하기 위해 내가 할 것은 아무것도 없다 ( )

10. 가정의 경제수준
   매우 나쁘다 ← 1( ) - 2( ) - 3( ) - 4( ) - 5( ) → 매우 좋다

※ 위 내용은 여러분을 이해하기 위한 자료로만 사용되며, 모든 정보는 비밀을 유지합니다. 감사합니다!

아동초기면접 기록지 (부모 기재)

상담(심리검사) 신청일	년 월 일	사례번호		
아동명(성별)	(남, 여)	생년월일 (연령)	년 월 일 (만 세)	
주소		연락처	집	
			H.P	

가족사항	관계	이름	성별	연령	학력	직업	종교	동거여부

아동과의 관계 특성		

상담실을 찾게 된 경위		
	• 부모가 자진해서( )	• 주위 사람의 권유( )
	• 선생님의 권유( )	• 안내포스터나 팸플릿을 보고( )
	• 인터넷(홈페이지, 검색)을 통해( )	• 기타( )

상담을 받고 싶다고 생각하게 된 이유	

생육사	임신 및 출생	출생 전 (어머니)	내용
			• 임신 중의 건강 상태는? (상 , 중 , 하) • 원하는 아이였나? (네 , 아니요) • 아동을 출산했을 당시 모의 나이는? (세) • 임신 중 다음과 같은 약물을 복용한 적이 있는가? – 술 : ① 전혀 없음 ② 1~3회 ③ 3~9회 ④ 10~19회 ⑤ 그 이상 – 커피 : ① 전혀 없음 ② 1~3회 ③ 3~9회 ④ 10~19회 ⑤ 그 이상 – 담배 : ① 전혀 없음 ② 1~3회 ③ 3~9회 ④ 10~19회 ⑤ 그 이상 – 다른 약 종류 : ①수면제 ② 신경안정제 ③ 정신과 약 ④ 기타( )

<table>
<tr><td rowspan="6">생육사</td><td></td><td>출생 시</td><td>• 분만유형은? (순산, 가사분만, 난산, 제왕절개, 조산)
• 출산 시 아동의 몸무게는? (　　　kg)
• 양육자는? (　　　　　　)
• 양육태도는? (원만형, 거부형, 방임형, 지배형, 간섭형, 보호형)
• 기타 : (　　　　　　　　　　　　)</td></tr>
<tr><td>영아기</td><td colspan="2">• 아동의 수유방법은? (모유, 우유, 혼합)
• 수면 문제가 있었는가? (　　　　　　　　)
• 아동의 성격은? (편안하고 쉬운 아이, 보통, 까다로운 아이)
• 주위 사람들에 대한 아동의 사회적인 반응은? (사회적, 보통, 고립적)
• 아동의 고집 정도는? (아주 심함, 보통, 아주 순함)
• 1-2세 때 아동의 활동성은?
(아주 활발, 활발, 보통, 덜 활발, 아주 활발하지 않음)</td></tr>
<tr><td rowspan="3">아동기</td><td>신체
발달</td><td>• 언제 혼자서 앉을 수 있었는가?
① 3~6개월 ② 7~12개월 ③ 12개월 이상
• 언제 기어 다녔는가?
① 3~6개월 ② 7~12개월 ③ 12개월 이상
• 몇 살 때 걷기 시작했는가?
① 1년 이내 ② 1~2년 ③ 2~4년</td></tr>
<tr><td>언어
발달</td><td>• 몇 살 때 한 단어를 말하기 시작했는가?
① 9~13개월 ② 14~18개월 ③ 19~24개월 ④ 25~36개월 ⑤ 37~48개월
• 몇 살 때 두 단어 이상을 결합해서 사용했는가?
① 9~13개월 ② 14~18개월 ③ 19~24개월 ④ 25~36개월 ⑤ 37~48개월</td></tr>
<tr><td>신변
처리</td><td>• 몇 살 때 소변훈련을 시작했는가?
① 1년 이내 ② 1~2년 이내 ③ 2~3년 ④ 3~4년
• 몇 살 때 배변훈련을 시작했는가?
① 1년 이내 ② 1~2년 이내 ③ 2~3년 ④ 3~4년
• 소변, 배변훈련을 몇 살에 다 마치었는가?
① 1년 이내 ② 1~2년 이내 ③ 2~3년 ④ 3~4년</td></tr>
<tr></tr>
<tr><td colspan="2" rowspan="2">학습경험</td><td>가정
지도</td><td></td></tr>
<tr><td>교육
기관</td><td></td></tr>
<tr><td colspan="2">학교
및 사회생활</td><td colspan="2">• 학교에서 학습 수준 정도는? ① 평균 이하 ② 평균 ③ 평균 상
• 또래 친구를 사귀는 정도는? ① 잘 못 사귐 ② 보통 ③ 잘 사귐
• 친구관계를 얼마나 지속하는가? ① 6개월 이내 ② 6개월-1년 ③ 1년 이상
• 가정에서 다른 형제, 자매들과 잘 어울리는 정도는?
① 문제가 없다 ② 보통 ③ 문제가 심각함</td></tr>
</table>

아동의 문제를 다루기 위해서 사용하는 방법	① 말로 나무람 ( ) ② 보상을 해 준다 ( ) ③ 체벌 ( ) ④ 아동의 의사대로 해 준다 ( ) ⑤ 포기함 ( ) ⑥ 기타 ( ) • 부모가 같이 아동을 일괄되게 훈육하는 면에서 일치하는 정도는? ① 대부분 일치함 ② 어떤 경우에 일치함 ③ 거의 일치하지 않음
상담을 통한 보호자의 기대	
상담자의 소견	
기타	

상담동의서

일련번호 ____________ 내담자성명 ____________

나는, 다음과 같은 내용을 읽고 아래에 서명한다.

- 나는 자발적으로 상담에 응하였으며, 미성년자 또는 자녀의 상담에 동의한다.
- 나는 상담자, 의사, 심리학자, 사회사업가 그리고 상담자의 슈퍼바이저와 함께 공동으로 제공하는 상담에 동의한다.
- 나는 상담과 관련된 권리, 위험 그리고 이익에 대해서 설명을 들었고, 더욱 적절한 상담개입이 필요하다고 생각할 때 이에 대해서 다시 논의할 수 있음을 알고 있다.
- 내담자의 권리: 나는 상담에서 내담자로서 어떤 권리를 가지는지에 대한 안내문을 받았음을 확인한다.
- 비자발적인 치료의 중단: 나는 다음과 같은 이유로 상담이 중단될 수 있음을 알고 동의한다. 즉, 신체적 폭력, 언어폭력, 무기 소지, 또는 상담과 관련된 불법적인 행동을 보이거나 규정된 프로그램 규칙을 어기거나, 상담자의 제안에 응하지 않거나 정해진 상담료를 지불하지 않을 때 상담기관의 판단에 따라 상담이 중단될 수 있음을 확인한다.
- 상담내용 비밀보장에 대한 알림: 상담기관이 가지고 있는 상담기록의 기밀성은 법과 규정에 의해 보호된다. 일반적으로 상담기관은 내담자의 개인정보와 내담자 식별정보를 타인에게 제공하지 않는다. 다만, 다음의 경우에는 예외를 인정할 수 있다. 첫째, 서면에 의한 내담자의 동의가 있을 경우, 둘째, 법정의 요청에 의해 내담자의 동의가 있는 경우, 셋째, 응급 상황, 타인을 해칠 심각한 위협이 있는 경우 등.

나는 치료에 동의하고 위에 진술된 정책과 내용에 동의한다.

____________________ ____________________

증인 날짜

내담자가 18세 이하인 경우에는, 법적으로 보호자에게 책임이 있다.

____________________ ____________________

증인 날짜

접수면접 일지

작성일	
작성자	

1. 상담경위(찾아오게 이유)

2. 주 호소문제

3. 상담 요약

4. 상황적 스트레스 요인들

5. 전반적인 내담자 상태

1) 심리증상 간략 기술: 정서, 사고, 행동 상태

2) 자살 관련: 자살 사고 (　　), 계획 (　　), 위험(　　)
자살 가능성 지수 (1~10 표기) (　　), 실행경험(무, 유 ___회)

3) 전반적 문제의 심각도 : 매우 낮음 (　　), 낮음 (　　), 보통 (　　), 높음 (　　), 매우 높음 (　　)

6. 내담자 강점 및 자원들

7. 검사 실시 및 추천:

상담예정일	년　　월　　일 (　　시　　분)

상담 및 심리치료 기록지

상담Case No.		소속 및 기관명	
내담자명		상담자	

차			
일 시	년 월 일 요일 (시~ 시)	상담실	
개입목표			
상담내용			
의견 및 평가			
차후예약일시	년 월 일 요일 (시~ 시)	상담실	
상담내용			

심리검사 보고서

내담자 인적사항	성명		생년월일	년 월 일(만 세)
	성별	남 / 여	결혼유무	□ 기혼 □ 미혼 기타 ( )
	학력		직업	
검사일시	년 월 일		검사장소	
의뢰인	내담자 □ 가족 □ 타기관 □ 기타 ( )			
검사도구				
의뢰사유				
행동관찰				
검사 결과				
요약 및 제언				

사례개념화

1. 내담자의 이해

호소문제와 특징	
호소문제와 내담자가 처한 상황적 · 발달적 관련성	

2. 상담목표 및 계획

단기목표	
장기목표	

3. 적용이론 및 전략

이론	전략

4. 슈퍼바이저 의견

상담종결보고서

상담원:

접수번호 : 상담기간 : (총 회)

성 명		생년월일		성별	
소 속					

1. 내담자가 호소한 주요 문제:

2. 상담목표
   1) 내담자가 제시한 상담목표:

   2) 상담자가 판단한 상담목표:

   3) 합의한 상담목표:

3. 상담전략 및 기법

4. 상담사례의 처리결과: 합의종결 □ 중도탈락 □ 일시종결 □
   다른 상담자 혹은 전문의에게 의뢰 □

5. 심리검사 사전 · 사후 결과 비교

측정요인	타당도	성격척도					심리상담척도					부적응척도		
		안정성	외향성	책임감	주도성	자신감	우울조절	불안조절	자기주장	생활만족	대인관계	행동화	스트레스	타인의식
사전														
사후														

6. 상담목표의 달성 정도에 대한 평가:

집단상담 일지

회기		일시	
진행자		보조진행자	
진행 및 활동내역			
활동내용			
평가			
특이사항			

○○○○○○○ 서비스 제공 계획서

이 름		생년월일	. . .
주 소		연락처	(집) ☎ (휴) ☎
서비스명		제공방법	
서비스 목적			
서비스 내용			
서비스 제공	□ 서비스 제공 : 월 회 (주 회)/ 회당 분 □ 제공 일정: 매주 요일(시 분에서 ~ 시 분까지) : 매주 요일(시 분에서 ~ 시 분까지)		
서 비 스 가 격	□ 서비스 가격 : 원 - 정부지원금 : 원(바우처 지원) - 본인부담금 : 원		
	□ 납부방법 - 본인부담금 : ▶납부계좌 : - 정부지원금(바우처 지원) ▶		
계약기간	년 월 일 ~ 년 월 일		
〈서비스 제공 계획〉			
제공기관명		제공인력	(서명)

개인정보 제공 · 활용 동의서

성명 : (생년월일:)

주소 :

상기 본인은 본 사회복지서비스 제공기관이 본인에 대한 사회복지서비스를 실시하기 위하여 다음의 개인정보를 제공하고 활용하는 것에 동의한다.

1. 정보수집

- 기본정보
- 개인 이력
- 질병 관련 이력
- 사회복지서비스 제공을 위한 욕구 조사
- 기타 사회복지서비스 계획 수립과 관련한 정보 등

2. 수집정보 활용

- 사회복지서비스 제공의 연속성을 위하여 제공기관 간의 서비스 연계와 관련한 사항에 관한 정보를 제공
- 사회복지서비스 사업 운영주체 등에 대한 자료의 제공

서비스 신청자(대리인): (인)

○○○○○○○ 서비스 제공(이용) 계약서

- 서비스 이용자(갑)

  성명 : (인), 생년월일 :

  주소 :

  연락처 :

- 대리인(보호자)

  성명: (인) ("갑"과의 관계 :)

  주소:

  연락처: (E-mail :)

- 서비스 제공기관(을)

  시설명: (대표자 : 인)

  주소:

- 계약기간 : 년 월 일 ~ 년 월 일

- 서비스 종류, 내용 및 금액은 "사회복지서비스 제공 계획서"와 같다.

상기 당사자(이하 "갑", "을"이라 한다) 또는 대리인은 다음 계약내용에 의거하여 사회복지서비스 이용 계약서를 작성하고 기명날인 후, 각각 1통씩 보관한다.

- 다 음 -

제1조(서비스 제공) ① "을"은 사회복지사업법 및 사회복지서비스 사업 시행지침(이하 "시행지침"이라 한다)에 따른 인력을 배치하고, "갑"의 일상생활에 필요한 사회복지서비스(이하 "서비스"라 한다)를 상기의 "사회복지서비스 제공 계획서(일정표 포함)"와 같이 제공한다.

② "을"은 서비스의 지속성이 최대한 보장되도록 서비스 제공자를 배치한다.

③ "을"은 사회복지서비스 대상인정서 상의 서비스 종류와 내용의 범위 내에서 해당 시 · 군 · 구청(이하 "시 · 군 · 구청"이라 한다)에서 통보한 "사회복지서비스 신청결과 통보서"를 참고하여 서비스 계획을 수립하여 서비스를 제공하고 제공한 서비스 내용을 서비스 제공 기록지에 기입한다.

제2조(계약기간 및 계약의 만료 등) ① 이 계약의 효력기간은 상기의 기간 동안 발생하며, 당사자 간 협의에 따라 계약기간을 변경할 수 있다.

② 이 계약은 "갑"의 해약 통지나 사망으로 종료된다.

③ 이 계약은 다음 각호에 해당하는 경우 해약할 수 있다.

1. "갑"이 계약 해지를 통지한 때. 다만, 해약의 통지는 7일 전에 하여야 한다.
2. "을"이 사회복지서비스 제공을 지속할 수 없는 부득이한 사유가 발생하여 이를 "갑"에게 통지한 때. 다만, 해약의 통지는 14일 전에 하여야 한다.

④ 일시적인 병원 입원, 시설입소 등의 경우에는 이 계약의 효력을 정지할 수 있다.

제3조(사회복지서비스 비용) ① 사회복지서비스 비용은 사회복지서비스 가격기준(가칭)에 의한다.

② 사회복지서비스 비용 중 본인부담액과 월 이용한도액을 초과하는 비용은 "을"의 청구에 의해 "갑"이 지급한다.

제4조(사회복지서비스 내용의 변경) ① 서비스 제공 과정에서 "을"(종사원을 포함한다)의 부주의 또는 실수로 인하여 계약서에 기록된 사항을 충족시키지 못하거나 "갑"의 합리적인 요구사항을 충족시키지 못하는 경우 "을"은 "갑"의 요구에 따라 서비스 내용을 변경할 수 있다. 다만, 계약서에 포함되지 않은 요구사항은 서비스 내용의 변경사항으로 보지 아니한다.

② 계약기간 및 서비스 비용의 변경 등 주요 내용이 변경되는 경우에는 해당사항에 대해 "변경계약서"를 별도 작성한다.

제5조(통지사항) ① "을"은 "갑"에 대한 서비스 제공에 있어 응급상황 등 필요한 경우 대리인에게 연락을 취하여야 한다.

② "갑"의 대리인은 대리인의 주소 또는 연락처 등이 변경되었거나 금치산 또는 파산선고 등을 받아 "갑"의 보호의무를 다하지 못할 사유가 발생하였을 때는 즉시 서면으로 "을"에게 통지하여야 한다.

③ "을"은 "갑"의 상태변화 등 서비스의 변경사유가 발생 시에는 "갑"이 서비스 변경신청 등을 할 수 있도록 조치하여야 한다.

제6조(개인정보보호의무) ① "을"은 "갑"의 개인정보를 관계 규정에 따라 보호하여야 한다.

② "을"은 사회복지서비스 제공에 필요한 "갑"의 개인정보 자료를 수집하고 활용하며 동 자료를 사회복지서비스 운영주체 등에게 관계 규정에 따라 제출할 수 있다.

③ "을"의 개인정보 수집 및 활용에 대한 "갑"의 승낙은 "개인정보 제공 및 활용에 관한 승낙서"로 한다.

④ "갑"은 "을"이 수집 · 관리하는 본인의 개인정보에 대해 알 권리가 있다.

제7조(손해배상책임) 서비스 실시 중에 "을"(종사원을 포함한다)의 귀책사유로 인하여 발생한 "갑"의 손해에 대하여는 "을"은 "갑"에게 배상한다. 다만, 천재지변, 제3자의 귀책사유로 인한 손해에 대해서는 배상책임을 지지 아니한다. "갑"이 "을"에게 손해를 끼친 경우에도 또한 같다.

제8조(계약 취소 등) 서비스 실시 중에 "갑"과 "을" 쌍방 간 법령에 위반한 부당한 처우를 할 경우 "갑"과 "을" 쌍방은 계약을 취소할 수 있다.

제9조(분쟁해결방법) 본 서비스 이용계약과 관련하여 발생한 분쟁에 대하여 "갑"과 "을"이 합의에 따라 원만히 처리하며, 만약 당사자 간 합의에 도달하지 못한 경우에는 관련 법규나 관례에 따른다.

. . .

○○○○○○ 서비스 신청서

<table>
<tr><td rowspan="2">결재</td><td>담당</td><td>센터장</td></tr>
<tr><td></td><td></td></tr>
</table>

<table>
<tr><td>관리번호 20</td><td>년 월 일 요일</td></tr>
</table>

<table>
<tr><td rowspan="6">대상자</td><td rowspan="5"></td><td>성명</td><td></td><td>성 별</td><td>□ 남 □ 여</td><td>연령</td><td></td><td>전화번호</td><td></td></tr>
<tr><td>주민등록번호</td><td colspan="3"></td><td colspan="2">비상연락처</td><td></td><td></td></tr>
<tr><td>주소</td><td colspan="7"></td></tr>
<tr><td>소속학교</td><td colspan="7"></td></tr>
<tr><td>장애유형</td><td colspan="3"></td><td>진단기관</td><td></td><td>장애등록</td><td>□ 유 □ 무</td></tr>
<tr><td>치료 및 교육경력</td><td colspan="8"></td></tr>
</table>

가족사항	관계	성명	연령	학력	직업	건강상태	비고

가정경제		
	대상구분	□ 기초생활수급자 □ 조건부수급자 □ 저소득 □ 일반 □ 기타 : ________
	주거상황	□ 자택 □ 전세 □ 월세 □ 기타 : ____________
	가족수입	□ 50만 원 이하 □ 50-100만 원 □ 100-200만 원 □ 200-300만 원 □ 300만 원 이상

현재상태	
	1. 언어표현력: □ 말, 몸짓 전혀 없음 □ 말없이 몸짓으로만 □ 간단한 단어 사용 □ 가족은 이해가능, 타인은 이해 불능 □ 모두 이해 2. 언어이해력: □ 간단한 언어이해 □ 몸짓 사용으로 이해 □ 익숙한 표현이나 질문만 이해 □ 모두 이해 3. 운동능력(손 사용, 이동, 순발력) □ 잘 움직인다 □ 이동능력은 떨어지지만 손 사용이 자유롭다 □ 손 사용은 떨어지지만 이동능력은 자유롭다 □ 잘 움직이지 않는다 4. 인지 · 학습 능력 (수개념, 글자 인식 등) □ 수개념, 글자 모두 인식 □ 수개념만 인식 □ 글자만 인식 □ 모두 인식되지 않음 5. 식사태도: □ 고루 먹음 □ 편식 □ 잘 먹지 않음

<table>
<tr><td></td><td colspan="5">6. 화장실 훈련: □ 혼자서 가능 □ 부분적인 도움 □ 전반적인 도움
7. 옷벗고 입기: □ 혼자서 가능 □ 부분적인 도움 □ 전반적인 도움
8. 또래관계(사회성): □ 잘 어울린다 □ 잘 울고 떼쓴다 □ 공격적인 행동 □ 고립
9. 성격 (구체적으로: ________________________________)
10. 문제행동 (특이한 버릇)
(구체적으로 : ________________________)</td></tr>
<tr><td>서비스
개시일</td><td></td><td>서비스
종결일</td><td></td><td>서비스
종결사유</td><td></td></tr>
</table>

치료계획서

결재	담당	소장

대상자 이름: 성별:

생년월일: 연령: 세

정보 제공자: 유형:

작성자: (인) 검사일: 년 월 일

1. 배경 정보

2. 진단 시 대상자의 태도(행동, 정서, 언어관찰)

3. 실시한 검사 및 결과

검사이름:
결과 :

4. 장 · 단기 치료계획

<table>
<tr><td rowspan="2">장기목표</td><td colspan="2">단기목표</td></tr>
<tr><td>세부목표</td><td>실행시기</td></tr>
<tr><td rowspan="4"></td><td></td><td rowspan="24">1년 단위</td></tr>
<tr><td></td></tr>
<tr><td></td></tr>
<tr><td></td></tr>
<tr><td rowspan="4"></td><td></td></tr>
<tr><td></td></tr>
<tr><td></td></tr>
<tr><td></td></tr>
<tr><td rowspan="4"></td><td></td></tr>
<tr><td></td></tr>
<tr><td></td></tr>
<tr><td></td></tr>
<tr><td rowspan="4"></td><td></td></tr>
<tr><td></td></tr>
<tr><td></td></tr>
<tr><td></td></tr>
<tr><td rowspan="4"></td><td></td></tr>
<tr><td></td></tr>
<tr><td></td></tr>
<tr><td></td></tr>
<tr><td rowspan="4"></td><td></td></tr>
<tr><td></td></tr>
<tr><td></td></tr>
<tr><td></td></tr>
</table>

5. 앞으로의 치료 방향(종결시기, 치료연장 이유, 종합평가)

보호자_______________(인)

진전평가서

결재	담당	소장

대상자: 등록날짜: 년 월 일

생년월일: 년 월 일 연령: 세

평가일: 년 월 일 작성자: (인)

단기목표	진전도(10점 기준)											
	월	월	월	월	월	월	월	월	월	월	월	월
1. 아동 혼자 치료실에 입실하여 치료사와 함께 놀이에 참여할 수 있다.												
2. 치료사가 원하는 과제를 도움 없이 수행할 수 있다.												
3. 자신의 감정을 스스로 표현할 수 있다.												
4. 치료사가 자신의 이름을 부르면 큰 목소리로 정확하게 대답할 수 있다.												
5. 치료사와 눈을 마주 보고 이야기할 수 있다.												
6. 자신이 요구하는 것을 표현할 수 있다.												
7. 수업시간 40분간 자리이동 없이 집중해서 할 수 있다.												
8. 가위로 선을 따라 천이나 종이를 자를 수 있다.												
9. 스스로 물감으로 그리는 행위(물감 짜기, 색 배합, 붓 씻기 등)를 할 수 있다.												
10. 자신이 사용한 도구들을 정리정돈할 수 있다.												
평균												

종결보고서

결재	담당	소장

대상자 이름: 성별:

생년월일: 년 월 일 연령: 세

정보제공자: 유형:

작성자: (인) 검사일: 년 월 일

1. 임상기간: 년 월 일 ~ 년 월 일 (주 회)

2. 종결평가 진단일: 년 월 일

3. 진단 시 대상자의 상태(행동, 정서, 언어관찰)

4. 치료 전 · 후 평가(검사)

구분	실시일	실시한 검사
초기평가		
종결평가		

5. 임상목표 달성정도

6. 종합평가 및 제언

보호자 ________

부록 2: 한국상담학회 윤리강령-전문

한국상담학회는 교육적, 학문적, 전문적 조직체이다. 상담자는 각 개인의 가치, 잠재력 및 고유성을 존중하며, 다양한 조력활동을 통하여 내담자의 전인적 발달을 촉진한다. 상담자는 내담자의 신체적, 정신적, 사회적, 영적 안녕을 유지·증진하는 데 헌신한다. 이러한 역할을 수행하는 과정에서 상담자는 내담자의 복지를 가장 우선시한다. 상담자는 내담자와의 관계에서 의사소통의 자유를 갖되, 그에 대한 책임을 지며 내담자의 성장과 사회공익을 위하여 최선을 다한다. 이를 위해 상담자는 다음의 윤리규준을 준수한다.

1. 전문적 태도

가. 전문적 능력

(1) 상담자는 상담에 대한 이론적 지식, 전문적 실습, 교수, 상담활동, 연구를 통해 전문성을 발달시키기 위해 지속적으로 노력해야 한다.

(2) 상담자는 자신의 능력 및 기법의 한계를 인식하고, 전문적 기준에 위배되는 활동을 하지 않는다. 만일, 자신의 개인 문제 및 능력의 한계 때문에 도움을 주지 못하리라고 판단될 경우에는 내담자에게 동의를 구한 후, 다른 동료 전문가 및 관련 기관에 의뢰한다.

(3) 상담자는 자신의 활동분야에 있어서 최신의 과학적이고 전문적인 정보와 지식을 유지하기 위해 지속적인 교육과 연수에 참여한다.

(4) 상담자는 윤리적 책임이나 전문적 상담 실시에 대해 의문이 생길 때 다른 상담자나 관련 전문가들에게 자문을 구하는 절차를 따른다.

(5) 상담자는 정기적으로 전문가로서의 능력과 효율성에 대해 자기반성과 자기평가를 해야 하며, 필요한 경우 자신의 효율성을 증진시키기 위해 지도감독을 받아야 한다.

나. 충실성

(1) 상담자는 내담자를 보다 효과적으로 도울 수 있는 방법에 관하여 꾸준히 연구 노력하고, 내담자의 성장촉진과 문제의 해결 및 예방을 위하여 최선을 다한다.

(2) 상담자는 자신의 능력 한계나 개인적인 문제로 내담자를 적절하게 도와줄 수 없을 때에는 상담을 시작해서는 안 되며, 다른 전문가에게 의뢰하는 등의 적절한 방법으로 내담자를 돕는다.

(3) 상담자는 자신의 질병, 사고, 이동, 또는 내담자의 질병, 사고, 이동이나 재정적 한계 등과 같은 요인에 의해 상담을 중단할 경우, 이에 대한 적절한 조치를 취해야 한다.

(4) 상담자는 상담을 종결하는 데 있어서 어떤 이유보다도 우선적으로 내담자의 관점과 요구에 대해 고려해야 하며, 내담자가 다른 전문가를 필요로 할 경우에는 적절한 과정을 통해 의뢰한다.

(5) 상담자는 자신의 기술이나 자료가 다른 사람들에 의해 오용될 가능성이 있거나 개선의 여지가 없는 활동에 참여해서는 안 되며, 이런 일이 일어난 경우에는 이를 시정하여야 한다.

2. 정보의 보호

가. 비밀보장

(1) 상담자는 상담에 대한 이론적 지식, 전문적 실습, 교수, 상담활동, 연구를 통해 전문성을 발달시키기 위해 지속적으로 노력해야 한다.

(2) 상담자는 내담자 또는 법정대리인에게 비밀보장의 예외와 한계에 대해 설명해야 한다.

(3) 상담자는 제7조 비밀보장의 한계를 제외하고는, 내담자의 서면 동의 없이는 제삼의 개인이나 단체에게 상담기록을 공개하거나 전달해서는 안 된다.

나. 집단 및 가족상담의 비밀보장

(1) 상담자는 특정 집단을 대상으로 집단상담을 시작할 때 비밀보장의 중요성과 한계를 명확하게 설명한다.

(2) 상담자는 가족상담을 할 때 각 개인의 비밀보장에 대한 권리와 그 비밀보장을 유지해야 할 의무와 관련해 참여한 모든 사람으로부터 동의를 구한다.

(3) 상담자는 자발적인 동의 능력이 불가능하거나 미성년인 내담자를 상담할 때, 부모 또는 대리인의 동의를 받고, 그들이 참여할 수 있음을 알린다.

다. 전자 정보의 비밀보장

(1) 상담자는 컴퓨터를 사용한 자료 보관의 장점과 한계를 알아야 한다.

(2) 상담자는 내담자의 기록이 전자 정보의 형태로 보존되어 제삼자가 내담자의 동의 없이 접근할 가능성이 있을 때, 적절한 방법을 통해 내담자의 신상이 드러나지 않도록 조치를 취한다.

(3) 상담자는 컴퓨터, 이메일, 팩시밀리, 전화, 음성메일, 자동응답기 그리고 다른 전자 테크놀로지를 사용해 정보를 전송할 때는 비밀이 유지될 수 있도록 사전에 주의를 기울인다.

라. 상담기록

(1) 상담자는 내담자에게 전문적인 서비스를 제공하기 위해 내담자에 대한 상담기록 및 보관을 본 학회의 윤리강령 및 시행세칙에 따라 시행한다. 또한 상담기록을 안전하게 보관하고 허가된 사람 이외에는 기록에 접근할 수 없도록 한다.

(2) 상담자는 상담내용의 녹음 혹은 녹화에 관해 내담자 또는 대리인의 동의를 구한다.

(3) 상담내용의 사례지도나 발표, 혹은 출판 시 내담자의 동의를 구한다.

(4) 상담자는 내담자가 상담기록의 열람을 요구할 경우, 그 기록이 내담자에게 잘못 이해될 가능성이 없고 내담자에게 해가 되지 않으면 응하도록 한다. 다만 여러 명의 내담자를 상담하는 경우, 내담자 자신과 관련된 부분에 대해서만 공개할 수 있다. 다른 내담자와 관련된 사적인 정보는 제외하고 열람하거나 복사하도록 한다.

(5) 상담자는 상담과 관련된 기록을 보관하고 처리하는 데 있어서 비밀을 유지해야 하며, 이를 타인에게 공개할 때에는 내담자의 동의를 구한다. 내담자에게 해를 끼치지 않는 범위 내에서 공개해야 한다.

마. 비밀보장의 한계

(1) 상담자는 아래와 같은 내담자 개인 및 사회에 임박한 위험이 있다고 판단될 때 매우 조심스러운 고려 후에, 내담자에 관한 정보를 사회 당국 및 관련 당사자에게 제공할 수 있다.

① 내담자의 생명이나 사회의 안전을 위협하는 경우

② 내담자가 감염성이 있는 치명적인 질병이 있다는 확실한 정보를 가졌을 경우

③ 내담자가 심각한 학대를 당하고 있을 경우

④ 법적으로 정보의 공개가 요구되는 경우

(2) 상담자는 만약 내담자에 대한 상담이 여러 전문가로 구성된 집단에 의한 지속적인 관찰을 포함하고 있다면, 그러한 집단의 존재와 구성을 내담자에게 알릴 의무가 있다.

(3) 상담자는 내담자의 사적인 정보의 공개가 요구할 때 오직 기본적인 정보만을 공개한다. 더

많은 사항을 공개하기 위해서는 사적인 정보의 공개에 앞서 내담자에게 알리고 동의를 얻어야 한다.

(4) 상담자는 비밀보장의 예외 및 한계에 관한 타당성이 의심될 때에는 다른 전문가나 지도감독자 및 본 학회 윤리위원회의 자문을 구한다.

3. 내담자의 복지

가. 내담자 권리 보호

(1) 상담자의 최우선적 책임은 내담자의 존엄성을 존중하고 내담자의 복지를 증진시키는 것이다.

(2) 상담자는 상담활동의 과정에서 소속 기관 및 비전문가와의 갈등이 있을 경우, 내담자의 복지를 우선적으로 고려하고 자신이 소속된 전문적 집단의 이익은 부차적인 것으로 간주한다.

(3) 상담자는 내담자에게 전문적인 도움을 주는 것이 어렵다고 판단되면 상담자는 상담관계를 시작하지 말아야 하며, 이미 시작된 상담관계인 경우는 즉시 종결하여야 한다. 이 경우 상담자는 내담자에게 적절한 다른 대안을 제시해 주어야 한다.

(4) 상담자는 내담자의 잠재력을 개발하여 건강한 삶을 영위하도록 도움을 주며, 어떤 방식으로도 해를 끼치지 않는다.

(5) 상담자는 상담관계에서 오는 친밀성과 책임감을 인식하고, 전문가로서의 개인적 욕구 충족을 위해서 내담자를 희생시켜서는 안 되며, 내담자로 하여금 의존적인 상담관계를 형성하지 않도록 노력하여야 한다.

나. 내담자 다양성 존중

(1) 상담자는 모든 인간의 기본적인 권리, 존엄성, 가치를 존중하며 연령이나 성별, 인종, 종교, 성적 선호, 장애 등의 어떤 이유로든 내담자를 차별하지 않는다.

(2) 상담자는 내담자의 발달단계와 문화에 적합한 방식으로 정보를 전달한다.

(3) 상담자가 사용하는 언어를 내담자가 이해하는 데 어려움이 있을 때는 내담자가 명확하게 이해할 수 있도록 통역자나 번역자를 배치하여 필요한 서비스를 제공한다.

(4) 상담자는 자신의 고유한 가치, 태도, 신념, 행위가 사회에서 어떻게 적용되는지를 인식하고 내담자에게 자신의 가치를 강요하지 않는다.

(5) 상담자는 훈련이나 수련감독 실천에 다문화/다양성 역량 배양을 위한 내용을 적극적으로 포함시키고 수련생들이 이에 대한 인식, 지식, 기술을 습득할 수 있도록 적극적으로 훈련시킨다.

4. 상담관계

가. 정보제공 및 동의

상담자는 상담을 제공할 때에, 내담자에게 상담관련 정보를 제공하고 이에 대한 동의를 받는다.

나. 다중관계

(1) 상담자는 내담자와의 친밀한 관계를 인식하고, 내담자에 대한 존중감을 유지하며 내담자를 이용하여 상담자 개인의 필요를 충족하고자 하는 활동 및 행동을 하지 않는다.
(2) 상담자는 객관성과 전문적인 판단에 영향을 미칠 수 있는 다중 관계를 피해야 한다. 상담자가 내담자를 지도하거나 평가를 해야 하는 경우라면 그 내담자를 다른 전문가에게 의뢰한다. 단, 내담자의 복지를 위해 상담자와 내담자가 사전 동의를 한 경우와 그에 대한 자문이나 감독이 병행될 때는, 상담관계를 맺을 수도 있다.
(3) 상담자는 특별한 경우를 제외하고는, 내담자와 상담실 밖에서 사적인 관계를 맺지 않는다.
(4) 상담자는 내담자와의 관계에서 상담료 이외의 어떠한 금전적, 물질적 거래관계도 맺지 않는다.

다. 성적 관계

(1) 상담자는 내담자와 어떤 형태의 성적 관계를 갖거나 어떤 형태의 친밀한 관계를 갖지 않는다.
(2) 상담자는 내담자와 성적 관계를 맺었거나 유지하는 경우 상담관계를 형성하지 않는다.
(3) 상담자는 상담관계가 종결된 이후에도 최소 2년 내에는 내담자와 성적 관계를 맺지 않는다.
(4) 상담자는 상담종결 이후 2년이 지난 후에 내담자와 성적 관계를 맺게 되는 경우에도 이 관계가 착취적이 아니라는 것을 철저하게 검증할 책임이 있다.
(5) 상담자는 다른 상담자가 자신의 내담자와 성적 관계를 맺는 것을 알았을 경우 묵과하지 않고 적절한 조치를 취한다.

5. 사회적 책임

가. 사회관계

(1) 상담자는 사회윤리 및 자신이 속한 지역사회의 도덕적 기준을 존중하며, 사회공익과 자신이 종사하는 전문직의 올바른 이익을 위하여 최선을 다한다.

(2) 상담자는 경제적 이득이 없는 경우라 하더라도 전문적 활동에 헌신함으로써 사회에 봉사한다.

(3) 상담자는 내담자의 재정 상태를 고려하여 상담료를 적정 수준으로 정하여야 한다. 정해진 상담료가 내담자의 재정 상태에 비추어 적정 수준을 벗어날 경우에는, 가능한 비용으로 적합한 상담서비스를 받을 수 있도록 내담자를 돕는다.

(4) 상담자는 수련생에게 적절한 훈련과 지도감독을 제공하고, 수련생이 이 과정을 책임 있고 유능하게 수행할 수 있도록 돕는다.

나. 고용 기관과의 관계

(1) 상담자는 자신이 재직하고 있는 상담기관의 설립 목적에 기여할 수 있는 활동을 할 책임이 있다.

(2) 상담자는 자신의 전문적 활동이 재직하고 있는 상담기관의 목적과 모순되고, 직무수행에서 갈등이 해소되지 않을 때는 상담기관과의 관계를 종결해야 한다.

(3) 상담자는 자신이 재직하고 있는 상담기관의 관리자 및 동료들과의 관계를 통해서 상담업무, 비밀보장, 기록된 정보의 보관과 처리, 업무분장, 책임에 대해 상호 간의 동의를 구해야 한다. 상담자가 재직하고 있는 상담기관과 비밀보장이나 정보의 보관과 처리 등 윤리적인 문제로 마찰이 생기는 경우 윤리위원회에 중재를 의뢰할 수 있다.

(4) 상담자는 자신이 재직하고 있는 상담기관의 고용주에게 해를 끼칠 수 있는 상황 혹은 기관의 효율성에 제한을 줄 수 있는 상황에 대해 미리 통보를 하여야 한다.

(5) 상담자는 해당 기관의 상담 활동에 적극적으로 종사하고 있지 않다면, 자신의 이름이 상업적인 광고나 홍보에 사용되지 않도록 해야 한다.

다. 상담기관 운영

(1) 상담기관 운영자는 상담기관에 소속된 상담자의 증명서나 자격증은 그중 최고 수준의 것으로 하고, 자격증의 유형, 주소, 연락처, 직무시간, 상담의 유형과 종류, 그와 관련된 다른 정보

등이 정확하게 기록된 목록을 작성해 두어야 한다.

(2) 상담기관 운영자는 자신과 현재 종사하고 있는 직원의 발전에 책임 의식을 가져야 하고, 직원들에게 상담기관의 목표와 상담프로그램에 대해 알려주어야 한다.

(3) 상담기관 운영자는 고용, 승진, 인사, 연수 및 지도감독 시에 연령, 성별, 문화, 장애, 인종, 종교, 혹은 사회경제적 지위 등을 이유로 차별하지 않는다.

라. 타 전문직과의 관계

(1) 상담자는 상호 합의한 경우를 제외하고는 타 전문가로부터 도움을 받고 있는 내담자를 대상으로 상담을 하지 않는다.

(2) 상담자는 자신의 전문적 자격이 타 전문 분야에서 오용되는 것에 적절하게 대처하며, 자신의 이익을 위해 타 전문직을 손상시키는 언어 및 행동을 삼간다.

(3) 상담자는 자신의 상담 접근 방식과 차이가 있는 다른 전문가의 접근 방식 및 전통과 관례를 존중한다.

(4) 상담자는 상담전문가로서의 자신의 관점, 가치, 경험과 다른 학문 분야에 종사하는 동료의 관점, 가치, 경험을 활용하여 내담자의 복지에 영향을 미칠 수 있는 결정에 참여하고 기여한다.

6. 상담연구

가. 연구 책임

(1) 상담연구자는 연구의 결과가 상담의 이론과 실제에 바람직한 기여를 하도록 노력해야 하고, 연구로 인한 문제에 대해 책임을 져야 한다.

(2) 상담자는 연구 참여자를 대상으로 하는 연구를 수행할 때 윤리규정, 법, 기관 규정, 과학적 기준에 합당한 방식으로 연구를 계획, 설계, 실행, 보고한다.

(3) 상담자는 윤리적인 연구수행에 대한 궁극적인 책임이 연구책임자에게 있다는 것을 인식하고 연구 활동에 참여하는 모든 사람이 윤리적 책임을 공유하며 각자의 행동에 대해 책임을 진다는 사실을 주지시킨다.

(4) 상담자는 연구 참여 때문에 연구 참여자의 삶에 혼란이 초래되는 것을 피하기 위해 합당한 사전 조치를 취한다.

(5) 상담자는 연구 목적에 적합하다면 문화적인 고려를 통해 연구 절차를 구체화하도록 한다.

나. 연구 참여자의 권리

(1) 상담자는 피험자에게 연구의 필요성을 포함하여 연구에 관한 전반적인 사항에 대해 상세히 설명하여 동의를 얻어야 하며, 그들이 자발적으로 연구에 참여하도록 해야 한다.

(2) 상담자는 내담자를 포함시키는 연구를 수행할 때 사전동의 절차에서 내담자가 연구활동에 참여할 것인지에 대해 자유롭게 선택할 수 있다는 점을 명확하게 하고 동의를 받는다.

(3) 상담자는 연구 과정에서 연구 참여자에 대해 획득한 정보를 비밀로 유지한다.

(4) 상담자는 자료가 수집된 후 연구에 대해 참여자들이 가질 수 있는 오해를 해소하기 위해 연구의 특성을 명확하게 설명한다.

(5) 상담자는 학술 프로젝트나 연구가 완료되면 합당한 기간 내에 연구 참여자의 신분을 확인할 수 있는 자료나 정보가 포함된 오디오, 비디오, 인쇄물과 같은 기록이나 문서를 파기하는 조치를 취한다.

다. 연구결과의 보고

(1) 연구결과를 발표할 때에는 그 결과와 관련된 모든 정보를 정확하게 서술해야 하며, 객관적이고 공정한 발표가 되게 하고, 연구결과가 다른 상담자의 연구를 위한 자료가 될 수 있도록 해야 한다.

(2) 상담자는 출판된 연구에서 중대한 오류를 발견하면, 정오표나 다른 적절한 출판 수단을 통해 그 오류를 수정하는 합당한 조치를 취한다.

(3) 상담자는 모든 연구 참여자의 신분을 보호하고 복지를 위해 자료를 각색 · 변형하고 결과에 대한 논의가 연구 참여자에게 해를 끼치지 않도록 합당한 조치를 취한다.

(4) 상담자는 다른 사람의 저작을 자신의 것처럼 표절하지 않는다. 또는 자신의 작품을 이중 출판하거나 발표하지 않는다.

(5) 상담자는 공동 저자, 감사의 글, 각주 달기 등의 적절한 방법을 통해 연구에 상당한 기여를 한 사람들에게 그런 기여에 합당하게 공로를 인정하고 표시한다.

(6) 상담자는 연구 대상자의 요구가 있을 경우 연구의 결과와 결론을 제공하고 연구 대상자가 요구하는 연구의 오류를 바로잡을 수 있다.

7. 심리검사

가. 일반 사항

(1) 상담자는 내담자의 환경(사회적, 문화적, 상황적 특성 등)과 개별적 특성을 고려한 후, 내담자를 조력하기 위한 목적에 적합한 심리검사를 선택해야 한다.

(2) 심리검사를 실시할 때에는 자격이 있는 사람이 표준화된 절차에 따라 실시해야 하며, 그 과정을 경시해서는 안 된다. 또한 수련 상담자는 지도감독자로부터 훈련받은 검사도구를 제대로 이용하는지의 여부를 평가받는다.

(3) 상담자는 검사 채점과 해석을 수기로 하건, 컴퓨터를 사용하건, 혹은 다른 서비스를 사용하건 상관없이 내담자의 요구에 적합한 검사 도구를 적용, 채점, 해석, 활용한다.

(4) 상담자는 검사 전에 검사의 특성과 목적, 잠재적인 결과 수령자의 구체적인 결과의 사용에 대해 설명한다. 이 때 상담자는 내담자의 개인적 · 문화적 상황, 내담자의 결과 이해 정도, 결과가 내담자에게 미치는 영향을 고려한다.

(5) 상담자는 피검자의 복지, 명확한 이해, 검사 결과를 누가 수령할 것인지에 대한 결정에서 사전 합의를 고려한다.

나. 검사 도구 선정과 실시 조건

(1) 상담자가 검사 도구를 선정할 때 도구의 타당도, 신뢰도, 실용도, 객관도, 심리측정의 한계를 신중하게 고려한다.

(2) 상담자는 제삼자에게 내담자에 대한 검사를 의뢰할 때, 적절한 검사 도구가 사용될 수 있도록 내담자에 대한 구체적인 의뢰 문제와 충분한 객관적인 자료를 제공한다.

(3) 상담자는 문화적으로 다양한 집단을 위한 검사 도구를 선정할 경우, 그러한 내담자 집단에게 적절한 심리측정 특성이 결여된 검사 도구를 사용하지 않도록 합당한 노력을 한다.

(4) 상담자는 검사 도구의 표준화 과정에서 설정된 동일한 조건하에서 검사를 실시한다.

(5) 상담자는 기술적 또는 다른 전자적 방법들이 검사 실시에 사용될 때, 실시 프로그램이 잘 기능하고 있는지 그리고 정확한 결과를 제공하는지에 대해 점검한다.

다. 검사 채점 및 해석

(1) 상담자는 개인 또는 집단검사 결과 발표에 정확하고 적절한 해석을 포함시킨다.

(2) 상담자는 검사 결과를 보고할 때, 검사 상황이나 피검사자의 규준 부적합으로 인한 타당도 및 신뢰도와 관련하여 발생하는 제한점을 명확히 한다.

(3) 상담자는 연령, 피부색, 문화, 장애, 민족, 성, 인종, 언어 선호, 종교, 영성, 성적 지향, 사회경제적 지위가 검사 실시와 해석에 영향을 미친다는 것을 인식하고, 내담자와 관련된 다른 요인들을 고려하여 적절하게 검사 결과를 해석한다.

(4) 상담자는 기술적인 자료가 불충분한 검사 도구의 경우 그 결과를 해석할 때 주의해야 한다. 그러한 도구를 사용하는 특정한 목적을 내담자에게 명확히 알린다.

(5) 상담자는 내담자 혹은 심리검사를 수령할 기관에 심리 결과가 올바로 통지되도록 해야 한다.

(6) 상담자는 내담자 이외에는 내담자의 동의를 받은 제삼자 또는 대리인에게 결과를 공지한다. 또한 이러한 자료를 해석할 만한 전문성이 있다고 상담자가 인정되는 전문가에게 공개한다.

라. 정신장애 진단

(1) 상담자는 정신장애에 대해 적절한 진단을 하도록 특별하고 세심한 주의를 기울인다.

(2) 상담자는 치료의 초점, 치료 유형, 추수상담 권유 등의 내담자 보살핌을 결정하기 위해 사용되는 개인 상담을 포함한 검사 기술을 신중하게 선택하고 합당하게 사용한다.

(3) 상담자는 정신장애를 진단할 때는 내담자의 문제를 규정하는 방식에 문화가 영향을 미친다는 것을 인식하고 내담자의 사회경제적 · 문화적 경험을 고려한다.

(4) 상담자는 어떤 개인이나 집단들에 대해 오진을 내리고 정신병리화하는 역사적 · 사회적 편견과 오류에 대해 충분히 이해하고 이러한 편견과 오류가 발생하지 않도록 특별한 주의를 기울인다.

(5) 상담자는 심리검사의 결과가 내담자나 다른 사람들에게 해를 끼칠 수 있다고 판단되면 진단이나 보고를 해서는 안 된다.

8. 윤리문제 해결

가. 윤리위원회와의 협력

(1) 상담자는 본 윤리강령 및 시행세칙을 숙지하고 이를 실천할 의무가 있다.

(2) 상담자는 본 학회의 윤리강령뿐만 아니라 상담관련 타 전문기관의 윤리 규준에 대해서도 충분히 이해하고 있어야 한다. 상담자에게 주어진 윤리적 책임에 대한 지식의 결여와 이해 부

족이 상담자의 비윤리적 행위에 대한 면책사유가 되지 않는다.

나. 윤리 위반

(1) 상담자가 윤리적인 문제에서 의구심을 유발하는 근거가 있을 때, 윤리위원회는 본 윤리강령 및 시행세칙에 따라 적절한 조치를 취할 수 있다.

(2) 상담자는 윤리강령을 위반한 것으로 지목되는 사람에 대해 윤리위원회의 조사, 요청, 소송절차에 협력한다. 또한 자신이 연루된 사안의 조사에도 적극 협력해야 한다. 아울러 윤리문제에 대한 불만접수로부터 불만사항 처리가 완료될 때까지 본 학회와 윤리위원회에 협력하지 않는 것 자체가 본 윤리강령의 위반이며, 위반 시 징계 등 상응하는 조치를 취할 수 있다.

(3) 상담자는 윤리적 책임이 법, 규정, 또는 다른 법적 권위자와 갈등이 생기면 본 학회 윤리규정에 따른다는 것을 알리고 갈등을 해결하기 위한 조치를 취한다. 만약 갈등이 그러한 방법으로 해결되지 않으면, 법, 규정, 다른 법적 권위자의 요구 사항을 따른다.

(4) 상담자는 명백한 윤리강령 위반이 비공식적인 방법으로 해결되지 않거나, 그 방법이 부적절하다면 윤리위원회에 위임한다.

(5) 상담자는 그 주장이 그릇됨을 증명할 수 있는 사실을 무모하게 경시하거나 계획적으로 무시해서 생긴 윤리적 제소를 시작, 참여, 조장하지 않는다.

9. 회원의 의무

본 학회의 정회원, 준회원 및 평생회원은 본 학회 회원의 자격을 부여받기 이전이라 할지라도 본 윤리강령을 준수할 의무가 있다.

부칙

(1) 본 윤리강령은 2002년 8월 17일부터 시행한다.

(2) 본 개정 윤리강령은 2008년 8월 19일부터 시행한다.

(3) 본 개정 윤리강령은 2011년 12월 25일부터 시행한다.

(4) 본 개정 윤리강령은 2016년 4월 4일부터 시행한다.

부록 3: 한국상담심리학회 윤리강령-전문

한국상담심리학회는 학회 회원들이 모든 인간의 존엄성과 가치를 존중하고 다양한 조력활동을 통해, 인간 개개인의 잠재력과 독창성을 신장하여 저마다 자기를 실현하는 건전한 삶을 살도록 돕는 데 헌신한다. 본 학회에서 인증한 상담심리사(1급, 2급)는 전문적 지식과 기술을 개발하고 전문가로서의 능력과 자질을 향상시키며, 상담심리사의 역할을 하는 데 있어서 내담자의 복지를 최우선 순위에 둔다. 상담심리사는 전문적인 상담 활동을 통해 내담자의 개인적인 성장과 사회 공익에 기여하는 데 최선을 다하고 상담심리사로서 자신의 행동에 책임을 진다. 이를 위하여 본 학회에서 인증한 상담심리사는 다음과 같은 윤리강령을 숙지하고 준수할 것을 다짐한다.

1. 전문가로서의 태도

가. 전문적 능력

(1) 상담심리사는 자기 자신의 교육과 수련, 경험 등에 의해 준비된 범위 안에서 전문적인 서비스와 교육을 제공한다. 상담심리사는 자신의 능력의 한계를 인정하고 교육이나 훈련, 경험을 통해 자격이 주어진 상담활동만을 한다.

(2) 상담심리사는 자신이 가진 능력 이상의 것을 주장하거나 암시해서는 안 되며, 타인에 의해 능력이나 자격이 오도되었을 때에는 수정해야 할 의무가 있다.

(3) 상담심리사는 자신의 활동분야에 있어서 최신의 과학적이고 전문적인 정보와 지식을 유지하기 위해 지속적인 교육과 연수의 필요성을 인식하고 참여한다.

(4) 상담심리사는 정기적으로 전문인으로서의 능력과 효율성에 대한 자기반성이나 평가가 있어야 하며, 필요한 경우 자신의 효율성을 증진시키기 위해 지도감독을 받을 책무가 있다.

(5) 상담심리사는 윤리강령과 시행세칙을 준수할 책임이 있다.

(6) 상담기관에 상담심리사를 고용할 때는 전문적인 능력을 갖춘 이를 선발해야 한다.

나. 성실성

(1) 상담심리사는 자신의 신념체계, 가치, 제한점 등이 상담에 미칠 영향력을 자각하고, 내담자에게 상담의 목표, 기법, 한계점, 위험성, 상담의 이점, 자신의 강점과 제한점, 심리검사와 보고

서의 목적과 용도, 상담료, 상담료 지불방법 등을 명확히 알린다.

(2) 상담심리사는 개인의 이익을 위해 상담전문직의 가치와 권위를 훼손하는 행동을 해서는 안 된다.

(3) 상담심리사는 능력의 한계나 개인적인 문제로 내담자를 적절하게 도와줄 수 없을 때에는 상담을 시작해서는 안 되며, 다른 상담심리사나 정신건강 전문가에게 의뢰하는 등 내담자를 도와줄 수 있는 방법을 강구한다.

(4) 상담심리사는 자신의 질병, 죽음, 이동, 또는 내담자의 이동이나 재정적 한계 등과 같은 요인에 의해 상담이 중단될 경우, 이에 대한 적절한 조치를 취해야 한다.

(5) 상담을 종결하는 데 있어서 어떤 이유보다도 우선적으로 내담자의 관점과 요구에 대해 논의해야 하며, 내담자가 다른 전문가를 필요로 할 경우에는 적절한 과정을 거쳐서 의뢰한다.

(6) 상담심리사는 내담자나 학생, 연구 참여자, 동료들이 피해를 입지 않도록 적절한 조치를 취한다.

(7) 상담심리사는 자신의 기술이나 자료가 다른 사람들에 의해 오용될 가능성이 있거나, 개선의 여지가 없는 활동에 참여해서는 안 되며, 이런 일이 일어난 경우에는 이를 바로잡거나 최소화하는 조치를 취한다.

다. 상담심리사 교육과 연수

(1) 상담심리사 교육은 학술적인 연구와 지도감독하의 실습을 통합하는 과정으로 설정되어야 하며, 교육 프로그램은 교육생들이 상담기술, 지식, 자기이해를 넓힐 수 있는 방향으로 설정되어야 한다.

(2) 상담심리사 교육에 들어가기 전에 교육 프로그램의 내용, 기본적인 기술개발, 진로 전망에 대해 알려 준다.

(3) 교육 프로그램은 개인과 사회를 위하는 상담의 이상적 가치를 교육생들에게 고무해야 하며, 따라서 재정적 보상이나 손실보다는 직업애와 인간애에 더 가치를 두도록 한다.

(4) 교육생들에게 다양한 이론적 입장을 제시하여, 교육생들이 이 이론들의 비교를 통해서, 스스로 자신의 입장을 선택할 수 있도록 한다.

(5) 교육 프로그램은 학회의 최근 관련 지침과 보조를 맞추어 진행되어야 한다.

(6) 상담심리사 교육에서는 교육생들에 대한 지속적인 평가를 통해, 장래의 상담활동을 수행하는 데 장애가 될 수도 있는, 교육생들의 한계를 알아내야 한다. 지도 교육하는 상담심리사는

교육생들이 상담자로서 성장할 수 있도록 도와주는 한편, 교육 프로그램을 통해서 바람직한 상담활동을 할 수 없는 사람을 가려낼 수 있어야 한다.

(7) 상담심리사는 상담심리사 교육과 훈련 프로그램을 전문적으로 실시하고, 윤리적인 역할 모델이 되어 교육생들이 윤리적 책임과 윤리강령을 잘 인식하도록 돕는다.

(8) 상담심리사는 상담 성과나 훈련 프로그램을 홍보하기 위해 내담자 또는 수련생과의 관계를 이용하지 않는다.

(9) 상담심리사가 교육목적으로 저술한 교재는 교육과 연수과정에 채택할 수 있다.

라. 자격증명서

(1) 본 학회에서 인증한 상담심리사는 자신의 자격을 일반 대중에게 알릴 수 있다.

(2) 상담심리사는 자격증에 명시된 것 이상으로 자신의 자격을 과장하지 않는다.

(3) 상담이나 혹은 정신건강 분야에 관련된 석사학위를 가지고 있으나 박사학위는 그 이외의 분야에서 취득한 상담심리사는 그들의 상담활동에서 '박사' 라는 말을 사용하지 않으며, 그 상담활동이나 지위와 관련하여 박사학위를 가진 상담심리사인 것처럼 대중에게 알리지 않는다.

2. 사회적 책임

가. 사회와의 관계

(1) 상담심리사는 사회의 윤리와 도덕기준을 존중하고, 사회공익과 자신이 종사하는 전문직의 바람직한 이익을 위해 최선을 다한다.

(2) 상담심리사는 경제적 이득이 없는 경우에도 자신의 전문적 활동에 헌신함으로써 사회에 공헌한다.

(3) 상담비용을 책정할 때 상담심리사들은 내담자의 재정상태와 지역성을 고려하여야 한다. 책정된 상담료가 내담자에게 적절하지 않을 때에는, 가능한 비용에 적합한 서비스를 받을 수 있는 방법을 찾아 줌으로써 내담자를 돕는다.

(4) 상담전문가가 되기 위해 수련하는 학회 회원에게는 상담료나 교육비 책정에 있어서 특별한 배려를 한다.

나. 고용 기관과의 관계

(1) 상담심리사는 자신이 종사하는 기관의 목적과 방침에 공헌할 수 있는 활동을 할 책임이 있다. 만일 자신의 전문적 활동이 기관의 목적과 모순되고, 직무수행에서 갈등이 해소되지 않을 때에는 기관과의 관계를 종결해야 한다.

(2) 상담심리사는 근무기관의 관리자 및 동료들과의 관계를 통해서 상담업무, 비밀보장, 공적 자료와 개인자료의 구별, 기록된 정보의 보관과 처분, 업무량, 책임에 대한 상호 간의 동의가 이루어져야 한다. 이러한 동의는 구체적이어야 하며, 관련된 모든 사람이 알고 있어야 한다.

(3) 상담심리사는 그의 고용주에게 손해를 끼칠 수 있는 상황이나, 기관의 효율성에 제한을 줄 수 있는 상황에 대해 미리 경고를 해 주어야 한다.

(4) 상담심리사의 인사 배치는 내담자의 권리와 복지를 보장하고 증진시킬 수 있도록 해야 한다.

(5) 상담심리사는 수련생에게 적절한 훈련과 지도감독을 제공하고, 수련생이 이 과정을 책임 있고 유능하게 수행할 수 있도록 도와야 하며, 만일 기관의 정책과 실제가 이런 의무의 수행을 막는다면, 가능한 범위에서 그 상황을 바로잡도록 노력한다.

다. 상담기관 운영자

(1) 상담기관 운영자는 다음 목록을 작성해 두어야 한다. 기관에 소속된 상담심리사의 증명서나 자격증은 그중 최고 수준의 것으로 하고, 자격증의 유형, 주소, 연락처, 직무시간, 상담의 유형과 종류, 그와 관련된 다른 정보 등이 정확하게 기록되어야 한다.

(2) 상담기관 운영자는 자신과 현재 종사하고 있는 직원의 발전에 책임이 있다.

(3) 상담기관 운영자는 직원들에게 기관의 목표와 상담 프로그램에 대해 알려 주어야 한다.

(4) 상담기관 운영자는 고용, 승진, 인사, 연수 및 지도 시에 나이, 문화, 장애, 성, 인종, 종교 혹은 사회경제적 지위 등을 이유로 어떤 차별적인 행동을 해서는 안 된다.

(5) 상담기관 운영자는 직원이나 학생, 수련생, 동료 등을 교육, 감독하거나 평가 시에 착취하는 관계를 가져서는 안 된다.

(6) 상담심리사가 개업상담가로서 상담을 홍보하고자 할 때는 일반인들에게 상담의 전문적 활동, 전문지식, 활용할 수 있는 상담 기술 등을 정확하게 알려 주어야 한다.

(7) 기관에 재직 중인 상담심리사는 상담개업 활동에 적극적으로 종사하고 있지 않다면, 자신의 이름이 상업 광고에 사용되도록 해서는 안 된다.

(8) 상담심리사는 다른 상담심리사나 정신건강 전문가와 협력체제를 맺을 수 있는데, 이럴 때 기

관의 특수성을 분명히 인지하고 있어야 한다.

(9) 상담심리사는 자신의 개업활동에 대해 내담자에게 신뢰감을 주기 위해 학회나 연구단체의 회원임을 거론하는 것은 비윤리적이다.

(10) 내담자나 교육생을 모집하기 위해 개인상담소를 고용이나 기관 가입의 장소로 이용해서는 안 된다.

라. 다른 전문직과의 관계

(1) 상담심리사는 자신의 방식과 다른 전문적 상담접근을 존중해야 한다. 상담심리사는 함께 일하는 다른 전문적 집단의 전통과 실제를 알고 이해해야 한다.

(2) 공적인 자리에서 개인 의견을 말할 경우, 상담심리사는 그것이 자기 자신의 관점에서 나온 것이고, 모든 상담심리사의 견해를 대변하는 것이 아님을 분명히 해야 한다.

(3) 내담자가 다른 정신건강 전문가의 서비스를 받고 있음을 알게 되면, 내담자의 동의하에 상담 사실을 그 전문가에게 알리고, 긍정적이고 협력적인 치료관계를 맺도록 노력한다.

(4) 상담심리사는 다른 전문가로부터 의뢰비용을 받으면 안 된다.

마. 자문

(1) 자문이란 개인, 집단, 사회단체가 전문적인 조력자의 도움이 필요하여 요청한 자발적인 관계를 말하는데, 상담심리사는 자문을 요청한 내담자나 기관의 문제 혹은 잠재된 문제를 규명하고 해결하는 데 도움을 준다.

(2) 상담심리사와 내담자는 문제 규명, 목표 변경, 상담성과에 서로의 이해와 동의를 구해야 한다.

(3) 상담심리사는 자신이 자문에 참여하는 개인 또는 기관에게 도움을 주는 데 필요한 충분한 자질과 능력을 갖추었는지를 합리적인 방법으로 명시해야 한다.

(4) 자문을 할 때 개인이나 기관의 가치관을 바꾸는 데 도움을 주고자 한다면 상담심리사 자신의 가치관, 지식, 기술, 한계성이나 욕구에 대한 깊은 자각이 있어야 하고, 자문의 초점은 문제를 가진 사람이 아니라 풀어 나가야 할 문제 자체에 두어야 한다.

(5) 자문 관계는 내담자가 스스로 성장해 나가도록 격려하고 고양하는 것이어야 한다. 상담심리사는 이러한 역할을 일관성 있게 유지해야 하고, 내담자가 스스로의 의사결정자가 되도록 도와주어야 한다.

(6) 상담활동에서 자문의 활용에 대해 홍보할 때는 학회의 윤리강령을 성실하게 준수해야 한다.

바. 홍보

(1) 상담심리사는 전문가로서의 자신의 자격과 상담활동에 대해 대중에게 홍보하거나 설명할 수 있으나 그 내용은 정확해야 하며, 오해를 일으킬 수 있거나 거짓된 내용이어서는 안 된다.

(2) 상담심리사는 상담수주를 위해 강연, 출판물, 라디오, TV 혹은 다른 매체의 홍보에 대해 보수를 지급해서는 안 된다.

(3) 내담자의 추천을 통해서 새로운 내담자의 신뢰를 얻고자 할 때에는, 상황이 특수한 상태이거나 취약한 상태인 내담자에게는 추천을 의뢰해서는 안 된다.

(4) 상담심리사는 출판업자, 언론인 혹은 스폰서 등이 상담의 실제나 전문적인 활동과 관련된 잘못된 진술을 하는 경우 이를 시정하고 방지하도록 노력한다.

(5) 상담심리사가 워크숍이나 훈련 프로그램을 홍보할 때는 소비자의 선택을 위해서 적절한 정보를 제공하고 정확하게 홍보해야 한다.

3. 인간권리와 존엄성에 대한 존중

가. 내담자 복지

(1) 상담심리사의 일차적 책임은 내담자의 복리를 증진하고 존엄성을 존중하는 것이다.

(2) 상담심리사는 내담자의 잠재력을 개발하여 건강한 삶을 영위하도록 도움을 주며, 어떤 방식으로도 해를 끼치지 않는다. 상담심리사는 내담자로 하여금 의존적인 상담관계를 형성하지 않도록 노력하여야 한다.

(3) 상담심리사는 상담관계에서 오는 친밀성과 책임감을 인식하고, 상담심리사의 개인적 욕구 충족을 위해서 내담자를 희생시켜서는 안 된다.

(4) 상담심리사는 내담자의 가족이 내담자의 삶에 중요하다는 것을 인식하고, 필요하다면 가족의 이해와 참여를 얻기 위해 노력한다.

(5) 상담심리사는 직업 문제와 관련하여 내담자의 능력, 일반적인 기질, 흥미, 적성, 욕구, 환경 등을 고려하면서 내담자와 함께 노력하지만, 내담자의 일자리를 찾아 주거나 근무처를 정해 줄 의무가 있는 것은 아니다.

나. 다양성 존중

(1) 상담심리사는 모든 인간의 기본적인 권리, 존엄성, 가치를 존중하며 연령이나 성별, 인종, 종교, 성적인 선호, 장애 등을 이유로 내담자를 차별하지 않는다.

(2) 상담심리사는 내담자의 다양한 문화적 배경을 이해하려고 적극적으로 시도해야 하며, 상담심리사 자신의 고유한 문화적 정체성이 상담과정에 어떤 영향을 주는지를 인식해야 한다.

(3) 상담심리사는 자신의 고유한 가치, 태도, 신념, 행위를 인식하여 그것이 어떻게 다양한 사회에서 적용되는지를 깨닫고 있어야 하고, 내담자에게 자신의 가치를 강요하지 않는다.

다. 내담자의 권리

(1) 내담자는 비밀유지를 기대할 권리가 있고 자신의 사례기록에 대한 정보를 가질 권리가 있으며, 상담 계획에 참여할 권리, 어떤 서비스에 대해서는 거절할 권리, 그런 거절에 따른 결과에 대해 조언을 받을 권리 등이 있다.

(2) 상담심리사는 내담자에게 상담에 참여 여부를 선택할 자유와 어떤 전문가와 상담할 것인가를 결정할 자유를 주어야 한다. 내담자의 선택을 제한하는 제한점은 내담자에게 모두 설명해야 한다.

(3) 미성년자 혹은 자발적인 동의를 할 수 없는 사람이 내담자일 경우, 상담심리사는 이런 내담자의 최상의 복지를 염두에 두고 행동한다.

4. 상담관계

가. 이중 관계

(1) 상담심리사는 객관성과 전문적인 판단에 영향을 미칠 수 있는 이중 관계는 피해야 한다. 가까운 친구나 친인척 등을 내담자로 받아들이면 이중 관계가 되어 전문적 상담의 성과를 기대할 수 없으므로, 다른 전문가에게 의뢰하여 도움을 준다.

(2) 상담심리사는 상담할 때에 내담자와 상담 이외의 다른 관계가 있다면, 특히 자신이 내담자의 상사이거나 지도교수 혹은 평가를 해야 하는 입장에 놓인 경우라면 그 내담자를 다른 전문가에게 의뢰한다. 그러나 다른 대안이 불가능하고, 내담자의 상황을 판단해 볼 때 상담관계 형성이 가능하다고 여겨지면 상담관계를 유지할 수도 있다.

(3) 상담심리사는 특별한 경우를 제외하고는, 내담자와 상담실 밖에서 사적인 관계를 유지하지

않도록 한다.

(4) 상담심리사는 내담자와의 관계에서 상담료 이외의 어떠한 금전적, 물질적 거래관계도 맺어서는 안 된다.

나. 성적 관계

(1) 상담심리사는 내담자와 어떠한 종류이든 성적 관계는 피해야 한다.

(2) 상담심리사는 이전에 성적인 관계를 가졌던 사람을 내담자로 받아들이지 않는다.

(3) 상담심리사는 상담관계가 종결된 이후 최소 2년 내에는 내담자와 성적 관계를 맺지 않는다. 상담종결 이후 2년이 지난 후에 내담자와 성적 관계를 맺게 되는 경우에도 상담심리사는 이 관계가 착취적인 특성이 없다는 것을 철저하게 검증해야 한다.

다. 여러 명의 내담자와의 관계

(1) 상담심리사가 서로 관계를 맺고 있는 둘 혹은 그 이상의 내담자들
(예: 남편과 아내, 부모와 자녀)에게 상담을 제공할 것을 동의할 경우, 상담심리사는 누가 내담자이며 각 사람과 어떠한 관계를 맺게 될지 그 특성에 대해 명확히 하고 상담을 시작해야 한다.

(2) 만약 그러한 관계가 상담심리사로 하여금 잠재적으로 상충되는 역할을 수행하도록 요구한다면, 상담심리사는 그 역할에 대해서 명확히 하거나, 조정하거나, 그 역할로부터 벗어나도록 한다.

5. 정보의 보호

가. 사생활과 비밀보호

(1) 상담심리사는 사생활과 비밀유지에 대한 내담자의 권리를 최대한 존중해야 할 의무가 있다.

(2) 내담자의 사생활 보호에 대한 권리는 내담자나 내담자가 위임한 법적 대리인에 의해 유예될 수 있다.

(3) 상담심리사는 내담자의 사생활 침해를 최소화하기 위해서 문서 및 구두상의 보고나 자문 등에서 실제 의사소통된 정보만을 포함시킨다.

(4) 상담심리사는 고용인, 지도감독자, 사무보조원, 그리고 자원봉사자들을 포함한 직원들에게

도 내담자의 사생활과 비밀이 보호되도록 주지시켜야 한다.

나. 기록

(1) 법, 규제 혹은 제도적 절차에 따라, 상담심리사는 내담자에게 전문적인 서비스를 제공하기 위해서 반드시 기록을 보존한다.

(2) 상담심리사는 녹음 및 기록에 관해 내담자의 동의를 구한다.

(3) 상담심리사는 면접기록, 심리검사자료, 편지, 녹음·녹화 테잎, 기타 문서기록 등 상담과 관련된 기록들이 내담자를 위해 보존된다는 것을 인식하며, 상담기록의 안전과 비밀보호에 책임진다.

(4) 상담기관이나 연구단체는 상담기록 및 보관에 관한 규정을 작성해야 하며, 그렇지 않을 경우 상담기록은 상담심리사가 속해 있는 기관이나 연구단체의 기록으로 간주한다. 상담심리사는 내담자가 기록에 대한 열람이나 복사를 요구할 경우, 그 기록이 내담자에게 잘못 이해될 가능성이 없고 내담자에게 해가 되지 않으면 응하는 것이 원칙이다. 단, 여러 명의 내담자를 상담하는 경우, 다른 내담자와 관련된 사적인 정보는 제외하고 열람하도록 한다.

(5) 상담심리사는 기록과 자료에 대한 비밀보호가 자신의 죽음, 능력상실, 자격박탈 등의 경우에도 보호될 수 있도록 미리 계획을 세운다.

(6) 상담심리사는 상담과 관련된 기록을 보관하고 처리하는 데 있어서 비밀을 보호해야 하며, 이를 타인에게 공개할 때에는 내담자의 직접적인 동의가 있을 때에만 가능하다.

(7) 상담심리사는 다음에 정한 바와 같이 비밀보호의 예외가 존재하는 경우를 제외하고는, 내담자의 서면 동의 없이는 제삼의 개인, 단체에게 상담기록을 밝히거나 전달하지 않는다.

다. 비밀보호의 한계

(1) 내담자의 생명이나 사회의 안전을 위협하는 경우가 발생한 경우에 한하여 내담자의 동의 없이도 내담자에 대한 정보를 관련 전문인이나 사회에 알릴 수 있다. 이런 경우 상담 시작 전에 이러한 비밀보호의 한계를 알려 준다.

(2) 내담자가 감염성이 있는 치명적인 질병이 있다는 확실한 정보를 가졌을 때, 상담심리사는 그 질병에 위험한 수준으로 노출되어 있는 제삼자(내담자와 관계 맺고 있는)에게 그러한 정보를 공개할 수 있다. 상담심리사는 제삼자에게 이러한 정보를 공개하기 전에, 내담자가 자신의 질병에 대해서 그 사람에게 알렸는지, 아니면 조만간에 알릴 의도가 있는지를 확인한다.

(3) 법적으로 정보의 공개가 요구될 때에는 비밀보호의 원칙에서 예외이지만, 법원이 내담자의 허락 없이 사적인 정보를 밝힐 것을 요구할 경우, 상담심리사는 내담자와의 관계를 해칠 수 있기 때문에 정보를 요구하지 말 것을 법원에 요청한다.
(4) 상황들이 사적인 정보의 공개를 요구할 때 오직 기본적인 정보만을 밝힌다. 더 많은 사항을 밝히기 위해서는 사적인 정보의 공개에 앞서 내담자에게 알린다.
(5) 만약 내담자의 상담이 여러 전문가로 구성된 팀에 의한 지속적인 관찰을 포함하고 있다면, 팀의 존재와 구성을 내담자에게 알린다.
(6) 상담이 시작될 때와 상담과정 중 필요한 때에, 상담심리사는 내담자에게 비밀보호의 한계를 알리고 비밀보호가 불이행되는 상황에 대해 인식시킨다.
(7) 비밀보호의 예외 및 한계에 관한 타당성이 의심될 때에 상담심리사는 동료 전문가의 자문을 구한다.

라. 집단상담과 가족상담

(1) 집단상담에서 상담심리사는 비밀보호의 중요성을 설명하고, 집단에서의 비밀보호와 관련된 어려움들을 토론한다. 집단 구성원들에게 비밀보호가 완벽하게는 보장될 수 없음을 알린다.
(2) 가족상담에서 한 가족 구성원에 대한 정보는, 허락 없이는 다른 구성원에게 공개될 수 없다. 상담심리사는 각 가족 구성원의 사생활에 대한 권리를 보호한다.
(3) 자발적인 언행이 불가능하거나 미성년인 내담자를 상담할 때, 상담의 과정에서 필요하면 부모나 보호자가 참여할 수 있음을 알린다. 그러나 상담심리사는 내담자의 이익을 위해 최선을 다한다.

마. 기타 목적을 위한 내담자 정보의 사용

(1) 교육이나 연구 또는 출판을 목적으로 상담관계로부터 얻어진 자료를 사용할 때에는 내담자의 동의를 구해야 하며, 각 개인의 익명성이 보장되도록 자료 변형 및 신상정보의 삭제와 같은 적절한 조치를 취하여 내담자의 신상에 피해를 주지 않도록 한다.
(2) 다른 전문가의 자문을 구할 경우, 상담심리사는 사전에 내담자의 동의를 구해야 하며, 적절한 조치를 통해 내담자의 사생활과 비밀을 보호하도록 노력한다.

바. 전자 정보의 비밀보호

(1) 컴퓨터를 사용하면 광범위하게 자료를 보관하고 조사 · 분석할 수 있지만, 정보를 관리하는 데 한계가 있다는 사실을 알아야 한다.

(2) 내담자의 기록이 전자 정보 형태로 보존되어 제삼자가 내담자의 동의 없이 접근할 수 있을 때, 상담심리사는 적절한 방법을 통해 내담자의 신상이 드러나지 않도록 조치를 취한다.

6. 상담연구

가. 연구계획

(1) 상담심리사는 윤리적 기준에 따라 과학적인 방법으로 연구를 계획하고 수행한다.

(2) 상담심리사는 연구가 잘못될 가능성을 최소화하도록 연구를 계획한다.

(3) 연구를 계획할 때, 상담심리사는 윤리강령에 따라 하자가 없도록 한다. 만약 윤리적 쟁점이 명확하지 않다면, 상담심리사는 윤리위원회나 동료의 자문 등을 통해 쟁점을 해결한다.

(4) 상담심리사는 최선을 다해 연구 대상자의 권리와 복지를 보호하기 위한 적절한 조치를 취해야 한다.

(5) 상담심리사는 국가의 법과 기준 및 전문적 기준을 준수하는 태도로 연구를 수행한다.

나. 책임

(1) 상담심리사는 연구가 진행되는 동안 연구 대상자의 복지에 대한 책임이 있으며, 연구 대상자를 심리적, 신체적, 사회적 불편이나 위험으로부터 보호해야 한다.

(2) 상담심리사는 자기 자신 혹은 자기 감독 하에 수행된 연구의 윤리적 행위에 대해서 책임이 있다.

(3) 연구자와 연구 보조자는 훈련받고 준비된 과제만을 수행해야 한다.

(4) 연구를 수행하는 데 있어서, 필요에 따라 숙련된 연구자의 자문을 구한다.

다. 연구 대상자의 참여 및 동의

(1) 연구에의 참여는 자발적이어야 한다. 비자발적인 참여는 그것이 연구 대상자에게 전혀 해로운 영향을 끼치지 않거나, 관찰연구가 필요한 경우에만 가능하다.

(2) 상담심리사는 연구 대상자를 구하기 위하여 부적절한 유인가를 제공하지 말아야 한다.

(3) 상담심리사는 연구 대상자가 이해할 수 있는 언어를 사용하여 연구의 목적, 절차 및 기대되는 효과를 설명한 후에 연구 동의를 받아야 한다.

(4) 상담심리사는 모든 형태의 촬영이나 녹음에 대해서 사전에 연구 대상자의 동의를 받아야 한다.

(5) 상담심리사는 정보를 숨기거나 사실과 다르게 알리는 것이 연구와 관찰에 필요한 경우를 제외하고는, 모든 연구 대상자에게 연구의 목적 및 특성에 대해 사실대로 알려야 한다. 연구의 특성상 사실과 다르게 보고한 경우에는 연구가 끝난 뒤 가능한 한 빨리 사실 그대로를 알려 주어야 한다.

(6) 상담심리사는 연구 대상자의 참여에 영향을 줄 수 있는 물리적 위험, 불편함, 불쾌한 정서적 경험 등에 관하여 반드시 사전에 알려 주어야 한다.

라. 연구결과 및 보고

(1) 상담심리사는 연구 대상자의 요구가 있을 경우, 연구 대상자에게 연구의 결과나 결론 등을 제공한다.

(2) 상담심리사는 연구 결과를 출판할 경우에 자료를 위조하거나 결과를 왜곡해서는 안 된다.

(3) 출판된 자신의 자료에서 중대한 오류가 발견된 경우, 상담심리사는 그러한 오류에 대해 수정, 철회, 정정하여야 한다.

(4) 상담심리사는 타 연구의 결과나 자료의 일부, 혹은 기본적인 내용에 대해서 아무리 자주 인용된다 할지라도 자신의 것으로 보고해서는 안 된다.

(5) 상담심리사는 자신이 수행한 연구 및 기여한 연구에 대해서만 책임과 공로를 갖는다. 연구에 많은 공헌을 한 자는 공동 연구자로 하거나, 공인을 해 주거나, 각주를 통해 밝히거나 혹은 다른 적절한 수단을 통하여 그 공헌에 맞게 인정해 주어야 한다.

(6) 전문적이고 과학적인 가치가 있는 것으로 판명된 연구결과는 다른 상담심리사들과 상호 교환해야 하며, 연구결과가 연구소의 프로그램, 상담활동, 기존 관심과 일치하지 않는다는 이유로 철회되어서는 안 된다.

(7) 상담심리사는 자신의 연구를 제삼자가 반복하기 원하고 그만한 자격이 있으면, 연구 자료를 충분히 이용하도록 할 의무가 있다. 단 연구 대상자의 정보를 보호해야 한다.

(8) 상담심리사는, 이미 다른 논문이나 출판물에 전체 혹은 일부분이 수록된 원고를 전 출판사의 승인이나 인가 없이 이중발표하지 않는다.

7. 심리검사

가. 기본 사항

(1) 교육 및 심리 평가의 주된 목적은, 객관적이면서 해석이 용이한 평가도구를 제공하는 데 있다.

(2) 상담심리사는 교육 및 심리 평가 방법을 활용하여, 내담자의 복리와 이익을 추구하여야 한다.

(3) 상담심리사는 평가 결과와 해석을 오용해서는 안 되고, 다른 사람들이 평가도구를 개발하고, 출판 또는 사용함에 있어서 정보를 오용하지 않도록 적절한 조치를 한다.

(4) 상담심리사는, 검사 결과에 따른 상담심리사들의 해석 및 권유의 근거에 대한, 내담자들의 알 권리를 존중한다.

(5) 상담심리사는 규정된 전문적 관계 안에서만 평가, 진단, 서비스 혹은 개입을 한다.

(6) 상담심리사의 평가, 추천, 보고 그리고 심리적 진단이나 평가 진술은 적절한 증거 제공이 가능한 정보와 기술에 바탕을 둔다.

나. 검사를 사용하고 해석하는 능력

(1) 상담심리사는 자신의 능력의 한계를 알고, 훈련받은 검사와 평가만을 수행해야 한다. 또한 상담심리사는 지도감독자로부터, 적합한 심리검사 도구를 제대로 이용하는지의 여부를 평가받아야 한다.

(2) 컴퓨터를 이용한 검사를 활용하는 상담심리사는 원 평가도구에 대해 훈련받아야 한다.

(3) 수기로 하든지, 컴퓨터를 사용하든지, 상담심리사는 평가도구의 채점, 해석과 사용, 응용에 대한 책임이 있다.

(4) 상담심리사는 타당도와 신뢰도, 검사에 대한 연구 및 검사지의 개발과 사용에 관한 지침 등 교육 · 심리적 측정에 대해 철저하게 이해하고 있어야 한다.

(5) 상담심리사는 평가도구나 방법에 대해 언급할 때, 정확한 정보를 제공하고 오해가 없도록 해야 한다. 지능지수나 점수 등이 근거 없는 의미를 내포하지 않도록 특별한 노력을 기울여야 한다.

(6) 상담심리사는 심리 평가를 무자격자에게 맡겨서는 안 된다.

다. 사전 동의

(1) 평가 전에 내담자의 동의를 미리 얻지 않았다면, 상담심리사는 그 평가의 특성과 목적, 그리고 결과의 구체적인 사용에 대해 내담자가 이해할 수 있는 말로 설명해야 한다. 채점이나 해석이 상담심리사나 보조원에 의해서 되든, 아니면 컴퓨터나 기타 외부 서비스 기관에 의해서 이루어지든지, 상담심리사는 내담자에게 적절한 설명을 하도록 조치를 취해야 한다.

(2) 내담자의 복지, 이해 능력, 그리고 사전 동의에 따라 검사 결과의 수령인을 결정짓는다. 상담심리사는 어떤 개인 혹은 집단검사 결과를 제공할 때 정확하고 적절한 해석을 함께 제공하여야 한다.

라. 유능한 전문가에게 정보 공개하기

(1) 상담심리사는 검사 결과나 해석을 포함한 평가 결과를 오용해서는 안 되며, 다른 사람들의 오용을 막기 위한 적절한 조치를 취한다.

(2) 상담심리사는 특별한 경우를 제외하고는, 내담자나 내담자가 위임한 법적 대리인의 동의가 있을 경우에만 그 내담자의 신분이 드러날 만한 자료(예를 들면, 계약서, 상담이나 인터뷰 기록 혹은 설문지)를 공개한다. 그와 같은 자료는 그 자료를 해석할 만한 능력이 있다고 상담심리사가 인정하는 전문가에게만 공개되어야 한다.

마. 검사의 선택

(1) 상담심리사는 심리검사를 선택할 때 타당도, 신뢰도, 검사의 적절성, 제한점 등을 신중히 고려한다.

(2) 상담심리사는 다문화 집단을 위한 검사를 선택할 때, 사회화된 행동과 인지 양식을 고려하지 않은 부적절한 검사를 피할 수 있도록 주의한다.

바. 검사 시행의 조건

(1) 상담심리사는 표준화된 조건과 동일한 조건에서 검사를 시행한다. 검사가 표준화된 조건에서 시행되지 않거나 검사 시간에 비정상적인 행동이 발생할 경우, 그러한 내용을 기록해야 하고, 그 검사 결과는 무효 처리하거나 타당성을 의심할 수 있다.

(2) 상담심리사는 컴퓨터나 다른 전자식 방법을 사용하였을 때, 시행 프로그램이 내담자에게 정확한 결과를 적절히 제공하도록 보장할 책임이 있다.

(3) 인사, 생활지도, 상담활동에 주로 활용되는 검사 결과가 유의미하기 위해서는 검사내용에 대한 선수지도나 내용을 언급하면 안 된다. 그러므로 검사지를 안전하게 보호하는 것도 상담심리사의 책임이다.

사. 검사 점수화와 해석, 진단

(1) 상담심리사는 검사 시행과 해석에 있어서 나이, 인종, 문화, 장애, 민족, 성, 종교, 성적 기호 그리고 사회경제적 지위의 영향을 고려하고, 다른 관련 요인들과 통합 비교하여 검사 결과를 해석한다.
(2) 상담심리사는 기술적 자료가 불충분한 평가도구의 경우 그 결과를 해석할 때 신중해야 한다. 그러한 도구를 사용하는 특정한 목적을 내담자에게 명백히 알려 주어야 한다.
(3) 정신 장애를 진단하기 위해서 상담심리사는 특별한 관심을 가져야 한다. 내담자에 대한 치료 장소, 치료 유형, 또는 후속조치를 결정하기 위한 개인 면담 및 평가 방법을 주의 깊게 선택하고 사용한다.
(4) 상담심리사는 내담자의 문제를 정의할 때, 내담자가 속한 문화의 영향을 받는다는 것을 인지한다. 내담자의 정신 장애를 진단할 때 사회경제적 및 문화적 경험을 고려해야 한다.

아. 검사의 안전성

(1) 상담심리사는 공인된 검사 또는 일부를 발행자의 허가 없이 사용, 재발행, 수정하지 않는다.
(2) 상담심리사는 시대에 뒤진 자료나 검사 결과를 사용하지 않는다. 다른 사람이 쓸모없는 측정이나 검사 자료를 사용하지 않도록 상담심리사는 도와준다.

8. 윤리문제 해결

가. 윤리위원회와 협력

(1) 상담심리사는 본 윤리강령 및 적용 가능한 타 윤리강령을 숙지해야 할 의무가 있다. 윤리적 기준에 대해 모르고 있거나, 잘못 이해하고 있다는 사실이 비윤리적 행위에 대한 근거가 되지는 못한다.
(2) 상담심리사는 윤리강령의 시행 과정을 돕는다. 상담심리사는 윤리강령을 위반한 것으로 지목되는 사람들에 대해 윤리위원회의 조사, 요청, 소송절차에 협력한다.

나. 위반

(1) 상담심리사가 윤리적으로 행동하는지에 대한 의구심을 유발하는 근거가 있을 때, 윤리위원회는 적절한 조치를 취할 수 있다.

(2) 특정 상황이나 조치가 윤리강령에 위반되는지 불분명할 경우, 상담심리사는 윤리강령에 대해 지식이 있는 다른 상담심리사, 해당 권위자 및 윤리위원회의 자문을 구한다.

(3) 소속 기관 및 단체와 본 윤리강령 간에 갈등이 있을 경우, 상담심리사는 갈등의 본질을 명확히 하고, 소속 기관 및 단체에 윤리강령을 알려서 이를 준수하는 방향으로 해결책을 찾도록 한다.

(4) 다른 상담심리사의 윤리 위반에 대해 비공식적인 해결이 가장 적절한 개입으로 여겨질 경우에는, 당사자에게 보고하여 해결하려는 시도를 한다.

(5) 명백한 윤리강령 위반이 비공식적인 방법으로 해결되지 않거나, 그 방법이 부적절하다면 윤리위원회에 위임한다.

9. 회원의 의무

본 학회의 정회원, 준회원 및 종신회원은 상담심리사 자격을 취득하기 이전이라 할지라도 예비상담심리사로서 본 윤리강령을 준수할 의무가 있다.

부칙

(1) 본 윤리강령은 2003년 5월 17일부터 시행한다.

(2) 본 윤리강령은 학회 명칭과 상담전문가 명칭을 변경함에 따라 해당되는 용어를 수정하여 2004년 4월 17일 자부터 시행한다.

(3) 본 개정 윤리강령은 2009년 11월 21일부터 시행한다.

부록 4: 청소년상담사 윤리강령-전문

청소년상담사는 청소년의 정서, 인지, 행동 발달을 조력하는 유일한 상담전문 국가자격증이다. 청소년상담사는 항상 청소년과 그 주변인들에게 인간으로서의 존엄성을 높이고자 노력할 것이며, 청소년이 스스로 결정할 수 있도록 도와줄 것이며, 청소년이 행복할 수 있도록 기회를 제공하는 데 최선을 다할 것이며, 청소년의 아픔과 슬픔에 대해 청소년상담사로서의 책임을 가슴에 새길 것이다. 청소년상담사는 청소년이 사랑하는 가족, 이웃과 더불어 행복하게 살아갈 수 있도록 지원하기 위해 다음과 같이 윤리규정을 숙지하고 준수할 것을 다짐한다.

가. 목적

1. 청소년상담사의 책임과 의무를 분명하게 제시하여 내담자를 보호한다.
2. 청소년상담사가 직무 중에 발생하는 문제를 처리할 수 있는 기준을 제공한다.
3. 청소년상담사가 자신의 사생활과 인격을 보호하는 근거를 제공한다.
4. 청소년상담사의 활동이 전문직으로서의 상담의 기능 및 목적에 저촉되지 않도록 기준을 제공한다.
5. 청소년상담사의 활동이 지역사회의 도덕적 기대에 부합하도록 준거를 제공한다.

나. 청소년상담사로서의 전문적 자세

1. 청소년상담사의 책임

가) 청소년상담사는 청소년기본법에 따라 청소년의 권리와 책임을 다할 수 있게 지원해야 한다.

나) 청소년상담사는 자기의 능력 및 기법의 한계를 인식하고, 전문적 기준에 위배되는 활동을 하지 않도록 한다.

다) 청소년상담사는 검증되지 않고 훈련받지 않은 상담기법의 오 · 남용을 삼간다.

라) 청소년상담사는 현행법이 윤리강령을 제한할 경우는 현행법을 우선적으로 적용하지만 윤리강령이 보다 엄격한 기준을 설정하고 있다면, 윤리강령을 따른다.

마) 청소년상담사는 청소년과 관련된 정책, 규칙, 법규에 대해 정통해야 하고 청소년 내담자를

보호하며 청소년 내담자가 최선의 발달을 이루도록 노력해야 한다.

바) 청소년상담사는 청소년상담사 윤리강령에 어긋나는 사실을 알게 된 경우 청소년상담자의 의무에 준하여 윤리위원회에 보고해야 한다.

2. 품위유지 의무

가) 청소년상담사는 전문상담자로서 품위를 손상하는 행위를 하지 않는다.

나) 청소년상담사는 동종에 종사하는 자와 협력하여야 한다.

3. 상담관계

가) 청소년상담사는 자신의 법적, 도덕적 한계를 벗어난 다중 관계를 맺지 않는다.

나) 청소년상담사는 청소년 내담자에게 무력, 정신적 압력 등을 사용하지 않는다.

다) 청소년상담사는 상담적 배임행위(내담자 유기, 동의를 받지 않은 사례 활용 등)를 하지 않는다.

라) 청소년상담사는 외부 지원이 적합하거나 필요할 때 의뢰를 요청할 수 있으며, 의뢰에 대해 청소년 내담자와 부모(보호자)에게 알리고 서비스를 받도록 노력한다.

마) 매체(전화, 인터넷, 모바일 폰 등)를 활용한 서비스 지원에 있어 위해 요소로부터 청소년을 보호하기 위한 신뢰할 수 있는 조치를 취한다.

4. 부모/보호자와의 관계

가) 청소년상담사는 부모(보호자)의 권리와 책임을 존중하고, 청소년 내담자의 성장을 최대한 촉진시키기 위해 부모(보호자)에게 상담자의 역할에 대해 설명하여 협력적인 관계를 성립하도록 노력한다.

나) 청소년상담사는 내담자의 성장과 복지에 필요하다고 판단된 경우에 한해 부모(보호자)에게 정확하고, 종합적인 정보를 제공한다.

5. 자격과 수련

가) 청소년상담사는 자신의 전문성을 유지하기 위해 법적으로 정해진 보수교육에 반드시 참여한다.

나) 청소년상담사는 다양한 사람들을 상담함에 있어 상담에 필요한 이론적 지식, 전문적 실습,

연구능력을 향상시키기 위한 교육, 자문, 훈련 등의 지속적인 노력을 추구한다.

다. 비밀보장

1. 사생활과 비밀보장의 의무

가) 청소년상담사는 내담자와 부모(보호자)의 사생활과 비밀보장에 대한 권리를 최대한 존중해야 한다.

나) 청소년상담사는 고용인, 슈퍼바이저, 직원 등 주변인에게도 내담자의 사생활과 비밀이 보호되도록 주지시킨다.

다) 청소년상담사는 청소년 내담자 상담 시 사전에 상담에 대한 내담자의 동의를 받고 상담과정에 부모나 보호자가 참여할 수 있으며, 비밀보장의 한계에 따라 정보를 제공할 수 있음을 알린다.

라) 청소년상담사는 청소년 내담자 상담 시, 상담의뢰자(교사, 경찰 등)에게 내담자의 동의를 얻어 정보를 제공할 수 있다.

마) 청소년상담사는 비밀보장의 의미와 한계에 대하여 청소년 내담자의 발달단계에 적합한 용어로 알기 쉽게 설명해 주어야 한다.

2. 비밀보장의 한계

가) 청소년상담사는 상담 시 비밀보장의 1차적 의무를 내담자의 보호에 두지만 비밀보장의 한계에 있어 청소년의 부모(보호자)에게 공개할 수 있다.

나) 비밀보장의 한계가 있는 경우는 다음과 같다.

1) 청소년상담사는 내담자의 생명이나 사회의 안전을 위협하는 경우 비밀을 공개하여 안전을 확보한다.

2) 청소년상담사는 법적으로 정보의 공개가 요구되는 경우 내담자의 허락을 득하고 최소한의 정보만을 공개한다.

3) 청소년상담사는 내담자에게 감염성이 있는 치명적인 질병이 있을 경우 그 질병에 노출되어 있는 제삼자에게 정보를 공개할 수 있다.

3. 기록 및 녹음의 보관과 양도

가) 청소년상담사는 내담자에게 전문적인 서비스를 제공하기 위해 상담내용을 기록하고 보관한다.

나) 청소년상담사는 기록 및 녹음에 관해 내담자의 사전 동의를 구한다.

다) 청소년상담사는 면접기록, 심리검사자료, 편지, 녹음 · 녹화 테이프, 기타 문서기록 등 상담과 관련된 기록을 보관하고 처리하는 데 있어서 비밀이 보장되어야 한다.

라) 청소년상담사는 내담자의 동의 없이는 상담의 기록을 제삼자나 기관에 공개하지 않는다.

마) 청소년상담사는 내담자와 보호자가 상담기록의 삭제를 요청을 할 경우 법적, 윤리적 문제가 없는 한 삭제하여야 한다. 상담기록을 삭제하지 못할 경우 타당한 이유를 내담자와 보호자에게 설명해 주어야 한다.

바) 청소년상담사는 퇴직, 이직 등의 이유로 상담을 중단하게 될 경우 기록과 자료를 적절한 절차에 따라 기관이나 전문가에게 양도한다.

라. 슈퍼비전과 심리검사

1. 자문 및 슈퍼비전

가) 청소년상담사는 자신의 사례에 대해 보다 나은 전문적 상담을 위해 내담자의 동의를 구한 후 내담자에 대해 사실적이고 객관적인 정보만을 사용하여 동료나 슈퍼바이저에게 자문을 받는다.

나) 청소년상담사는 비밀보호의 예외 및 한계에 관한 타당성이 의심될 때에 동료 및 수퍼바이저의 자문을 구한다.

다) 청소년상담사는 내담자를 의뢰할 수 있는 전문가, 협회 및 기타 지지자원을 알고 있으며 이를 활용한다.

2. 심리검사

가) 청소년상담사는 심리검사를 실시하고 해석할 수 있는 능력을 배양해야 한다.

나) 검사 도구를 선택, 실시, 해석함에 있어서 모든 전문가적 기준을 고려하여 사용한다.

다) 청소년이 이해할 수 있는 언어로 심리검사의 잠재적 영향력, 결과, 목적, 성격에 대한 설명을 제공한다.

라) 심리검사 결과 해석의 사용을 감독하고 다른 이들이 그 정보를 오용하지 않도록 적합한 절차를 취한다.

마. 지역사회 참여 및 제도 개선에 대한 책임

1. 지역사회를 돕는 전문가 역할

가) 청소년상담사는 경제적 이득이 없는 경우에도 청소년의 최선의 유익을 위하여 지역사회의 기관, 조직 및 개인과 협력하고 사회공익을 위해 전문적 활동에 헌신함으로써 사회에 공헌하도록 한다.

나) 청소년상담사는 자문을 요청한 내담자나 기관의 문제, 혹은 잠재된 사회문제를 규명하고 해결하는 데 도움을 준다.

다) 청소년상담사는 내담자가 다른 정신건강 전문가와 상담을 받고 있음을 알게 되면, 내담자의 동의하에 그 전문가와 긍정적이고 협력적인 관계를 맺도록 노력한다.

2. 제도 개선 노력

가) 청소년 관련 법과 정책 개선의 노력

청소년상담사는 청소년 및 복지관련 법령, 정책 등의 적용과 개선을 위해 노력한다.

나) 청소년상담사 자격 제도 개선의 노력

청소년상담사는 자격검정 및 연수 등 청소년상담사 자격제도 개선을 위해 노력한다.

바. 상담기관 설립 및 운영

1. 상담기관 운영자의 역할

가) 상담기관 운영자는 직원이나 학생, 수련생, 동료 등을 교육, 감독하거나 평가 시에 착취하는 관계를 가져서는 안 된다.

나) 상담기관 운영자는 자신과 현재 종사하고 있는 직원의 발전에 책임이 있다.

다) 상담비용을 책정할 때 내담자의 재정상태와 지역성을 고려하여야 한다.

2. 상담기관 종사자의 역할

가) 청소년상담사는 자신이 종사하는 기관의 목적과 운영방침을 따라야 하며, 기관의 성장 발전을 위해 노력해야 한다.

나) 청소년상담사는 고용기 관에 손해를 끼칠 수 있는 상황이나 기관의 효율성에 제한을 줄 수 있는 상황에 대해 미리 알려 주어야 한다.

사. 연구 및 출판

1. 연구 활동

가) 청소년상담사는 청소년 문제 해결을 위해 윤리적 기준에 따라 과학적인 방법으로 연구를 계획하고 수행한다.

나) 청소년상담사는 연구 대상자를 심리적, 신체적, 사회적 불편이나 위험으로부터 보호하여야 하며, 연구 대상자의 요구가 있을 경우 연구결과나 결론 등을 제공하여야 한다.

2. 출판 활동

가) 청소년상담사는 연구결과를 출판할 경우에 자료를 위조하거나 결과를 왜곡해서는 안 된다.

나) 청소년상담사는 투고논문, 학술발표원고, 연구계획서를 심사할 경우 제출자와 제출내용에 대해 비밀을 유지하고 저자의 저작권을 존중한다.

아. 청소년상담사 윤리위원회

1. 윤리위원회의 구성은 윤리위원회 규정에 따른다.

2. 윤리위원회 기능

가) 청소년상담사 윤리강령 보급

나) 청소년상담사 윤리강령 심의 · 수정

다) 윤리강령 위반 행위에 대한 접수 · 처리 · 의결

라) 윤리위원회는 청소년기본법과 윤리위원회 규정이 정한 절차에 따라 자격의 박탈, 정지 등의 징계를 할 수 있다.

3. 청소년상담사는 윤리위원회의 조사, 요청, 소송절차에 협력한다.
4. 윤리위원회의 활동에 대해서는 윤리위원회 규정을 제정하여 이에 따른다.

자. 청소년 사이버상담

1. 사이버상담에서 비밀보호의 한계

(1) 사이버상담자는 상황들이 내담자의 사적인 정보 공개를 요구할 때 오직 기본적인 정보만을 밝힌다. 더 많은 사항을 밝히기 위해서는 사적인 정보의 공개에 앞서 내담자와 보호자에게 알린다.

(2) 운영 특성상, 한 명의 내담자가 여러 명의 사이버상담자를 만나게 되는 경우, 상담자들 간에 정보를 공유할 수 있음을 내담자에게 알린다.

(3) 사이버상담자는 해킹이나 사이트를 통해 들어오는 바이러스는 컨트롤할 수 없으므로 인터넷 상에서 완벽하게 보안을 유지하는 데 한계가 있음을 내담자에게 알리고, 이에 대한 대안적인 서비스 방법에 대해 논의해야 한다.

2. 사이버상담기록의 보존 및 활용

(1) 사이버상담 운영기관은 상담기록의 보관여부와 보존연한에 대해 알릴 필요가 있다.

(2) 사이버상담 운영기관이나 연구단체는 상담기록 및 보관에 관한 규정을 작성해야 하며, 그렇지 않을 경우 상담기록은 사이버상담자가 속해 있는 기관이나 연구단체의 기록으로 간주한다. 사이버상담자는 내담자 혹은 보호자가 기록에 대한 열람이나 상담기록 인쇄물을 요구할 경우, 그 기록이 내담자에게 잘못 이해될 가능성이 없고 내담자와 상담자에게 해가 되지 않으면 응하는 것이 원칙이다.

(3) 기타 사이버상담기록에 관한 규정은 청소년상담사 윤리규정에 따른다.

3. 사이버상담에서의 내담자 신분 확인

(1) 사이버상담자는 만약에 있을지 모르는 위기개입 등의 상황을 대비하기 위해서 내담자의 신

분을 확인할 방법을 가지고 있어야 한다.

(2) 사이버상담 운영기관에서는 이용자가 다른 사람의 신분을 도용하지 않도록 절차를 마련해야 한다.

4. 사이버상담에서의 위기개입

(1) 사이버상담자는 내담자가 자해, 자살, 폭행, 살인 등 자신 및 타인에게 심각한 위험을 끼칠 가능성이 있는 경우, 내담자(또는 타인)의 안전 확보를 위해 다음과 같은 조치를 취해야 한다.

① 사이버상담자는 내담자의 보호자에게 해당 사실을 신속히 알리고, 협조체제를 구축하여 합리적인 조치를 취해야 한다.

② 사이버상담자는 내담자가 언제든지 도움을 요청할 수 있는 긴급연락망(상담자, 1388, 112,119, 지역사회 전문가 등)을 구축하여 긴급 지원이 필요한 경우, 유관기관 전문가의 도움을 구할 수 있다.

(2) 사이버상담자는 내담자의 안전 및 안녕을 위해 만 19세 미만 내담자의 성범죄와 아동학대 피해 또는 가해 사실을 알게 될 경우, 해당 사실을 수사기관에 신고해야 한다.

5. 사이버상담의 지속

(1) 사이버상담이 내담자에게 부적절하다고 간주될 경우, 상담자는 대면상담 연계 등 이에 적합한 서비스 연계를 고려한다.

(2) 사이버상담자의 개인적인 문제(기관 이전, 이직 등)로 내담자를 적절하게 도와줄 수 없을 때에는 다른 상담자나 정신건강 전문가에게 의뢰하는 등 내담자를 도와줄 수 있는 방법을 강구한다.

저자 소개

▶ 김정남(Kim Jeung Nam)
동명대학교 상담심리학과 교수
전) 한국교육상담센터 센터장
저서: 상담심리학의 이론과 실제(학지사)
중 · 고등학생을 위한 집단상담 프로그램(학지사)
성의 이해(양서원)
인간관계와 정신건강(학지사)
자격증: 상담심리사 1급, 수련감독전문 상담사

▶ 남정현(Nam Jeong Hyun)
동명대학교 상담심리학과 교수
전) 부산아동발달미술치료연구소 수석연구원
저서: 성의 이해(양서원)
인간관계와 정신건강(학지사)
자격증: 상담심리사 1급, 미술치료전문가

▶ 유지원(Yu Ji Won)
지원발달심리치료연구소 소장
저서: 집중력과 시지각 향상을 위한 임상미술치료 워크북 모눈종이
GRAPH PAPER(양서원)
Pizza 만다라(굿에듀)
자격증: 미술치료전문가, MBTI강사, 행동치료사

상담행정과 사례관리

Consulting Administration and Case Management

2018년 1월 20일 1판 1쇄 인쇄
2018년 1월 25일 1판 1쇄 발행

지은이 • 김정남 · 남정현 · 유지원

펴낸이 • 김진환
펴낸곳 • (주) 학지사
04031 서울특별시 마포구 양화로 15길 20 마인드월드빌딩
대표전화 • 02)330-5114 팩스 • 02)324-2345
등록번호 • 제313-2006-000265호

홈페이지 • http://www.hakjisa.co.kr
페이스북 • https://www.facebook.com/hakjisabook

ISBN 978-89-997-0939-5 93180

정가 17,000원

이 도서의 국립중앙도서관 출판시도서목록(CIP)은 서지정보유통지원시스템 홈페이지(http://seoji.nl.go.kr)와 국가자료공동목록시스템(http://www.nl.go.kr/kolisnet)에서 이용하실 수 있습니다.
(CIP 제어번호: CIP2018001466)